研修設計マニュアル

人材育成のためのインストラクショナルデザイン

鈴木克明 著

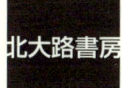
北大路書房

推薦のことば

「患者安全研修を行ってもヒヤリハットが減らない」
「シミュレーション研修の成果がでない」
この現状を打開するツールがインストラクショナルデザインです．
本書を医療教育者・病院の研修担当者に推薦いたします．

獨協医科大学越谷病院救命救急センター
日本医療教授システム学会代表理事　　池上敬一

研修の目的とは「教えること」ではない．
それは学習者が「自ら学ぶ」ことを手助けし，
学習者に「変化」が起こることだ．
成果につながる行動ができる人材育成のみならず，
仕事の現場に「学習する文化」を拡げることをも指向する．
次世代の人材開発がめざす地平は，ここにある．

東京大学准教授　　中原　淳

はじめに

　本書は，企業や病院，あるいは非営利組織において，何の前触れもなくいきなり「研修担当者になってくれ」と言われて困惑している方に向けて，参考になることがいろいろあるというメッセージを伝え，安心してその第一歩を踏み出してもらうために書かれた研修設計の入門書です。また，研修担当のベテランの方にとっても，今までのやり方を根本から見直して何か新しいことを考えるきっかけにしてもらうための手助けとなるでしょう。本書を通して登場する「研修担当2年目の佐藤さん」とともに，ご自身が担当することになった（あるいは担当している）研修をどう設計・改善するかを具体的に考え，学んだことをすぐに応用する第一歩を踏み出していただけることを期待しています。

　研修は，受講する人たちの学びを手助けし，組織に学習する文化を広げるために行われる人材育成のための営みです。しかし，わが国では右肩上がりの好景気に支えられて，長い間，研修は福利厚生の一部とみなされ，日常業務から一時的に解放されてリフレッシュしてくることだけを期待されてきました。研修担当者は，新人を対象とした導入的研修や，管理職に昇進した人たちを対象にする階層別研修が主たる業務でした。それ以外では，流行に遅れないようにテーマを設定し，予算の範囲内で研修会社に依存して外部講師を招聘し，研修の裏方を務めてきました。アンケートで高い満足度を得たかどうかで来年度の継続を検討する程度の軽い仕事として認識される（したがって人事部門の中でも発言権が弱い役割分担に甘んじていた）ことも少なくなかったようです。

　時代が厳しさを増すにつれて，研修予算が削減されたり，研修時間が短縮されたり，研修担当者の果たす役割がより限定的になっていくように思える昨今です。一方で，外部講師に担わせていた役割を自分たちが担うこと（内製化）を求められたり，あるいはこれまでの研修を続けていくこと自体に疑問の声が投げかけられたりすることも多くなりました。人材育成が組織の維持・成長に不可欠な機能であることが再認識され，もはや研修を「昨年通りにやる」という安定した担当業務ではなくなりつつあります。研修管理業務だけでなく，研修内容の選択や設計，実施，そして評価と改善ができ，さらに研修以外の人材

育成の仕組みづくりも任されるなど，より高い専門性が求められるようになりました。世界の先端をいく組織では，研修設計の専門家たちが，その役割を減らされるどころか大活躍し，変革を求められる人事部門をリードし，変革の時代を生き抜こうとする経営陣の良きパートナーとして重宝されている事例も増えています。

　本書は，『教材設計マニュアル』と『授業設計マニュアル』（いずれも北大路書房刊）の姉妹編として教え方を教えるためのノウハウを研究してきた，**インストラクショナルデザイン**（教育設計学，以下，ID）の基礎を研修設計の文脈で学ぶ目的で書かれた入門書です。IDの根幹は，現状（入口）と目標（出口）とのギャップを埋めるための最善の方法を選択して実行し，改善を重ねて徐々に目標に近づけるという**システム的アプローチ**にあります。前書がそれぞれ「教材」あるいは「授業」を対象にしていた一方で，本書では企業や組織内で行われる「研修」を念頭に置いてその設計方法を扱っていますが，ギャップの分析に基づいて目標を設定し，PDCAサイクルを回して実行するという考え方は本書でも踏襲されています。目標の達成（受講者一人ひとりが何かをできるようになること）とその確認（達成度を評価すること）を重視し，**何を学んだのかがわからないままに終わる研修を脱皮する**ためのノウハウが盛り込まれています。

　一方で，これまでの姉妹編には含まれていなかった考え方として，目標（出口）を多重的にとらえる視点と，研修を目標達成のための**最後の手段**として位置づける**優先順位**を採用しました。受講者が今ここでこの研修を受けて，何かを学ぶことにどんな意味があるのか。この問いに答えるためには，研修で何かを学ぶという出口（すなわち学習目標）に加えて，さらに上位の目標（例えば，職場での行動変容）を意識する必要があります。研修で何をどう教えるのか，つまり研修のWhatとHow以外にも，なぜそれを教える・学ぶ必要があるのか（**研修のWhy**）を問う。このことは，研修を「ただのお勉強」で終わらせずにその成果を受講者が実務に役立て，組織に貢献するために不可欠な視点です。そのためには，目標を多重化し，研修を上位目標を達成するための一つの手段（下位システム）とみなす発想が求められます。「やる必要のない（あるいは，やらなくても問題が生じない）研修」を行うむだを避け，**業務直結型で組織に貢献できる研修を設計する**ことをめざします。

研修を上位目標達成の一つの手段とみなすことは，研修を最後の手段として位置づけることにつながります。なぜならば，**研修は最もコストがかかる手段**であり，業務時間を奪う（機会損失を伴う）選択肢だからです。しかも，研修を充実させればさせるほど受け身の人材を育ててしまうという逆効果につながるおそれすらあります。まず研修以外の選択肢を検討し，どうしてもそれでは解決できない問題だけを研修で取り上げる。この優先順位で内容を厳選し，コストをかける以上は厳選した内容を全員が確実に習得できるようにすると同時に，研修に頼りきりにならず自立に導くような研修を設計し実現する。さらに，**研修以外の選択肢にも ID のノウハウを応用**して，上位目標を確実に達成する。研修の実施だけを担当していた人・部門にとっては，その専門性や責任範囲の拡大が求められることになりますが，それは同時に，組織への貢献度を高めることにもつながります。これまでずっと研修を行ってきた組織がいきなり研修を全廃することには抵抗があるでしょうから，研修という枠組みを継続しながら，**これまでとは一味違う研修，研修らしくない「教えない」研修**を実現し，徐々に研修への依存度を低くしていく組織変革をリードする。それと同時に，人材育成のための研修以外の重要な役割も担えるような専門家になってもらえればと願っています。

　本書では，姉妹編にならってタイトルに「マニュアル」という言葉を使っていますが，前書と同様に，誰が設計しても同じ研修になるという意味ではありません。一方で，経験知の積み上げだけでなく，科学的な裏づけを伴った理論やモデルもたくさんあります。その中から「これだけは押さえて欲しい」と思う ID の基礎を紹介しますので，「これは使えそうだ」と思うものを取捨選択して活用してください。本書がきっかけとなり，読者の皆さんの手によって独創的な研修が設計され，これまで以上に学ぶことの楽しみや成長することの喜びに満ち溢れる組織になることを期待しています。

2015 年 3 月
鈴木 克明

本書の構成と活用方法のガイド

　本書は，導入課題と本編の課題1～3の4つの課題を中核として構成されている（次ページの図参照）。初学者の方には，まずは1ページ目から始まる導入課題に取り組んでみることをお勧めする。一刻も早く現存の研修改善に取り組みたいと考えている人は，導入課題が終わった時点で，第3章以降を読み続けるよりもむしろ，まずは研修の改善作業に着手してみることを勧めたい。導入課題と第1・2章だけの学びからも，研修設計に有用で十分な手がかりが得られる人は多いだろう。

■ 逆三角形研修設計法

　導入課題「研修の現状をチェックして改善策を考えよう」は，第1章と第2章での学びをチェックするために設定された課題であるが，これまでIDにまったくなじみのない方は，先に第1章と第2章を読み終えてから導入課題に取り組むのがよいだろう。一方で，IDについては不案内だけれど，勉強に取り組む前に課題の中身をチェックする（例えば，長文読解を始める前に設問を読む）という学び方のコツに精通している方は，第1・2章に取り組む前に導入課題を「チラ見」しておくのがよい。第1・2章を学んだ結果として何ができるようになることを期待されているのかのイメージを先に持つことができるだろう。

　その後に続く本編の4つの課題も，同様の位置に配置してあるので，「チラ見」してから該当の章を学ぶことをお勧めしたい。まず問題をチェックし，自分なりの答えを考えてから解説を読む方が効率がよい，というのがID的なアプローチなのである（第1章 TOTEモデルで説明する）。

　課題1「研修発注書をつくる」は研修を発注する側が準備するものであるのに対して，課題2「研修企画提案書をつくる」は研修を受注する側が作成するものである。読者は研修の発注側か受注側のいずれかの役割で仕事をしているとすれば，どちらか一方だけを知っておけばよいと思うかもしれない。しかし，研修を発注側と受注側の両方から眺めることによって双方が得るものは少なくないので，自分の立場によらず，両方共に取り組むことを勧めたい。もちろん，

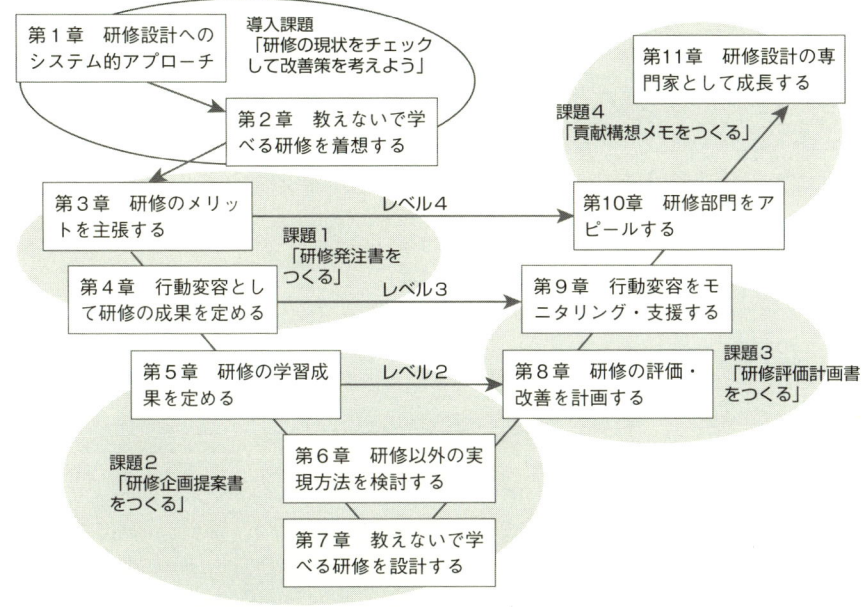

研修設計へのシステム的アプローチの全体像

　自分で企画して自分で実行している方にとっても，まずは発注側の視点で眺めてからそれを自分自身で受けて企画提案をまとめるというプロセスをたどることは有益である。

　課題3「研修評価計画書をつくる」は，研修を行った結果を評価するものではなく，研修を行う前にその評価を計画するという課題である。実施以前に評価をするノウハウを身につけることで「転ばぬ先の杖」となることを意図したものである。同時に，研修の企画段階での評価手法は，研修の実施中や実施後の評価にも応用可能である。評価計画が立てられたらそれを実行に移していただきたい。

　課題1～3が一つの具体的な研修事例を扱っているのに対して，課題4「貢献構想メモをつくる」は研修担当部門と研修担当者の今後を考える課題である。本書での学びを中・長期的に生かすために何ができるかを構想し，研修担当者としての明るい将来を描いていただきたい。

■ 補説

これ以降は，ある程度 ID を知っている人のための補説である。初学者は，導入課題を終えてから読んだ方がよいだろう。

本書で用いる研修設計へのシステム的アプローチの全体像は，図の下部に示す**逆三角形研修設計法**である。第 1 章で解説する TOTE モデルが示す ID の基礎の上に，目標の多重性を示すカークパトリックの 4 段階評価モデルを反映したレベル分けを組み合わせたもので，2004 年に聴講したジャック・フィリップスによる Web セミナー[★1]と 2012 年と 2013 年に日本医療教授システム学会の招きにより東京で行われたジョン・ケラーによる ISD・ARCS セミナー[★2]の提示資料に着想のヒントを得たモデルである。

カークパトリックの 4 段階評価モデルは，反応だけでなく学習，さらに学習だけでなく行動や結果の評価の重要性を指摘してこの領域のデファクトスタンダードになった（耳にしたことがある人も多いと思う）。存在は知られているものの，しっかり活用されているかどうかについては，特にわが国の現状はどうだろうか？　各レベルで多重的な評価を行うためには，各レベルでの達成目標（出口）が必要である。**評価は最後に考えるものではなく，最初からその方法を考えておくべきだ**というのが ID の考え方である（そうでないと事前テストは実施できない）。各レベルでの評価方法をあらかじめ考えておくことが重要であり，そのことがこのモデルの水平方向に図示されている。

一方で，各レベルの達成目標が**妥当**であるかどうかは，それぞれの上位のレベルでの達成目標に近づくための**手段になっているか**どうかで判断する。すなわち，研修における学習目標（レベル 2）が妥当であれば，その達成は職場で求められている行動変容（レベル 3）を起こすだけのインパクトがあるはずである。したがって，妥当な学習目標を立てるためには，職場で何が問題となっているか（あるいは，問題になると予想されるか）についての**ニーズ分析**が不可欠である。同様に，職場でのどの行動を変化させることが組織全体の戦略的目標の達成につながるかを確認することも重要である。つながらないのであれば，特に行動を変化させる理由がなくなるからである。**上位レベルとの連関が**

★1 http://www.clomedia.com/06.21.04eseminar/6.2.04.eseminar.fullarchive.pdf（リンク切れ）
★2 Keller, J. M. (2012). ISD/ARCS セミナー配布資料，日本医療教授システム学会主催

重要であり，そのことがこのモデルの垂直方向の関係として示されている。

　本書では，導入課題の後の本編では，第3章から順にレベル4から3，2と設計するプロセスを採用した。それぞれの上位レベルを踏まえて下位レベルを設計することがそのねらいである。レベル2では，研修以外の実施方法と「教えない」研修を組み合わせて設計する。その後，第8章から始まる評価の設計では，レベル2からレベル4へと遡る。締めくくりの第11章は，研修の専門家としての自己成長のデザインを扱っている。研修のどのレベルを設計しているのかを念頭に進める支援となることを意図したものである。

目次

はじめに　v

本書の構成と活用方法のガイド　viii

●導入課題「研修の現状をチェックして改善策を考えよう」…1

第1章 研修設計へのシステム的アプローチ ……………… 6

●学習目標 …………………………………………………………… 6

背景　6
TOTE モデル　7
評価の4段階モデル（カークパトリック）　11
事例　14
■練習　16／■フィードバック　19

第2章 教えないで学べる研修を着想する ……………… 22

●学習目標 …………………………………………………………… 22

背景　22
ARCS モデルで研修の魅力を高める　23
自分のやる気をコントロールできる人を育てる　29
ID の第一原理：メリルが提唱する5つ星のインストラクション　33
講義形式からの脱却：教えない研修への第一歩　38
相手は誰かを見きわめることから　41
何を加え・削り・移動し・変えるか　44
事例　46
■練習　48／■フィードバック　52

課題1「研修発注書をつくる」 …55

第3章 研修のメリットを主張する …………………… 58

●学習目標 …………………………………………………… 58

背景　58
コストから投資へ　59
ROIという考え方　62
バランス・スコアカードと戦略マップ　66
事例　70
■練習　72／■フィードバック　76

第4章 行動変容として研修の成果を定める ……… 80

●学習目標 …………………………………………………… 80

背景　80
ニーズ分析：研修を行う理由を探る　81
パフォーマンス分析：研修以外の選択肢を視野に入れる　84
アクションプラン（行動計画）　86
事例　90
■練習　92／■フィードバック　96

課題2「研修企画提案書をつくる」 …101

第5章 研修の学習成果を定める ……………………… 103

●学習目標 …………………………………………………… 103

背景　103
目標明確化の3要素（持ち込みありテストの勧め）　104
学習成果のタイプに合わせた評価方法：ガニェの5分類　106
問題解決：知的技能の最高次元　108
自己調整学習：認知的方略とメタ認知　111
運動技能と態度の学習　113
事例　115
■練習　117／■フィードバック　120

第6章 研修以外の実現方法を検討する ... 126

●学習目標 ... 126

背景　126
垂れ流し式のeラーニングから脱皮する　127
eラーニングのイメージを拡張する　130
情報で学ぶ：ナレッジマネジメントシステム（KMS）　131
経験して学ぶ：電子的業務遂行支援システム（EPSS）　133
仲間から学ぶ：インフォーマル学習　137
学習とパフォーマンスのアーキテクチャ　138
事例　142
■練習　145／■フィードバック　148

第7章 教えないで学べる研修を設計する ... 151

●学習目標 ... 151

背景　151
アンドラゴジー：学校式教育から大人の学び支援へ　152
自己啓発とOJTを主軸として研修を考える　155
バラバラな課題に取り組む時間を設ける　158
熟達化に応じて「教えない」割合を増やす　161
成長する学びに誘う研修を考える　163
研修企画提案書をつくる　168
事例　169
■練習　175／■フィードバック　177

●課題3「研修評価計画書をつくる」... 183

第8章 研修の評価・改善を計画する ... 186

●学習目標 ... 186

背景　186
研修計画の妥当性を評価する　187
学習成果の評価計画を具体化する（レベル2）　188
多肢選択式筆記テストで可能なこと　191

評価方法の経済性（効率）という視点　193
受講者アンケートを作成する（レベル1）　195
事例　198
■練習　200／■フィードバック　202

第9章　行動変容をモニタリング・支援する　205

●学習目標　205

背景　205
アンケートやインタビューによる行動変容の調査　206
行動変容を促し・継続させる職場と上司　207
職場が肯定的学習環境かどうかを見きわめる　210
行動変容を確認するまで終わらない研修　213
事例　214
■練習　216／■フィードバック　218

課題4「貢献構想メモをつくる」…221

第10章　研修部門をアピールする　223

●学習目標　223

背景　223
資金調達3モデル：研修部門の損得勘定　225
人材開発バリューチェーンの出発点としての研修部門の仕事　228
能力開発の自己責任原則とその支援　233
タレントマネジメントと組織開発　236
組織文化に応じた人事管理施策　238
事例　241
■練習　243／■フィードバック　248

第11章　研修設計の専門家として成長する　252

●学習目標　252

背景　252
研修担当者の役割：どんな人になるか？　253

研修担当者の職能世界標準：何ができる人になるか？　257
研修担当者としての熟達化：どうやってそうなるか？　262
ID は倫理規定に基づく専門職：CPT を例に　264
事例　266
■練習　269／■フィードバック　272

文献　275
索引　280
あとがき　283

column
第1章
　キャロルの学校学習の時間モデル～能力差から時間差へのパラダイムシフト～　10
　4段階評価モデル誕生秘話～カークパトリック教授インタビューより～　12
　ROI はレベル5 ではなくレベル4b だ！　13
第2章
　理論に虚心で，いつも初学者の気持ちを～ケラー教授からのメッセージ～　30
　ID 専門職は教材ではなく作成ツールづくりを～メリル教授からのメッセージ～　38
　オンライン大学が答えだ～シャンク教授からのメッセージ～　42
第3章
　経済学的視点からも目標の明確化が求められる　61
　採用業務のROI, 自分自身のROI　64
　「日本で最も人材を育成する会社」のKPI　69
第4章
　逆境の中でニーズ分析をやり遂げるための問答　83
　攻撃的な聞き手になれ～シャンク教授からのメッセージ～　86
　研修担当者が知るべき研修以外の管理手法　88
第5章
　問題解決学習の分類学　110
第6章
　研修・KMS・EPSS の比較　136
　研修は少ない方がよい：BB&T 社の事例　141
第7章
　学習者中心の設計で組織全体の体系的変化を～ライゲルース教授からのメッセージ～　155
　東芝の人材開発方針　158
　自学自習を支援する研修：日本ユニシスの事例　160
第8章
　認知的ウォークスルー～研修進行表から学習の手引きへ～　190
第9章
　研修終了後の追跡調査事例　212
第10章
　米国流と日本流のPDCA サイクルの回し方の違い　229
第11章
　ASTD 以外の専門家組織　260
　e ラーニングの専門家を育てる熊本大学大学院　261

導入課題 「研修の現状をチェックして改善策を考えよう」

　導入課題では，自分が知っている研修を何か一つ取り上げ，その現状をチェックして改善策を考えることを通してIDの考え方の基礎を学ぼう。この課題は，第1章と第2章での学びの成果をチェックするために設定されたものである。通常のテキストでは第2章の終わりに配置されているものであるが，第1章で紹介するTOTEモデルに従って，ここに配置されている。
　以下の学習方法から自分に合った手順を選んで取り組もう。

第1章・第2章で学ぶこと！

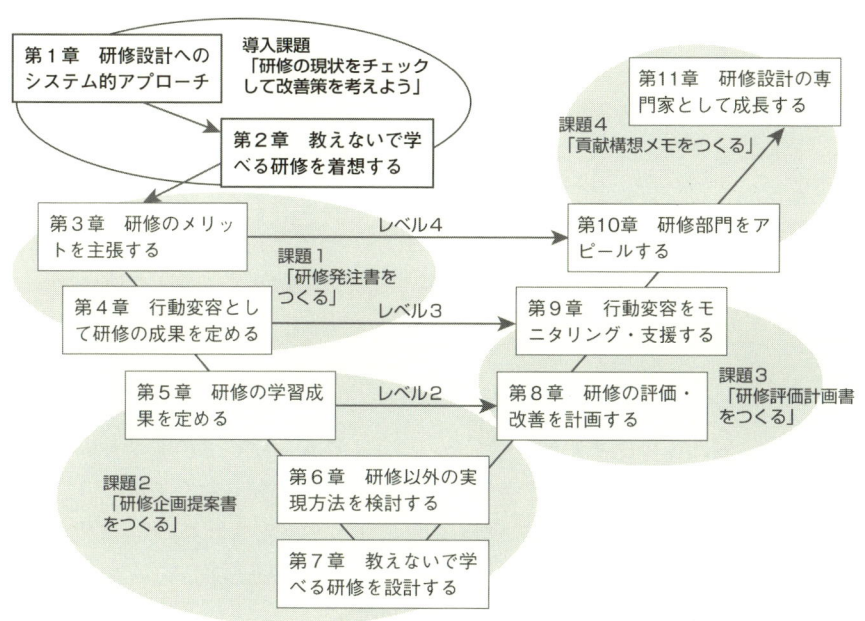

> **学習方法１：先に第１章と第２章を読み，それから導入課題に取り組む**
>   これまでIDにまったくなじみのない方で積み上げ式が好みの人向き。
> **学習方法２：導入課題を「チラ見」してから第１・２章を読み，導入課題に取り組む**
>   １・２章を学んだ結果として何ができるようになると期待されているのかのイメージを先に持ちたい人（長文読解を始める前に設問を読むタイプ）向き。
> **学習方法３：まず導入課題に取り組み，第１・２章を読んでから再度挑戦する**
>   最初にどこまでできるかをやってみて足跡を残し，２回取り組んで学習前後での自分の成長を確認したい人向き。IDを少しは知っていると自負している人にも向いている。

　どのようにこの導入課題を役立てるか，そのやり方は読者に委ねることとする。課題はこの導入課題を含めて全部で５つあるので，そのつど，意識して学び方を選択し，その体験を振り返り，自分に合った学習方法を発見して欲しい。

指示：自分がよく知っている既存の研修（担当者として実施したもの，もしくは受講者として参加したもの）を一つ取り上げ，以下のチェックリストに記入してみよう。まずは，誰を対象にして何を教える研修かの概要を書き込み，その研修についてどの程度把握できているかを次の表で一項目ずつ点検してみよう（あまりよくわかっていない場合は，単に「不明」を選択すればよい）。各項目の備考欄には，現時点で気づいたことをメモしておこう。最後に，記入したリストを眺めて，一言書いておこう。これが，本書を読む前のあなたの記録になる。あとで成長が実感できることだろう（将来，再利用するために空欄のままのチェックリストを残すためには，コピーしてから記入するとよい）。

注：質問の意味がわからない場合は，現状評価欄の「不明」を選択し，不明な用語には○印あるいは下線を付けておくこと。**本書を読み進めるうちに，それが何を意味するかはだんだんわかるので現時点では心配しなくてよい**（想像できる範囲で何か記入して，読みながら加筆訂正してもかまわない）。また，質問の意味はわかるが，その項目について取り上げた研修の現状がどうなのかが不明な場合も「不明」にチェックしておくこと。

導入課題 「研修の現状をチェックして改善策を考えよう」　3

取り上げる研修の概要

研修名	
対象者（誰に？）	人数：　　　人　　　対象：
目的（何を教える？）	
研修方法	外注・内製　　研修期間：（　　）時間・日×（　　）回 主たる学習方法：講義・グループ演習・個別演習・事例討議・その他（　　　　　　　　　　　　　　）

研修と受講者	現状評価	メモ（現状評価の理由・証拠・対策など）
必要性：本当に研修が必要な者だけが受講しているか？	不明・NG・まだまだ・まぁまぁ・OK	
事前準備：研修の準備が十分な者だけが受講しているか？	不明・NG・まだまだ・まぁまぁ・OK	
習得主義：個々の受講者の研修成果を確認するまでは修了と認定しないか？	不明・NG・まだまだ・まぁまぁ・OK	
研修効率：研修の成果が確認できた時点ですぐに修了と認定しているか？	不明・NG・まだまだ・まぁまぁ・OK	

研修の成果	現状評価	メモ（現状評価の理由・証拠・対策など）
反応：受講者にとって満足がいく好印象の研修だと言えるか？	不明・NG・まだまだ・まぁまぁ・OK	
学習：受講者は身につけるべき知識・スキルを研修で習得しているか？	不明・NG・まだまだ・まぁまぁ・OK	
行動：研修は受講者の業務上の行動の変化に結びついているか？	不明・NG・まだまだ・まぁまぁ・OK	
業績：研修は組織の業績への貢献（ROI）を意識して設計されているか？	不明・NG・まだまだ・まぁまぁ・OK	

導入課題 「研修の現状をチェックして改善策を考えよう」

研修の魅力	現状評価	メモ（現状評価の理由・証拠・対策など）
注意：好奇心を刺激してマンネリを防ぐなど「面白そうだ」と思えるような工夫があるか？	不明・NG・まだまだ・まぁまぁ・OK	
関連性：職務上の問題と研修をつなぐことで「やりがい」を高める工夫があるか？	不明・NG・まだまだ・まぁまぁ・OK	
自信：段階的に習得していることが自覚できるなど「やればできる」と思える工夫があるか？	不明・NG・まだまだ・まぁまぁ・OK	
満足感：研修終了時には「やってよかった」と思える工夫があるか？	不明・NG・まだまだ・まぁまぁ・OK	
自律性：やる気は自分でコントロールするべきであり、それは可能であると思わせる工夫があるか？	不明・NG・まだまだ・まぁまぁ・OK	

研修の方法	現状評価	メモ（現状評価の理由・証拠・対策など）
現実課題：研修では職場の現実的な課題を取り上げて解決させているか？	不明・NG・まだまだ・まぁまぁ・OK	
活性化：研修では受講者のこれまでの知識や経験をフル動員させているか？	不明・NG・まだまだ・まぁまぁ・OK	
事例提示：研修では一般論ではなく事例を中心に提示しているか？	不明・NG・まだまだ・まぁまぁ・OK	
応用問題：研修では受講者が自分たちで応用練習する機会が十分にあるか？	不明・NG・まだまだ・まぁまぁ・OK	
統合：研修の成果を職場に戻って活用し、その成果を省察する機会があるか？	不明・NG・まだまだ・まぁまぁ・OK	

導入課題 「研修の現状をチェックして改善策を考えよう」 | 5

変更の方向性	具体的なアイディア（ブレスト）とその理由
加える（Add）： 研修以外の要素との連携に必要な研修は？ 研修前に情報提供や基礎知識確認？ 研修中に個別進捗確認？ 研修後に行動計画立案やフォローアップ？	
削る（Delete）： 研修以外の手段に移行可能なことは何か？ 予習や自学自習に移せるものはないか？	
動かす（Move）： 基礎からではなく応用から入る？ 受講時期の見直しは必要か？	
変える（Modify）： スリム化する？　ゴールを変える？ 事例を変える？　練習を変える？ 集まってやる必要があるか？	
続けること（Keep）： 継続すべきこと？ やめられないこと？	

＜メモ欄：上記に回答して気づいたことなどを一言メモしておこう＞

第1章 研修設計へのシステム的アプローチ

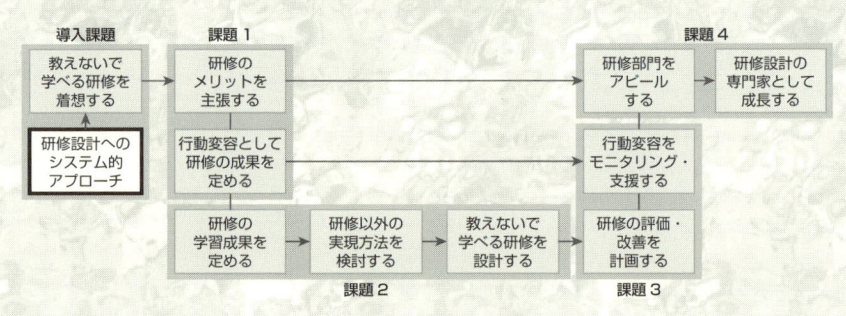

学習目標

1. TOTE モデルとは何かについて，適用事例とそうでない事例を用いて説明できる。
2. カークパトリックの4段階評価モデルを用いて，研修評価の事例を分類できる。
3. 身近な研修の事例についての改善案を，TOTE モデルとカークパトリックの4段階評価モデルを参考に提案できる。

背景

　　　　システム的アプローチといえば Plan-Do-Check-Action（PDCA），ID といえばそれを教育研修の設計に援用した ADDIE モデル（分析・設計・開発・実施・評価の頭文字）がよく知られている。いずれも目標を定め，評価方法を決めてから実現方法を考えて，その成否をチェックしながら徐々に改善するという考え方であり，この**合目的的アプローチ**は ID の基礎である。

　一方で，現実に行われている研修はどうであろうか？　研修の成果を問わずに，研修を行うことが目的化していないだろうか？　何人集まった，あるいは何回実施したという実績が強調され，アンケートで参加者の多くが「よかった」と言っていることをもって研修が成功したとみなしているとすれば，それは研

修が目的化しているという病気の症状である。この病気を克服しないと、予算削減の流れに対抗できないし、「遊んでいるだけだ」との批判にも耐えられない。

　研修を設計するとは、達成したい目的の到達度を確認しながら**効果的・効率的・魅力的**な研修を実現する方法を準備することである。研修は受講者の学びを支援する目的で行われるので、各自が「何ができるようになるのか」を明確にすることから設計を始めなければならない。つまりゴールの明確化と評価方法の明確化である。研修することそのものがゴールなのではない。研修の成果として受講者が何らかの知識やスキル等を学んだことが確認できなければ、ゴールが達成されたかどうかはわからない。学びは各自の脳内の変化であり、成果は外から観察しにくい。だから評価方法をあらかじめ設計する必要がある。

　また、研修で何かを学んだとしても、その成果が職場で生かされなければ研修の成果があったとは言いにくい。よって、研修での評価と職場での評価の両方を準備しておく必要がある。さらに、研修は仕事の時間を犠牲にして行われることが多いため（時間外であればなおさらのこと）、なるべく効率よく行う必要もある。研修すること自体はよいことであるが、研修だけやっていたのでは業務が前に進まない。研修からむだを省くことをめざして、本当に必要な研修だけに絞り込み、また短時間で効果が上がる方法を選ぶことも設計のたいせつな要素である。

　最後に、研修を魅力的なものにして、「もっとやってみたい」「学びを続けたい」と思ってもらうことも研修設計のめざすことである。研修を通じて学びのたいせつさを知り、研修を通じて学びのコツを会得して、あとは自分で学ぶべきことを見つけ、学び続けられる人に育てることをめざしたいものである。

　この章では、研修の効果・効率・魅力を高めることをめざしてシステム的アプローチに基づいて研修を設計する背景にある二つの考え方を紹介する。

TOTE モデル

　TOTE モデルとは、ある特定のゴールをめざして進む時に、常にゴールに達したかどうかをチェックしながら作業を進めることを図式化したモデルである（図 1-1 参照）。ある作業を行う前に、まず、すでに目標が達成さ

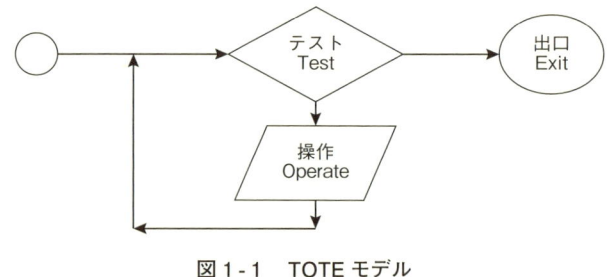

図 1-1　TOTE モデル

れているかどうかをチェックし（Test），すでに達成されている場合は作業をしないで抜け出す（Exit）。目標が達成されていないことが判明したら，その目標に向けてある一定量だけ作業を行い（Operate），再び目標が達成できたかどうかをチェックする（Test）。達成できれば抜け出し，できていなければ作業に戻り，チェック－作業－チェックを繰り返す。つまり，Test（チェック）－ Operate（作業）－ Test（チェック）－ Exit（抜け出す）の頭文字を取って，TOTE モデルという。人の記憶容量の限界を示した「マジカルナンバー 7±2」で有名な心理学者ジョージ・ミラーが，1960 年に同僚らと提唱したのが TOTE モデルの起源とされている。

　エアコンの冷房温度制御は，この TOTE モデルに基づいて動作している。室温が設定温度より高くなった場合にエアコンは作動し，常に室温をモニターしながら部屋を冷やし，設定温度まで下がったら動作を止める（暖房の場合はこれと逆）。動作を止めても室温のモニターは続け，必要に応じてまた再稼働させることになる。とても簡単なモデルであるが，研修の設計を考える時に，最もたいせつな考え方を示している。

　研修での学習目標に到達できたかどうかを判定するテストは，その実施時期によって，**事前テスト**または**事後テスト**と呼ばれる。研修を始める前に行う事前テストは，学習する必要があるかどうかを見きわめるための道具である。研修の終了時に行う合否判定テスト（事後テスト）を研修開始前にみてもらい，「この問題を解けますか？」と聞く。「いいえ」が期待される反応であり，その場合は，「ではこれが解けるようになることをめざして研修を始めましょう」となる。「解けると思います」という反応であれば，実際に挑戦してもらう。ここ

で合格すれば研修で身につけることはすでにできている**研修不要者**と判定され，研修を受けずに修了・合格としてよい（研修を受けずに事前テストだけで合格することが，研修時間の最大の効率化である）。研修終了時に行う事後テストは，内容・レベルは事前テストと同等のものであり，合格すれば修了（Exit），だめならばまた学習を繰り返す（Operate）ことになる。「人を見て法を説け」ということわざにもあるように，でたらめに研修を開始しないで，必要があった場合にのみ研修を受けてもらう。医療ならば**治療を開始する前にまず診断をするのは当たり前**だが，研修では開始時の実力をチェックしないで行っている場合が多いのではないだろうか？

研修の入口で学習目標を受講者に最初に示せば，「私はこれをもう知っているからやらないで他の教材をやる（あるいは，他の研修を受ける）」といった選択が可能になる。あるいは受講者個々の実力を事前テストで診断することで，できているところは飛ばして，できていないところに集中して研修を受けてもら

表1-1　TOTEモデルに基づく研修の変化

TOTEモデル型研修	従来型研修
比喩：診断してから必要があれば治療を始め，完治するまで続けるようなもの。	比喩：診断せずにとにかく治療を始め，完治しなくても途中で止めるようなもの。
すでにできる人は事前テストで合格・修了とし，職場に戻るか次のレベルの研修に進むため，研修受講者全員に時間のむだが生じない。	すでにできる人が混在しているので，退屈したり，時間のむだになったりする。研修がやりにくく，「落ちこぼし」や「浮きこぼし」が不可避。
事後テストで不合格の場合は修了を認定しないが，できるまで再チャレンジの機会が与えられる。認定までの所要時間に個人差が生じるのは，学ぶペースが個人によって異なるため不可避だと考える。	時間がくれば，できていてもできていなくても（あるいは，そのどちらかすらもわからない場合でも）全員研修修了とみなして認定する。
条件：身につけるべきことが十全に判定できる事前・事後テストの存在が不可欠。	条件：情報提供が研修担当者の主たる役割であり，習得するかどうかは個々の受講者に委ねてよいと考えること。
背景にある考え方：習得主義（プロセスよりも結果を重んじて，できるようになったらその場で修了，できるまでは修了とみなさない）。	背景にある考え方：履修主義（結果よりもプロセスを重んじて，できるようになってもならなくても一定の研修時間が経過したら修了とみなす）。

● column

キャロルの学校学習の時間モデル～能力差から時間差へのパラダイムシフト～

　ジョン・B・キャロルの学校学習の時間モデル（Carroll, 1963）は，学校で授業を受ける中で，ある子どもは成功しある子どもは失敗を重ねていく現象がなぜ起きているのかを説明し，失敗を防いだり立ち直らせるための手だてを提供するにはどう考えたらよいかを模索した結果として生まれたものである（鈴木，1995）。それは，「能力の差があるからできない子はいくら時間をかけてもむだだ」という考えから「人によって必要な学習時間の差があるから同じ時間だけ学習すれば差がつくのは当たり前だ」という考えへのパラダイムシフト（発想の転換）であった。

　キャロルは，成績の差が子ども個人の資質（生得的能力，知能指数など）に起因するものだと考えずに，「良い成績をおさめるために必要な時間を使わなかったこと」が原因だと考えることで授業改善の道を模索した。どのテスト結果を見ても歴然とあらわれる個人差を固定的な能力差とみなすと，それで工夫の余地が閉ざされる。どんなに頑張ってもできない子には難しすぎてだめだと思うよりも，「大抵の子どもは，その子に必要な時間さえかければ，大抵の学習課題を達成することができる」という視点に立つのはどうか。そうすれば，その子にとって課題達成に必要な時間をどう確保し，どんな援助（環境，問題，助言など）を工夫したらもっと短い時間でよい成績がおさめられるような授業になる

のかを検討できるのではないか，と考え，次の学習率の式にモデル化した。

$$学習率 = \frac{学習に費やされた時間 \text{ (time spent)}}{学習に必要な時間 \text{ (time needed)}}$$

　キャロルは，学習率の式に影響を与える変数を5つ挙げた。学習に必要な時間の長さを左右する要因には，課題への適性（これまでの積み上げ量が反映される）と授業の質（わかりやすいかどうか）と授業理解力（わかりにくさを克服する力）の3つがある。一方で，学習に費やされる時間の長さを左右する要因は，学習機会（許容された学習時間の長さ）と学習持続力（学習機会を生かすための学習意欲）である。それぞれの変数に着目して学習に必要な時間を減らし，学習に費やす時間を増やす工夫をすることで，より多くの学習者が学ぶべきことをマスターできると考える道を与えた。キャロルの時間モデルをもとにして「できるまで取り組み，できたら先に進む」完全習得学習（Mastery Learning）という指導方式が広まり，飛び級や落第がその子のための措置であり罰ではないとの考え方が欧米に根づいた。これが習得主義の基盤となり，授業改善の努力を支えている。

うようにすれば，個別ニーズに対応した研修になるし，お互いの時間のむだも防げる。一方で，研修の出口では，研修の目標を確実に達成させるために何度でも事後テストを受けるチャンス（Test）を与える。その代わりに，合格するまでは出口からは出さないという覚悟が求められる。テストは能力評定ではあるが，複数回のチャンスがあれば，それと同時に，でき具合を見守り，次の手段を講ずるためのチェックであるとみなせるようになる。このように，TOTEモデルはとても示唆に富んでいると思うが，これまで行ってきた（あるいは受けてきた）研修を思い出してみると，いろいろと考えさせられる点があるので

はないだろうか？　表1-1を眺めて従来型の研修とTOTEモデルに基づく研修を比べてみよう。

評価の4段階モデル（カークパトリック）

　20世紀の終わり頃，IT時代が到来し，研修のコスト削減や効果アップに関心が高まったときに再評価・注目されたのが，ドナルド・カークパトリック（Donald Kirkpatrick）がかつて提唱した評価の4段階モデルだった。カークパトリックの4段階評価モデルは，1954年に構想され，1959年に公表された伝統的な枠組みであり，表1-2に示す4段階に分けて評価をとらえることを提案したものである（鈴木，2006）。

　レベル1の**反応**は，受講者の研修に対する好感度を示す。「この研修はよかったですか」などの多段階アンケートや「よかった点，改善を要する点を自由に書いてください」などの自由記述回答を集め，研修講師の評価や次の研修への準備に用いられているのはレベル1の評価である。レベル2の**学習**は，事前・事後の筆記テストや実技テストなどで測られる研修における学習成果である。「とてもよかった」との反応を得ても必ずしも十分学んだかどうかは定かではないので，反応だけに留まらずに学習も評価する。

　IDにおける評価は，レベル2の評価を軸に行い，レベル1のデータも参考

表1-2　カークパトリックの4段階評価モデル

レベル	評価項目	データ収集ツール
1．反応 [Reaction]	参加者は教育に対してどのような反応を示したか？	・受講者アンケート
2．学習 [Learning]	どのような知識とスキルが身についたか？	・事後テスト ・パフォーマンステスト
3．行動 [Behavior]	参加者はどのように知識とスキルを仕事に生かしたか？	・フォローアップ調査 ・上長アンケート
4．結果 [Result]	教育は組織と組織の目標にどのような効果をもたらしたか？	・効果測定チェックリスト ・ROI指標

注：鈴木，2006，p.96の表6-2を再掲。

4段階評価モデル誕生秘話〜カークパトリック教授インタビューより〜

■4段階モデルはいつどのように誕生したのですか？

私のことを伝説的人物とか導師と呼ぶ人がいますが，1954年に博士論文を書いたときに考えたことです。あの頃，自分で教えていた経営学コースの評価をしたかったので，皆がどう感じているか，受講者に何を教えようとしていたか，彼らがコース終了後職場に戻ったとき今までと違ったことをするようになるだろうか，そして，このコースを取ったことによってどんな成果が得られたかを調べました。私の博士論文は基本的に後に有名になった単純で実用的な4つの単語で構成されていたのです。1959年に博士論文に関する記事を書いてくれと頼まれASTD誌に4つの記事を書きました。それを人々が4つのレベルからなる評価モデルだと呼ぶようになったのです。1993年になって，誰も私の書いた記事を見つけられないからとの友人の勧めで，本を初めて書きました。この本が売れた

カークパトリック教授

のは，ケーススタディのおかげです。フォームや手順をそのまま借りられるから非常に時間の節約になります。「評価」という非常にとらえにくい単語を4つの実際的な単語に砕いて説明し，専門家同士が同じ言葉で話ができるようにしたのが事実上のスタンダードになった理由です。

■評価に注目が集まっていますが，メッセージをお願いします

評価をする場合，4つのレベルを全部カバーすべきです。飛ばして進めないことはないが，出てきた結果がどこから来たのかがわからなくなるので，飛ばすべきではない。反応レベルは顧客満足度の測定として特に重要です。もし，かなりの数の受講者がこの研修は時間の浪費だといったら，その声は上層部にまで届いていきます。また，もし反応調査シートを渡さなければ，あなたは相手のことなんか気に掛けていない，私が先生なんだ，といっていることになります。eトレーニングではなくeラーニングでしょう？ 反応を調査するプロセスそのものが学習志向だということです。
注：鈴木，2006，p.97を再掲した。

にしていく。何も学んでいないのであれば「ウケ」がよくても仕方ないからだ。よほどひどい研修でなければ（あまり学んでなくても，気持ちよく過ごしただけでも）「この研修はよかったですか」と聞かれて5段階の3より下はつけないのが大人の反応というものだ。このことは，実はみんなが知っていることである。一方で，何かを学ぶ経験には時として苦痛が伴うものであるが，アンケートで高い評価を得ることを気にしすぎて強く指導できない，というジレンマを抱える場合もある。しかし，それを乗り越えて，実力がついた（レベル2）という裏づけを伴った高いアンケート評価（レベル1）をめざすのである。

レベル3の**行動**は，研修の成果が職場での仕事に戻ったときに生かされ，職務行動の変化として現れるかどうかを指す。学習は成立した（レベル2）がそ

> **column**
>
> ## ROIはレベル5ではなくレベル4bだ！
>
> ジャック・フィリップは，カークパトリックの書籍にROIの事例を提供した（Phillips & Pulliam, 1998）のちに，ROIはレベル5であるとして，独自のモデルを展開してきた（フィリップス，1999；堤，2007）。しかし，ROIはレベル5ではなくレベル4の一部だという考え方も根強い。ご本家カークパトリック自身は，筆者のインタビューに答えて「ROIはレベル4の一部だ。レベル5などというものは存在しないとカメラの前で公言する」と断言した（鈴木，2006, p.97）。ROIは組織レベルの成果の量的指標の一つであり，レベル5でなく4bだというのがその根拠である。
>
> 他方で，レベル4は組織内レベルであるのに対して，レベル5は社会レベルであるとみなす考え方もある。例えば，「たばこ会社が儲かるほど社会的に問題だ」という主張には，レベル4（組織の利益）とレベル5（社会の利益）を区分して議論する必要性が述べられている（Kaufman & Keller, 1994）。そもそも，レベル4とレベル5を分けることは，すでに40年前に主張されており（例えば，Hamblin, 1974），ジャック・フィリップが最初ではないことは確かなようだ。だが，誰が有名になるかは時の運もあってのことだろう。今やROIはASTD（現atd）の花形コンセプトの一つであり，ワークショップや認定証の発行などにも人気がある。一方で，数値化にこだわることで必ずしも適切でない数値の変化に着目してしまったり，あるいは逆に，数値化が面倒だから組織レベルの評価は行わない，というあきらめが存在するとすれば，それは本末転倒である。4つの視点をしっかり持つことの重要性は改めて認識されるべきことであり，その点を開拓して定着させたカークパトリックのモデルは新しさが失われないという意味の古典（クラシック）として残っていくだろう。
>
> 興味深いことに，レベル5に留まらず，その上のレベルを提案した人もいる。例えば，アルドリッチ（Aldrich, 2002）の7段階評価モデルは，6段階目に予算の増額（budget increases），7段階目に担当者・推奨者の昇格（e-learning sponsor gets promoted）を置くべきだとしている。また，ライラット（Rylatt, 2004）の7段階評価モデルでは，6段階目が維持性（Sustainability），7段階目が利益の分配（Sharing the benefit）となっている。誰かのモデルに何かを付け加えて自分の主張を展開することは常套手段ではあるが，はたして将来，何が古典として残るだろうか。

れが活用されていない（レベル3）場合には，そもそもその研修は行う意味があったのかが問われることになる。職務で役に立たない研修は，いかにその学習効果があっても価値がない。この点が，人材育成が急務になった状況下でカークパトリックのモデルが再評価された最大の理由であった。まだレベル3が話題に上っていないのがわが国の多くの研修の実情であるとすれば，このことを問うだけでも研修の現状が大きく変わる可能性を秘めている。**レベル4の結果**は，教育研修が組織全体にもたらした価値を問う段階であり，レベル3の行動変容が組織全体としてプラスになったかどうかに着目する。ここに投資対効果（ROI: Return on Investment）が含まれる（ジャック・フィリップのモデルのレベル5は存在しない）とカークパトリックは主張していた。

カークパトリックの功績は顕著で，ASTD（アメリカ研修開発協会）が2003年に生涯達成賞，2006年には「伝説的人物（レジェンド）」の称号を授与した。ASTDが創立61周年を迎えてその組織名をatd（Association for Tallent Development：なぜか略称は小文字表記になった）に変更すると公式発表した3日後の2014年5月9日に，伝説的人物はその90年の生涯を全うし「伝説上の人物」となった。

事例

佐藤さんがある組織の研修担当者に抜擢されてから，早いものでもう2年が過ぎようとしている。これまで通りの研修を年間計画に基づいて仕切ることには徐々に慣れてきてはいたが，一方で，「このままでよいのだろうか」という疑問も持つようになってきた。研修についての関連情報をWeb上で検索して探してみたり，あるいは関係がありそうな書籍も読んでみたりもしたが，どうもしっくりこない。そんな矢先に，『研修設計マニュアル』という書名にひかれて，ついこの本を手にしてしまった少しおっちょこちょいな人（筆者としては大変ありがたい人）である。

佐藤さんは，この章で書かれていたことをどう受け止めたのだろうか，彼女のつぶやきに耳を傾けてみよう。

＊＊＊＊＊

インストラクショナルデザインという言葉は聞いたことがあったけど，ADDIEの他にもいろいろあるんですね。TOTEモデルは初耳だったが，研修前にテストをするなんて今まで考えたことも経験したこともなかった。事前テストで「合格，修了ですよ」なんて言ったら，その後の研修時間をどう過ごしてもらえばよいのか，想像もつかない。早く終わる人はともかくとしても，いつまでもできない人はどうするんだろう。「居残り」は誰も望まないだろうし，定時に終わらないとすればこっちにも問題が降りかかってきそうで恐ろしい（とりあえず，あまり考えないようにしようっと）……。

研修が終わった時の受講者アンケートは実施しているけど，あまり否定的な感想は聞いたことがなかった。なるほど，みんな大人の対応ができるからホンネを言っ

てくれないのか。あるいは本当に満足しているのだろうか。そう言われると心配になってくる。もしかすると，研修への期待がそんなに高くないから，評価も甘いのかもしれない。正直ベースで文句を書いてもどうせ何も変わらないというあきらめもあるのかもしれない。

　研修の中身を職場で具体的にどう活かすかという発想は，あまり持ってなかった。「今まで通りの研修」を実施していただけだから，本当に求められる研修なのかどうかに自信が持てなかったのも不思議じゃないのかもしれない。みんな研修を楽しんでいるようではあったけど，真剣さが足りないように思えたのは，「職場で活かす」という発想が受講者にもあまりなかったからかも。受講者だけでなく職場のみんなにも喜んでもらえるような研修にしたいとは思うけど，あまり波風立てたくないし，「今まで通りでよい」という空気も感じるし，どうしたらよいのだろう。まずは何かの行動を起こす前に，もう少し勉強してみよう。何が問題で，何ができそうか，少し知恵をつけてから周囲に相談しても遅くないだろう。まだ2年目の仕事だし……。

　でもジャック・フィリップっていう人は，巨匠カークパトリックとはうまくいっていなかったみたいですね。レベルが4つでも5つでも私にはあまり関係ないと思うけど，学者の世界ではそういうわけにもいかないんでしょう。「タバコ会社」の例では，会社レベルと社会レベルは区別した方がよいようにも感じたけど，結局は社会に役に立たない会社は長持ちしないんだから，これも「別のレベル」と断言できるかどうか疑問じゃないかしら。いずれにしても，段階がいくつかあって，それらを強調したいことに応じて区別すること，受講者アンケートはレベル1（反応）で，その上にまだまだあるということ，それから，「評価」という場合に，どのレベルの話をしているのかを混同しないことが大事だということだけは覚えておこうと思う。

練習

1. 次の研修のうち，TOTE モデルを活用していると言えるものはどれか？ それぞれについて当てはまるかどうかを判断し，なぜそう言えるのかを答えなさい。なお，フィードバックのページに模範解答があるが，自分自身でまず答えてからチェックすることをお勧めする！

   (ア) 研修開始時に実力診断テストをして，合格レベルの受講者は基礎編を学ばずに応用編に進ませている。

   活用している・活用していない

   理由：＿＿＿＿＿＿＿＿＿＿＿＿＿＿＿＿＿＿＿＿

   (イ) 所定の研修時間が終わったら，習得状態にかかわらずに修了証を渡している。

   活用している・活用していない

   理由：＿＿＿＿＿＿＿＿＿＿＿＿＿＿＿＿＿＿＿＿

   (ウ) 階層別研修で，全員一律の内容を一斉に学んでいる。

   活用している・活用していない

   理由：＿＿＿＿＿＿＿＿＿＿＿＿＿＿＿＿＿＿＿＿

   (エ) チェックリストを準備して，それを9割以上満たすことを合格基準として事後テストを実施している。不合格者には，少し時間をおいて再試験を行っている。

   活用している・活用していない

   理由：＿＿＿＿＿＿＿＿＿＿＿＿＿＿＿＿＿＿＿＿

2. 次の研修評価の方法は，カークパトリックの4段階評価モデルではどのレベルにあたるか？ そう思う理由も答えなさい。

   (ア) シミュレータを用いた多重課題研修に取り組んでいる看護師が，自分の手に負えないと判断したときに，適切な時に援助を求められることを確認した。

   (1・2・3・4)　理由：＿＿＿＿＿＿＿＿＿＿＿＿＿＿

   (イ) 研修を終えた受講者がアンケートの自由記述欄に「とてもよい研修でし

た。周囲にもぜひ受講するように勧めたいと思っています」と好意的な回答を示した。

　　　（1・2・3・4）　　理由：＿＿＿＿＿＿＿＿＿＿＿＿＿＿＿＿＿

（ウ）研修の修了直前に，受講者がそれぞれの職場に戻ったらこの研修で学んだ成果をどう生かすかを考える時間をとって，アクションプラン（行動計画）を立ててもらった。

　　　（1・2・3・4）　　理由：＿＿＿＿＿＿＿＿＿＿＿＿＿＿＿＿＿

（エ）「応対が丁寧になって説明がわかりやすくなった，とお客様からの評判がよくて売り上げ増につながったよ。これも君がやってくれたマナー研修のおかげだよ」と研修受講者の上司である営業部長からほめられた。

　　　（1・2・3・4）　　理由：＿＿＿＿＿＿＿＿＿＿＿＿＿＿＿＿＿

3. 自分の身近にある研修の事例を一つ思い出してみよう。次ページの表を使って，その研修がTOTEモデルに沿ったものか，また，カークパトリックの4段階評価のどのレベルをいつどのように評価しているかを考え，わかっていることや考えたことを書き出してみよう。もし何もやっていない，あるいは不十分だと思うことがある場合には，どんなことができそうか，そのアイディアも書き出してみよう。

導入課題 「研修の現状をチェックして改善策を考えよう」

取り上げる研修名：

TOTE モデル	現状評価	その証拠・考えられる対策（ブレスト）
必要性：本当に研修が必要な者だけが受講しているか？	不明・NG・まだまだ・まぁまぁ・OK	
事前準備：研修の準備が十分な者だけが受講しているか？	不明・NG・まだまだ・まぁまぁ・OK	
習得主義：個々の受講者の研修成果を確認するまでは修了と認定しないか？	不明・NG・まだまだ・まぁまぁ・OK	
研修効率：研修の成果が確認できた時点ですぐに修了と認定しているか？	不明・NG・まだまだ・まぁまぁ・OK	
評価のレベル	現状評価	その証拠・考えられる対策（ブレスト）
レベル1：受講者にとって満足できる好印象の研修だと言えるか？	不明・NG・まだまだ・まぁまぁ・OK	
レベル2：受講者は身につけるべき知識・スキルを研修で習得しているか？	不明・NG・まだまだ・まぁまぁ・OK	
レベル3：研修は受講者の業務上の行動の変化に結びついているか？	不明・NG・まだまだ・まぁまぁ・OK	
レベル4：研修は業績への貢献（ROI）を意識して設計されているか？	不明・NG・まだまだ・まぁまぁ・OK	

フィードバック

1. **解説**：TOTEモデルを踏まえていると言えるのは（ア）と（エ）。（イ）は何かを学んだことではなく何時間学習したかで修了証を与える典型的な「履修主義」に基づく出口管理の事例であり、公官庁主催の資格研修等にはよく見られるが、最も望ましくない（履修主義の反対はIDが支持する「習得主義」という。9ページの表1-1参照）。（ウ）は最初にテストを行っていないという意味ではTOTEモデルに従っているとは言えないが、誰もまったく知らないと想定される内容を扱うのであれば、実質的なむだはないので一概に悪いとは言えない（全員がまったく知らない内容を扱う研修というものがこの世に存在すれば、の話ですよ）。「同じ内容を一斉に」学ぶのは場合によっては効果的であるかもしれないが、一方で、「同じ時間をかけて」であればあまり推奨されない。学ぶスピードは受講者それぞれで異なると考えられているからである。

2. **解説**
（ア）援助を求めるのは行動なのでレベル3に思えるが、これは現場での行動変容ではなくあくまでも研修場面の行動変容であるので、レベル2に相当する。援助を求める行動が適切な時はいつかを判断する力（応用レベルの知識）を養うことをめざした研修だと考えれば、適切な判断ができれば研修における学習目標が達成できたことになる。職場に戻ってからも適切な判断に基づいた行動が実際にできるかどうかは別問題なので（これができてレベル3が達成されたとみなす）、それを確かめるためには研修終了後の職場でのフォローアップ調査が必要となる。

（イ）周囲に受講を勧めるというのは研修後の行動の変化を示しているのでレベル3に相当するように思えるが、研修に対する肯定的な印象に基づく行動意図を述べているだけなので、レベル1に相当する。「ぜひ受講するように」と周囲を誘う行動が研修後に実際に見られたとしても、それが研修でめざしていた学習目標の達成に基づく行動変容でない限りは（つまり研修の学習目標が「新方式を所属部門に広める普及リーダー養成研修」であるような特別

な場合を除いては)，レベル3には相当しない。レベル1ではあるが，歓迎すべき肯定的な反応の表れであることには違いないので，ありがたく受け止めてよい。

(ウ) アクションプランの立て方自体が研修内容であればレベル2の学習成果に相当するが，そうでない場合は研修内容を職場での行動変容につなげる意図で計画を立てさせることはレベル3の評価にあたる。むろん，計画を実行するかどうかは職場に戻ってから確認する必要があるので，アクションプランの立案そのものはフォローアップ調査のための材料作りにすぎない（しかしこれがないとフォローしにくい）。

(エ) レベル4の評価といえる。単なる売り上げ増であれば，景気が上向いた結果かもしれないが，それが顧客満足度の向上（レベル4）によるもので，マナー研修の成果（レベル2）が職場での行動変容（レベル3）につながった結果である，という解釈を営業部長がしたのは，まさしく研修の効果がレベル4までつながった事例であると考えてよいだろう。

3. 佐藤さんの組織で行ってきたコーチング研修について，佐藤さんは次ページのようにまとめた。こんな感じで分析ができているかどうか，確認してみよう。

研修名：コーチング入門（外部委託），対象者は新任管理職（手挙げ制）

TOTE モデル	現状評価とその証拠・考えられる対策（ブレスト）
必要性：	本当に研修が必要な者だけが受講しているかと問われれば，それはわからない。しかし，手挙げ制なので，関心がある人（あるいは上長から勧められた人）が来ていることは確かである。
事前準備：	研修の準備が十分な者だけが受講しているかという点についても不明としか言いようがない。対象者は新任管理職に絞られている点では焦点化できているが，研修参加前に特定の準備をしてくるように指示されていることはない。
習得主義：	個々の受講者の研修成果を確認していないので，確認するまでは修了と認定しないかと言われれば，現状はそうではない。習得主義というよりは履修主義が前提になっていると思われる。
研修効率：	研修の成果を確認していないので，確認できた時点ですぐに修了と認定しているかと問われれば，現状はそうではない。
評価のレベル	現状評価現状評価とその証拠・考えられる対策（ブレスト）
レベル1（反応）	アンケート調査の結果はおおむね好評。次の年も同じ委託先にするかどうかを判断する材料にしている。
レベル2（学習）	コーチング技法について多方面から扱った研修内容であり，新任管理者が初めて部下を持った状況で必要になるスキルを扱っていて，研修には演習も組み入れられているので，ニーズに合致していると思っている。一方で，個々の受講者が具体的に何がどこまでできるようになったのかについては把握できていない。全員が同じ内容の研修を同じ時間だけ受講しており，終了時のテストや合格判定は行っていない。
レベル3（行動）	研修後のフォローアップ調査は行っていないので，職場でどのような行動変容が起きたのかは把握できていない。上長が毎年の研修に部下を送ってくるし，全員受講が必須ではないのに毎年希望者がいることからみても，一定の効果があるのではないかと推測できるが，その確認が必要なのかもしれない。
レベル4（結果）	コーチング研修が組織としての目標達成にどの程度貢献しているのかについては考えたことがなかった。外部委託費として相当な高額を支払っているので，それに見合う効果が上がっているのかという視点で調査することも必要なのかもしれない。でも専門業者の行う研修は質が高いし，自分には真似ができそうもないので，外部委託を続けるしかないとも思う。

第2章 教えないで学べる研修を着想する

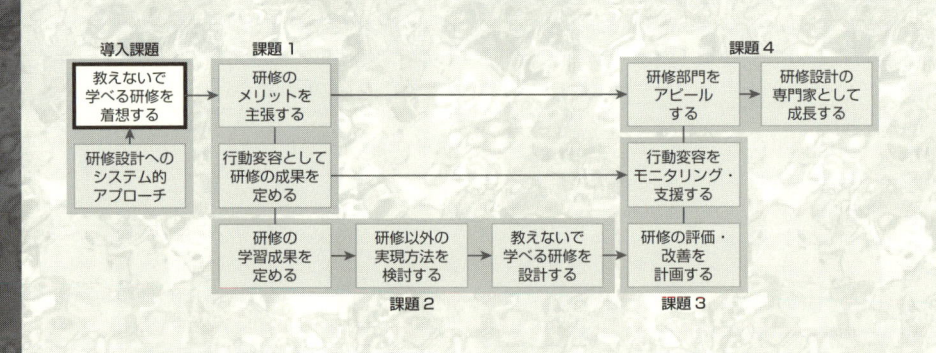

```
導入課題                課題1                                          課題4
┌─────────┐          ┌─────────┐                    ┌─────────┐    ┌─────────┐
│教えないで│          │研修の   │                    │研修部門を│    │研修設計の│
│学べる研修│          │メリットを│──────────────────→│アピール  │    │専門家として│
│を着想する│          │主張する │                    │する     │    │成長する  │
└─────────┘          └─────────┘                    └─────────┘    └─────────┘
┌─────────┐          ┌─────────┐                    ┌─────────┐
│研修設計へ│          │行動変容と│                    │行動変容を│
│のシステム│          │して研修の│──────────────────→│モニタリング│
│的アプローチ│         │成果を定め│                    │・支援する│
└─────────┘          │る       │                    └─────────┘
                     └─────────┘
                     ┌─────────┐  ┌─────────┐  ┌─────────┐  ┌─────────┐
                     │研修の   │  │研修以外の│  │教えないで│  │研修の評価│
                     │学習成果を│  │実現方法を│  │学べる研修│  │・改善を  │
                     │定める   │  │検討する │  │を設計する│  │計画する  │
                     └─────────┘  └─────────┘  └─────────┘  └─────────┘
                                    課題2                  課題3
```

学習目標

1. ARCSモデルを用いて現存の研修事例を分析し，研修の魅力を高めることによって，教えないでも自ら学べる研修を実現するための改善点が指摘できる。
2. IDの第一原理（メリル）を用いて現存の研修事例を分析し，改善点が指摘できる。
3. 研修事例を一つ取り上げ，加える・削る・動かす・変えるの4つの方向で改善を検討し，その改善がどのように「教えない」研修実現につながるかを説明できる。

背景

　この章では，「教えない」研修をどのように実現するかを考えてみよう。なぜ「教えない」研修なのか？　その目的は，教えなくても**自分で学ぶ人を育てる**ためである。最初から自己調整学習ができる人たち（すなわち自分でどんどん学べる人たち）を相手にするのであれば，研修の設計はとてもシンプルである。TOTEモデルに従って，認定テストをして合格認定のために不足している点を告知し，「自分で勉強してまたテストを受けに来てくださいね」と言うだけの役割を担えばよいからである。教える必要はなく，**合否の判定（＋求められればアドバイス）が中心**になる。外資系の製薬会社を中心にMR新

任者研修でこの方式を取り入れて成功している例はすでにある。江戸時代の寺子屋（あるいは近年では「公文式」）を想像すればよい。

「教えない」研修を実現するためには，参加者が積極的に学ぶような「魅力的」な研修をデザインするのがよいのであるが，一方で，研修の方法を間違えると，自律した学習者を育てることとは反対に，インストラクターへの依存心を助長し，「指示待ち人間」を大量生産してしまうことになりかねないので注意が必要である。学校教育は，残念ながら結果的にそうなってしまっている，と言えば思い当たる節があるだろうか。研修という機会は提供するが，**自分の能力開発は自己責任**でやってもらう。「いやいやながら取り組んでも意味はない」「自分のこととして時間をむだにするな」，そういうお説教を繰り返すのではなく，このメッセージを伝えられるような研修を設計・実施し，それを受講してもらうことによって，学校とは違うのだという感覚を身につけてもらうことが重要である。そのための解が，**「教えない」研修**である。

トビン（Tobin, 2000）は，その著書"*All Learning is Self-directed*（『すべての学習は自己主導である』）"において，次のように指摘した。大人は本音をなかなか暴露しないものであり，熱心に聴いているふりをすることが得意である。このことも頭の隅に置いておくことにしよう。

> 教室で集合研修を受けているときでも，本を読んでいるときでも，あるいはコンピュータ支援の学習においても，いかなるときにも学習者として，私にとって何が重要かを見きわめ，学習すべき事柄を選択している。受講者としては，何が教えられるかについては管理できないが，何を学ぶかについては常に自己管理している。
>
> （Tobin, 2000, p.vii の序文を鈴木が訳出）

ARCSモデルで研修の魅力を高める

ARCSモデルは，学習意欲の問題に対して，〈注意〉（Attention：面白そうだ），〈関連性〉（Relevance：やりがいがありそうだ），〈自信〉（Confidence：やればできそうだ），〈満足感〉（Satisfaction：やってよかった）の4要因に分類して対応することを提案したIDモデルである。**4要因の頭文字をとって，ARCS**

（アークス）モデルと命名された。ARCSモデルは，動機づけに関する心理学理論を集大成して30年ほど前に提唱され（図2-1参照），研修担当者が経験知として持っていた工夫点とも合致したことから，広く世界中で用いられている。その提唱者であるジョン・M・ケラーは，米国フロリダ州立大学名誉教授で，筆者は米国留学中に彼と知り合った。以来，一緒に研究を重ねてきた。来日は15回を数え，引退直前にケラーが初めて出版した単著の日本語訳版『学習意欲をデザインする：ARCSモデルによるインストラクショナルデザイン』（北大路書房刊）を原著発刊とほぼ同時に発刊することができた。

　研修の**魅力**とは，「もっと学んでみたい」「もっと学び続けたい」と思えることである。魅力のある研修では，単に面白いと思うだけでなく，「このことに出会えた喜び」を感じ，「このことをたいせつにしていきたい」という思いが確信に変わり，そして気づいてみると，自分から進んで（やれと言われてもいないのに）深堀りしている。そういう変化が受講者に起きたとすれば，それは研修がとても魅力的であったからだと考える。

　一方で，研修が終わったことだけを喜び，学んだことを使おうともせず，振り返って深めることなく忘れ去ってしまう，そんな研修も多いのではないだろうか。これらは魅力がない研修とみなされる。研修の最中ではインストラクターの話術に魅せられ，時がたつことも忘れて没頭し，アクティビティを楽しみ，

図 2-1　ARCS モデルとその理論的基盤（鈴木，2006）
注：鈴木，2006，p.83 の図 5-1 を再掲。

苦痛もなく，研修評価では高得点をつけることもあろう。しかし，楽しめた研修であったとしても何も残らず，インパクトが薄く，自分から何かアクションを起こしてみようと思わないものだとすれば，それは魅力が高い研修だったとはみなされない。

　ARCSモデルに出会ってまず気づかされたのは，筆者自身の学習意欲を高めるとか研修を魅力的にするということについてのとらえ方の狭さであった。研修を薬にたとえて言うならば，効き目のない薬を飲むことには意味がない。つまり研修から学びとるものが何もなければ研修に意味はない。とは言っても効き目があっても「良薬口に苦し」のごとく，研修が耐え忍ぶものである必要もない。世の中には「糖衣錠」というものも存在する。苦痛を避けて薬の効果を上げるための工夫であろう。しかし，口当たりのことばかり考えていても，糖で包んだ薬そのものに効果がなければ，真の意味での「研修の魅力」は高まらない。

　研修に魅力があると言っても，それは必ずしも「面白い研修」を意味するわけではない。「驚き」「笑い」「不思議さ」「新鮮さ」などは魅力ある研修の要素には違いないが，すべて〈注意〉の側面からの魅力である。研修の目的が単に楽しいひとときを過ごさせることだけでなく学びを支援することにあるとすれば，「わかった」「できた」という喜び，やればできるという〈自信〉が魅力ある研修には欠かせない。また，研修で扱っている内容が一生懸命に努力する価値があることなのかどうかという〈関連性〉にまつわる疑問にも答えていかなければなるまい。たとえ外見的にはつまらなそうな研修でも，受講者が真剣に取り組み，やりがいを感じ，黙々と努力しているのであれば，その研修の魅力がないとは決して言えない。そんなことに気づかされたわけである。

　ARCSモデルの4要素にそって，「研修の魅力」にせまるアイディアを整理したのが表2-1である。ここに並んでいる作戦を見ながら，研修の中に取り入れられている工夫を整理してみるとよい。研修担当者としての自分自身の癖や特徴，あるいはあまり重視していない側面などが浮かび上がってくるだろう。

　まず，〈注意〉にまつわる作戦は，目を見開かせる環境の変化（A-1：知覚的喚起），不思議さから好奇心を刺激すること（A-2：探求心の喚起），マンネリを避けること（A-3：変化性）の3つに大別されている。研修は，導入で決ま

表 2-1　学習意欲を高める作戦（研修編）～ ARCS モデルに基づくヒント集～

■ **注意（Attention）〈面白そうだなあ〉** ■
- ▶目をパッチリ開ける：A-1: 知覚的喚起（Perceptual Arousal）
  - 研修案内を手にしたときに，楽しそうな，参加してみたいと思えるようなものにする
  - オープニングにひと工夫し，注意を引く（短い導入活動，ネーミングの工夫など）
  - 研修の学習内容と無関係なアイスブレークなどで注意をそらすことは避ける
- ▶好奇心をたいせつにする：A-2: 探求心の喚起（Inquiry Arousal）
  - 研修の学習内容そのものに興味を持てるように成功例を冒頭で一つ示す
  - なぜだろう，どうしてそうなるのという素朴な疑問を投げかける
  - 今までに習ったことや思っていたこととの矛盾，先入観を鋭く指摘する
  - 謎をかけて，それを解き明かすように研修を進めていく
  - エピソードなどを混ぜて，研修の学習内容が奥深いことを知らせる
- ▶マンネリを避ける：A-3: 変化性（Variability）
  - 研修の全体構造がわかるスケジュール表やメニュー，配布資料の目次を提示する
  - 一つのセクションを短めに押さえ，「説明を聞くだけ」の時間を極力短くする
  - 説明を長く続けずに，確認クイズや練習問題，要点のまとめなどで変化を持たせる
  - 飽きる前にコーヒーブレークをいれて，気分転換をはかる（ここでちょっと一息…）
  - ダラダラやらずに学習時間を区切って始める（活動の目安になる所要時間を設定・提示して必要に応じて調整する）

■ **関連性（Relevance）〈やりがいがありそうだなあ〉** ■
- ▶自分の味付けにする：R-1: 親しみやすさ（Familiarity）
  - 受講者が関心のある，あるいは得意な分野にあてはめて，わかりやすい例を提示する
  - 受講者にとって身近な事例や典型的な事例などを含めることで，具体性を高める
  - 説明を自分なりの言葉で（つまりどういうことか）まとめて振り返る時間をつくる
  - 今までに勉強したことやすでにできることと今回の研修内容がどうつながるかを説明する
  - 新しく習うことに対して，「それは○○のようなもの」という比喩や「たとえ話」を使う
- ▶目標をめざす：R-2: 目的指向性（Goal Orientation）
  - 与えられた課題を受け身にこなすのでなく，自分のものとして積極的に取り組めるように自分の目標を設定させる
  - 研修のゴールを達成することのメリット（有用性や意義）を強調する
  - 研修で学んだ成果がいつどこで生かせるのか，この研修はどこへ向かっての第一歩なのかを説明する
  - チャレンジ精神をくすぐるような課題設定を工夫する（さあ，全部できましたか？）
- ▶プロセスを楽しむ：R-3: 動機との一致（Motive Matching）
  - 自分の得意な，やりやすい方法でやれるように活動方法の選択幅を広く設ける
  - アドバイスやヒントは，必要だと感じる人だけが得られるように配慮する
  - 自分のペースで活動を楽しみながら研修を進められるようにし，その点を強調する
  - 研修すること自体を楽しめる工夫を盛り込む（例えば，ゲーム的な要素を入れる）

■ 自信（Confidence）〈やればできそうだなあ〉■
▶ゴールインテープをはる：C-1: 学習要求（Learning Requirement）
  ・本題に入る前にあらかじめゴールを明示し，どこに向かって努力するのかを意識させる
  ・何ができたらゴールインとするかをはっきり具体的に示す（テストの予告：条件や基準など）
  ・受講者が現在できることとできないことが何かを明らかにし，ゴールとのギャップを確認させる
  ・目標を「高すぎないけど低すぎない」「頑張ればできそうな」ものに設定する
  ・ある程度自信がついてきたら，少し背伸びをした，やさしすぎない目標にチャレンジさせる
▶一歩ずつ確かめて進む：C-2: 成功の機会（Success Opportunities）
  ・他人との比較ではなく，過去の自分との比較で進歩を確かめられるようにする
  ・「失敗は成功の母」失敗しても大丈夫な，恥をかかない練習の機会をつくる
  ・「千里の道も一歩から」やさしいものから難しいものへ，着実に小さい成功を積み重ねさせる
  ・短いセクションごとに確認問題を設け，でき具合を自分で確かめながら進めるようにする
  ・中間の目標をつくって，「どこまでできたか」を頻繁にチェックして見通しを持たせる
  ・できた項目とできなかった項目を区別するチェックリストを用い，徐々にできなかった項目を減らす
  ・最後にまとめの練習の機会を設け，総仕上げにする
▶自分で制御する：C-3: コントロールの個人化（Personal Control）
  ・「幸運のためでなく自分が努力したから成功した」と言えるような研修にする
  ・不正解には，受講者を責めたり，「やってもむだだ」と思われるようなコメントは避ける
  ・失敗した場合には，悪かった点を自分で判断できるようなチェックリストを用意する
  ・練習は，いつ終わりにするのかを自分で決めさせ，納得がいくまで繰り返せるようにする
  ・身につけ方のアドバイスを与える一方で，それは参考にしても自分独自のやり方でもよいことも告げる
  ・自分の得意なことや苦手だったが克服したことを思い出させて，やり方を工夫させる

■ 満足感（Satisfaction）〈やってよかったなあ〉■
▶むだに終わらせない：S-1: 自然な結果（Natural Consequences）
  ・努力の結果がどうだったかを，目標に基づいてすぐにチェックできるようにする
  ・一度身につけたことを使う／生かすチャンスを与える
  ・応用問題などに挑戦させ，努力の成果を確かめ，それを味わう機会をつくる
  ・本当に身についたかどうかを確かめるため，誰かに教えてみてはどうかと提案する
▶ほめて認めてもらう：S-2: 肯定的な結果（Positive Consequences）
  ・困難を克服して目標に到達した受講者にプレゼントを与える（おめでとう！の一言）
  ・研修でマスターした知識やスキルの利用価値や重要性をもう一度強調する
  ・できて当たり前と思わず，できた自分に誇りを持ち，素直に喜べるコメントをつける
  ・認定証を交付する
▶自分を大切にする：S-3: 公平さ（Equity）
  ・目標，練習問題，テストの整合性を高め，終始一貫性を保つ
  ・練習とテストとで，条件や基準を揃える
  ・テストに引っ掛け問題を出さない（練習していないレベルの問題や目標以外の問題）
  ・えこひいき感がないように，採点者の主観で合否を左右しない

注：鈴木, 2002 の資料 8（p.178-179）を一部改変して作成した。版権表示付きで配付自由。©2015 鈴木克明

る。受講者の〈注意〉を刺激して，今日の研修は何かが起こりそうだ，という気持ちにさせる。さらにその注目を集めることが研修の核心に迫っていく方向で，導入を工夫することが肝要である。アイスブレークを導入に入れても，それが単に場を和ませるだけに終始していては，A-1 レベルの覚醒効果はあっても A-2 レベルの探究心の刺激にまでは深まらない。導入で注目を集めることに成功したとしても，「さてそれでは本題に入りましょう」と言ったとたんに注意が遠のくのでは意味がない。さらに，いつも同じパターンに陥ることなく，目先を変え，研修に変化をつける工夫 A-3 もこのカテゴリーに分類される。

　次に，2 番目の要素〈関連性〉を高めるための作戦のサンプルも 3 つに分類できる。研修にやりがいを感じてもらうためには，研修の内容が「他人事」ではなく自分に関係が深いことであるのを確認する必要がある。そのための作戦が R-1：親しみやすさである。なぜこれを今学ぶ必要があるのか納得できるのかどうかは，意欲の向上に決定的な差を生むだろう。次に，研修の結果への関心を高めるための作戦（R-2：目的指向性）を考える。努力した結果，得られるものは何かを明らかにし，それがどのような意味を持つものかをはっきりと確認することで努力する意義を見いだす。自分の職務をよりプロらしく遂行するために役立つ内容だということが伝われば，やりがいも高まるだろう。そして，最後に研修そのもののプロセスを楽しむことができるような工夫を考える。たとえ努力の結果得られるものに「やりがい」を見いだせなくても，自分を発揮できる形で研修に参加することでやりがいを感じさせる道を模索する（R-3：動機との一致）。グループ学習そのものが意義深いことだと感じられれば，研修内容に加えて研修自体に参加する意義が感じられるかもしれない。

　ARCS モデルの 3 番目の要素は，〈自信〉である。まず，やれば「何が」できそうかを明確にしておくことがあげられる（C-1：学習要求の明確化）。出口の見えないトンネルでただやみくもに努力を重ねていても「できた」という気持ちにはなりにくいので，ゴールを明確に設定し，それをめざすことで，達成時の自信へとつなげる。第二の作戦は，「C-2：成功の機会」をつくることである。明確なゴールを持っても，あまりにも道のりがはるかかなたであると達成感を実感できる機会が少ないし「やればできる」とは思いにくいだろう。着実に一歩ずつ進んでいることが自覚できるような条件整備として中間目標は欠かせな

い。成功の体験を重ねる。そして，自分が努力したために成功できたんだという気持ちを持つために，自分で工夫すること，つまり学習のコントロールを受講者が持つことを重視したい（C-3：コントロールの個人化）。講師の言われたとおりにやったからうまくいったというのでは，自分一人でできるという自信にはつながりにくい（依存心がより高まってしまうだろう）。自分自身で学び方を工夫して，その結果が成功につながれば，それが学ぶ自信につながっていく。そのためには多様な選択肢を準備しておき，そのなかで受講者が主体的に自分の学びを組み立てていけるような工夫が提供者側に求められる。自己選択・自己責任の原則のもとで苦労した末の成功が，本当の意味での自信を生み出すからである。

　4番目の要素は，〈満足感〉である。努力の結果が報われた，やってよかったと思うためには，まず努力をむだに終わらせない工夫が求められる。一つ学んだらそれを活用する場面を模索し，できるようになった意義が確認できるように応用する（S-1：自然な結果）。次に，講師や上司，あるいは仲間からの激励や賞賛，自慢できる仲間を持つことなど，対人的な関わりの中の満足感（S-2：肯定的な結果）を演出する。たとえ昇進や昇給がなくても，ご苦労さん会で認められることだけでも報われたと感じることもあろう。そして，安心して努力できるように，公平さ（S-3）を保つ。公平さは，えこひいきがなく，約束は守るなどの首尾一貫した態度を保つことによって得られる。「自分をほめてあげる」ができる環境を整えることで，次の学びにつなげていくのである。

自分のやる気をコントロールできる人を育てる

　ケラーは，学習意欲を高めるための作戦は，必要最低限のものを選択的に用いることを強調している。やる気が出ない原因を探り，その原因に特化した作戦をまず一つ使ってみる。それで意欲が高くなれば，それ以外の作戦は不要である。作戦のレパートリーは表2-1のように豊富に持っていることはよいことだが，適材適所でかつ最低限にそれらを用いるべきだとする。この考え方に従えば，受講者の意欲が高い場合には，講師としては動機づけの作戦を用いないのがベストである。一方で，受講者が意欲的に活動できなくて困

導入課題 「研修の現状をチェックして改善策を考えよう」

● column

理論に虚心で，いつも初学者の気持ちを～ケラー教授からのメッセージ～

ほとんどの人にとって，コースを取って勉強をする時の目標とはそれを終了することです。ですから学習が長びいたり遅れたりするようなことはしてはいけません―それが動機づけをよみがえらせるためにどうしても必要でない限りは。初心者にもうひとつ助言するとすれば，底に流れる概念や理論をできるだけ理解して欲しい。ID の分野でも常に「新しい」考え方が導入されていますが，必ずしも新しいとは限りません。例えば構成主義心理学においては「真正の」という概念が注目を集めていました。しかしそれは非常に古い概念なのです。産業心理学や成人教育学，ID の文献では，転移という概念で 1940 年代に遡って存在します。学習環境が適用環境に近ければ近いほど転移のレベルは高くなるという知見です。基本原則を理解すればするほど新しい概念をよく認識できるようになり，すでに持っている知識と統合してもっと専門的に仕事に生かせるようになります。

もっと哲学的なアドバイスがあります。私が動機づけの研究を最初に始めた時，同僚はどうしてそんな曖昧模糊としていて理解しにくいものをやりたいのかと不思議がりました。私は動機づけに心から興味がありましたので，その研究を続けました。詩人ロバート・フロストに「The Road Not Taken」という詩があります。雪の降る森の中で分岐点に来ました。ひとつは人がよく通る道でした。もうひとつはほとんどだれも通っていない道でした。彼はあまり通る人のない道を選び，全てがかわってしまった。道なき道を自分で切り開くことになったのです。芭蕉も弟子に，私の真似をしてはいけない，「二つに切ったメロン同士」のようにつまらないものになる，と諭します。師匠とそっくりになることなく，自らの興味と取り組み方を発展させなさい，という教えです。有能なプロになるためには，専門分野の文献，底に流れる概念と理論を熟知して，それらを常に実践と結びつけることが求められます。でも，すべてを学ぶことはできないから，いつも心を開いていなさい。常に自分の職業の初学者として，新しいことを学ぶ心がけを持ちなさい。

注：鈴木, 2006, p.131 を再掲した。

ケラー教授

っている場合には，その原因を探る手助けをして，自らの学習意欲を高める工夫としてこんなことをやってみてはどうか，という助言をして見守る。これが「教えない」研修の実現につながるやり方だろう。

表2-2 に，受講者の立場で自分のやる気を高める作戦を ARCS モデルで整理したものを示す。この表は以前，筆者が学習意欲の問題を大学生に講義するために作成したもの（鈴木，1995）である。受講者の意欲を引き出す講師の立場ではなく，自らの学習に意欲を持って取り組む工夫を自分でする学習者の立場で書かれている。世の中にはやりたくなくてもやらなければならないことや，多少不安でも挑戦しなければならないことが少なくない。自分の弱点を克服するための研修や，試験のための勉強などはいい例である。そんな事態に遭遇したときに自分のやる気を奮い立たせるアイディアを列挙したものである。

表2-2　学習意欲を高める作戦（学習者編）～ ARCS モデルに基づくヒント集～

■ 注意（Attention）〈面白そうだなあ〉■
- ▶目をパッチリ開ける：A-1: 知覚的喚起（Perceptual Arousal）
  - 勉強の環境をそれらしく整え，勉強に対する「構え」ができるように工夫する
  - 眠気防止の策をあみだす（ガム，メンソレータム，音楽，冷房，コーヒー，体操）
  - 眠いときは眠い。十分に睡眠をとって学習にのぞむ
- ▶好奇心をたいせつにする：A-2: 探求心の喚起（Inquiry Arousal）
  - なぜだろう，どうしてそうなるのという素朴な疑問や驚きをたいせつにし，追求する
  - 今までに自分が習ったこと，思っていたことと矛盾がないかどうかを考えてみる
  - 自分のアイディアを積極的に試して確かめてみる
  - 自分で応用問題をつくって，それを解いてみる
  - 不思議に思ったことをとことん，芋づる式に，調べてみる
  - 自分とはちがったとらえ方をしている仲間の意見を聞いてみる
- ▶マンネリを避ける：A-3: 変化性（Variability）
  - ときおり勉強のやり方や環境を変えて気分転換をはかる
  - 飽きる前に別のことをやって，少し時間をおいてからまた取り組むようにする
  - 自分で勉強のやり方を工夫すること自体を楽しむ
  - ダラダラやらずに時間を区切って始める

■ 関連性（Relevance）〈やりがいがありそうだなあ〉■
- ▶自分の味付けにする：R-1: 親しみやすさ（Familiarity）
  - 自分に関心がある得意な分野にあてはめて，わかりやすい例を考えてみる
  - 説明を自分なりの言葉で（つまりどういうことか）言いかえてみる
  - 今までに勉強したことや知っていることとどうつながるかをチェックする
  - 新しく習うことに対して，「それは〇〇のようなもの」という比喩や「たとえ話」を考えてみる
- ▶目標をめざす：R-2: 目的指向性（Goal Orientation）
  - 与えられた課題を受け身にこなすのでなく，自分のものとして積極的に取り組む
  - 自分が努力することでどんなメリットがあるかを考え，自分自身を説得する
  - 自分にとってやりがいのあるゴールを設定し，それをめざす
  - 課題自体のやりがいが見つからない場合，それをやりとげることの効用を考える。例えば，評判があがる，報酬がもらえる，肩の荷がおりる，感謝される，苦痛から解放される
- ▶プロセスを楽しむ：R-3: 動機との一致（Motive Matching）
  - 自分の得意な，やりやすい方法でやるようにする
  - 自分のペースで勉強を楽しみながら進める
  - 勉強すること自体を楽しめる方便を考える。例えば，友達（彼女／彼氏）と一緒に勉強する，好きな先生に質問する，秘密にしておいてあとで（親を）驚かせる，友達と競争する，ゲーム感覚で取り組む，後輩に教えるなど

■ 自信（Confidence）〈やればできそうだなあ〉■
▶ゴールインテープをはる：C-1: 学習要求（Learning Requirement）
・努力する前にあらかじめゴールを決め，どこに向かって努力するのかを意識する
・何ができたらゴールインとするかをはっきり具体的に決める
・現在の自分ができることとできないことを区別し，ゴールとのギャップを確かめる
・当面の目標を「高すぎないけど低すぎない」「頑張ればできそうな」ものに決める
・自分の現在の力にあった目標がうまく立てられるようになるのをめざす
▶一歩ずつ確かめて進む：C-2: 成功の機会（Success Opportunities）
・他人との比較ではなく，過去の自分との比較で進歩を認めるようにする
・「失敗は成功の母」失敗しても大丈夫な，恥をかかない練習の機会をつくる
・「千里の道も一歩から」可能性を見きわめながら，着実に，小さい成功を重ねていく
・最初はやさしいゴールを決めて，徐々に自信をつけていくようにする
・中間目標をたくさんつくり，どこまでできたかを頻繁にチェックして見通しを持つ
・ある程度自信がついたら，少し背伸びをした，やさしすぎない目標にチャレンジする
▶自分で制御する：C-3: コントロールの個人化（Personal Control）
・やり方を自分で決めて，「幸運のためでなく自分が努力したから成功した」と言えるようにする
・失敗しても，自分自身を責めたり「能力がない」「どうせだめだ」などと考えない
・失敗したら，自分のやり方のどこが悪かったかを考え，転んでもただでは起きない
・うまくいった仲間のやり方を参考にして，自分のやり方を点検する
・自分の得意なことや苦手だったが克服したことを思い起こして，やり方を工夫する
・何をやってもだめという無力感を避けるため，苦手なことより得意なことを考える
・「自分の人生の主人公は自分」自分の道を自分で切り開くたくましさと勇気を持つ

■ 満足感（Satisfaction）〈やってよかったなあ〉■
▶むだに終わらせない：S-1: 自然な結果（Natural Consequences）
・努力の結果を自分の立てた目標に基づいてすぐにチェックするようにする
・一度身につけたことは，それを使う／生かすチャンスを自分でつくる
・応用問題などに挑戦し，努力の成果を確かめ，それを味わう
・本当に身についたかどうかを確かめるため，だれかに教えてみる
▶ほめて認めてもらう：S-2: 肯定的な結果（Positive Consequences）
・困難を克服してできるようになった自分に何かプレゼントを考える
・喜びをわかちあえる人に励ましてもらったり，ほめてもらう機会をつくる
・共に戦う仲間を持ち，苦しさを半分に，喜びを2倍にする
▶自分をたいせつにする：S-3: 公平さ（Equity）
・自分自身に嘘をつかないように，終始一貫性を保つ
・一度決めたゴールはやってみる前にあれこれいじらない
・できて当たり前と思わず，できた自分に誇りを持ち，素直に喜ぶことにする
・ゴールインを喜べない場合，自分の立てた目標が低すぎなかったかチェックする

注：鈴木，1995より一部改変して作成。版権表示付きで配付自由。©1995 鈴木克明

ARCSモデルはもともと，研修担当者が研修を魅力的にデザインするために開発されたIDモデルである。表2-1の作戦を裏から見れば，表2-2のように受講者として何ができるかのヒントにもなる。例えば，R-1の作戦「受講者に関心がある得意な分野にあてはめて，わかりやすい例を提示する」は「自分に関心がある得意な分野にあてはめて，わかりやすい例を考えてみる」と置き換えることができる。例を示すならば，関心が高いと思われる例を示した方が「親しみやすさ」が持てる研修になるだろう。しかし，それだけでは自分で自分の意欲を高めることができる人には育たない。さらに一歩進めて，「自分に関心がある得意な分野にあてはめて，わかりやすい例を考えてみる」ように促す作戦を取り入れよう。そうすれば，少しずつ自分で考える習慣がつき，やがては「講師が示した例がピンとこない場合には，自分で身近な例を考えながら聞く」ということができる自律的・主体的な人になっていくのではないだろうか。

「教えない」研修をめざすためには，受講者が自分で自分のやる気を診断し，問題点を探り，そして自ら解決策を選んでやる気を高める工夫をする人になれるように導くことが肝要である。研修の魅力を高める工夫をすることに加えて，自分のやる気を自分でコントロールすることができる受講者に育てることこそが，研修担当者の役割だと言えよう。

IDの第一原理：メリルが提唱する5つ星のインストラクション

ID研究の長老M・デイビッド・メリルが2002年に発表した「IDの第一原理」は，構成主義心理学に影響を受けて提唱されてきた数多くのIDモデルや理論に共通する方略（すなわち「第一原理」）が5つあるとして，効果的な学習環境を実現するための要件を次の5つにまとめたものである（鈴木・根本，2011）。

1. 問題（Problem）：現実に起こりそうな問題に挑戦する
2. 活性化（Activation）：すでに知っている知識を動員する
3. 例示（Demonstration）：例示がある（Tell meでなくShow me）
4. 応用（Application）：応用するチャンスがある（Let me）
5. 統合（Integration）：現場で活用し，振り返るチャンスがある

誰を相手にしたどんなやり方の研修にもあてはまる（だから「第一原理」と呼ぶ）とメリルが主張する考え方を，まずチェックしてみよう。はたしてこの考え方は「教えない」研修を実現するためにも役立つものだろうか？

　最初の原理は，現実に起こりそうな「問題」に挑戦するという導入方法である。現実に起こりそうな問題をまず学習者に突きつけ，「どうだ，この問題は解けるか，解けるようになりたいとは思わないか？」と挑発する。IDでは伝統的に，学習者に「この時間が終わるまでにできるようになること」を学習目標として最初に提示して，そこに学び手の神経を集中させるのが効果的であるとされてきた。それを延長し，学習者が「なるほど，**これを学ぶとこんなところで活用できるようになる**のね」という応用場面のイメージを持つことができ，「それならば是非チャレンジしてみたい」と思うようになってもらう，という原理である。そのためには，いつどこで役に立つかわからないままの「仕方がなくやらされている」研修を，「明日にも役立つ」「是非やりたいと思う」研修に変換させることが大事であり，その鍵を握るのは「現実世界の問題」を見据えて新しい学びに挑戦させるなかで基礎を徐々に培っていくことだとする。

　基礎からの積み上げに慣れていてそれが得意な日本人としては，**いきなり応用からか**，と構えてしまうかもしれない。しかし，現実にこういう場面で使える知識やスキルを学んでいるんだ，という見通しを与え，ごく単純な事例でも構わないから，現実にありそうな問題場面を**最初から取り入れ**，初回から何かができたという成就感を味わいながら，徐々に難易度を高めていく手法をとるべきだと主張している。この視点は，研修と業務を結び付けるために有効である。少なくとも「なんでこれを学ぶ必要があるのかわからない」という不透明な事態は解消できるだろう。

　二番目の原理は，「活性化」である。研修受講者は何も知らない子どもではない（むろん，子どもでも豊富な体験をすでに持っているが……）。大人はその人なりにこれまでにさまざまなことを学んできたし，さまざまな経験に遭遇してきている。最初に提示した「問題」を解決するための正解を示す前にまず，「あなたはどうすべきだと思うか」を問いかけ，**すでに知っている知識を総動員**させる。「あれ？　今までに学んだことだけでは不十分だ。何か新しい知恵が必要だ」という壁（すなわち要求されているレベルと自分が現実に解決できるレベ

ルとのギャップ）を実感できれば，それが新しい学びに取り組もうと思うきっかけとなる。

　IDでは，初期から**学習者中心設計**というアプローチがとられてきた。日本流に言うとすれば，「人を見て法を説け」である。受講者が何も知らないのであれば「全員同じことを基礎から学ぶ方式」を中心に段階的な研修計画を立てればよい。しかし，ある程度の知識や経験がある大人が相手の場合には，まずこれまでの経験を振り返り，今の自分ならどう解決するかを思い描いてもらうことからスタートするのがよい。それが「活性化」である。活性化した段階ですでに**十分な解決策が思い浮かぶのであれば，それ以上の研修は不要だ**（TOTEモデルを参照）。逆に思うようにいかない壁を感じられれば，それが学びへの具体的なニーズになるので，新しい内容を集中して学ぶことができるだろう。

　三番目の原理は，「例示」である。「基本的な情報」を与えるときには，能書きではなく例を示せ，Tell meでなくShow meだ，という。例えば，表計算ソフトの使い方を教えるとき，メニューにある機能を一通り説明するのがTell meだとすれば，現実の業務でどの場面でその機能が使われているかを示すのがShow meである。表計算の機能を全部一度に説明して，「はい，この中から必要な機能を選んで使ってください」という代わりに，「この業務で表計算ソフトを使えるようになるためには，まずこれだけ使えるようになってください」という事例を示す。**厳選した機能だけをまず学んで業務で応用し，徐々にさまざまな機能を紹介する**，というアプローチを推奨している。

　IDでは，身につけるべき能力の特徴に応じて，より効果的な例示方法が異なる，と考える。例えば，新しい概念を教えるときにはその概念に入る例とそうでない例をペアで示し，なぜそう区別できるかを解説するのが効果的である（例えば，鯨はなぜ哺乳類なのか）。一方で，手順を教えるときには，全体像を見せてからステップごとに切り離して練習をさせて最後に統合する（例えば，操作手順が複雑な装置の使用法）。どんな例を選んで示し，どのような解説をするのか，という細部の設計にこそ，これまでのIDの知見が応用されるべきである。第一原理では，その前にまず，**説教ではなく事例を中心に展開しているかどう**かをチェックすべきだと忠告しているのである。

　四番目の原理は「応用」である。「どんな事例があるかわかりましたね。で

は，違う例で実際にやってみてください」というフェーズがきちんとありますか，という問いである。Tell me でなく，Show me で例示した後には応用するチャンスがある，つまり，Let me である。学習者側から「私にやらせてください」と思わせ，「はい，ではやってみてください」という練習のチャンスを与える。やって見せるだけで身につけてくれれば苦労はないが，大概の場合はそうはいかない。受講者それぞれが自分（たち）だけでやってみる試行錯誤の場面は欠くことができない。

　ID では，練習のチャンスには必ずフィードバックをつけることを重視してきた。これは，最初に試みるときには誰でも失敗がつきものだからである。いや，むしろ**失敗をすることによって，その原因を考え，なぜそうなったのかを理解できればそれがより深い学習につながる**と考える。したがって，「練習してきなさい」と放置するのではなく，練習を見守り，適切なアドバイスや間違いの指摘（情報付加的なフィードバック）をすることが肝要である。ここでも「できるまで繰り返してやってもらい，できたらすぐに終わる」という TOTE モデル的な考え方が適用できる。

　最後の原理は「統合」である。現場で活用し，学びの成果を振り返るチャンスを与えることを意味する。学習と業務との統合である。**学んだことを生かす機会がないうちは，本当の学びにはならない**。学んだことが実際に生かせたという経験を与えることによって，はじめて着実に身につく。そして，学びの成果を振り返り，省察（リフレクション）する。それが自らの学びを客観視し，次の学びへ生かすことができる**自律的な学び手の育成**にもつながる。

　従来からの ID では，研修の終わりに事後テストを行うことで目標を達成した場合には学習完了，と考えることが多かった。しかし，メリルが重視する「統合」は研修中にできることではない。研修の成果を現場で統合することで確認し，はじめて研修の役割が終わったとみなそう，というのがメリルの考え方である。すなわち，研修修了時のレベル 2 の達成だけでは満足せずに，現場での「統合」（レベル 3 のフォローアップ調査）をも研修の一部として設計することを推奨したものである。現場での問題を最初に取り上げ，それに対する学びの結果を現場に戻って確認することで完結する研修のサイクルが描かれている。

　表 2-3 に ID の第一原理に基づく教授方略例を掲げる。ID の第一原理を実際

表 2-3　メリルの ID の第一原理に基づく教授方略例（鈴木・根本，2011）

1. 問題（Problem）：現実に起こりそうな問題に挑戦する
   □現実世界で起こりそうな問題解決に学習者を引き込め
   □研修コース・モジュールを修了するとどのような問題が解決できるようになるのか，どのような業務ができるようになるのかを示せ
   □単に操作手順や方法論のレベルよりも深いレベルに学習者を誘え
   □解決すべき問題を徐々に難しくして何度もチャレンジさせ，問題同士で何が違うのかを明らかに示せ
2. 活性化（Activation）：すでに知っている知識を動員する
   □学習者の過去の関連する経験を思い起こさせよ
   □新しく学ぶ知識の基礎になりそうな過去の経験から得た知識を思い出させ，関連づけ，記述させ，応用させるように仕向けよ
   □新しく学ぶ知識の基礎になるような関連する経験を学習者に与えよ
   □学習者がすでに知っている知識やスキルを使う機会を与えよ
3. 例示（Demonstration）：例示がある（Tell me でなく Show me）
   □新しく学ぶことを単に情報として「伝える」のではなく「例示」せよ
   □学習目的に合致した例示方法を採用せよ：(a) 概念学習には例になるものと例ではないものを対比させて，(b) 手順の学習には「やってみせる」ことを，(c) プロセスの学習には可視化を，そして (e) 行動の学習にはモデルを示せ
   □次のいくつかを含む適切なガイダンスを学習者に与えよ：(a) 関係する情報に学習者を導く，(b) 例示には複数の事例・提示方法を用いる，あるいは (c) 複数の例示を比較して相違点を明らかにする
   □メディアに教授上の意味を持たせて適切に活用せよ
4. 応用（Application）：応用するチャンスがある（Let me）
   □新しく学んだ知識やスキルを使うような問題解決を学習者にさせよ
   □応用（練習）と事後テストをあらかじめ記述された（あるいは暗示された）学習目標と合致させよ (a)「〜についての情報」の練習には，情報の再生（記述式）か再認（選択式），(b)「〜の部分」の練習には，その部分を指し示す・名前を言わせる・説明させること，(c)「〜の一種」の練習には，その種類の新しい事例を選ばせること，(d)「〜のやり方」の練習には，手順を実演させること，そして (e)「何が起きたか」の練習には，与えられた条件で何が起きるかを予測させるか，予測できなかった結末の原因は何だったかを発見させること
   □学習者の問題解決を導くために，誤りを発見して修正したり，徐々に援助の手を少なくしていくことを含めて，適切なフィードバックとコーチングを実施せよ
   □学習者に異なる問題を連続的に解くことを要求せよ
5. 統合（Integration）：現場で活用し，振り返るチャンスがある
   □学習者が新しい知識やスキルを日常生活の中に統合（転移）することを奨励せよ
   □学習者が新しい知識やスキルをみんなの前でデモンストレーションする機会を与えよ
   □学習者が新しい知識やスキルについて振り返り，話し合い，肩を持つように仕向けよ
   □学習者が新しい知識やスキルの使い方について自分なりのアイディアを考え，探索し，創出するように仕向けよ

注：鈴木・根本，2011 の表 2 を再掲した。

● column

ID専門職は教材ではなく作成ツールづくりを～メリル教授からのメッセージ～

　教授法の質は，特に公開されているeラーニングを見ると，ひどいものです。私は大学で働いていますが，大学で教師の訓練を受けた人は誰もいません。もし化学者で化学を知っていれば，それですぐに教師なのです。教育専門家（特にIDの専門職）の価値を下げてしまったことが問題です。情報はたくさんあります。何でもインターネットで見つけることができるでしょう。問題はよい教授法かどうかです。インターネットは，私の人生で聞いたことのある中で一番素晴らしいものです。院生だった頃，このような物があればと夢見ていました。しかし同時にマイナス面もあります。誰もがサイトを立ち上げられますし，誰もが自分は教師だ，と思っているので，効き目の無い教材が大量にあるのです。とても頭のいい学生なら何からでも学ぶ能力があるから問題はないでしょう。しかし，難しい言葉の羅列を読むのが大変な学生はいい教授法が無くてはだめなのです。

　私たちにとっての大仕事は，教授法をデザインできるようなツールのデザインを手伝ってくれるようなID専門職を得ることです。ID専門職には，効果的な練習，効果的な実演，効果的な課題中心主義教授法をデザインする助けとなるツールと手順をデザインしてもらう必要があります。

　車の運転をするために私たちは自動車修理工になる必要はありませんが，1910年なら道具一式とつなぎ服がなければ車を動かし続けることはできなかったでしょう。IDは今，そのような状態にあるのです。ガタガタいいながら道を走っています。化学者が手にすれば簡単に素晴らしい化学教材が作れるような，ID原理が内蔵されたツールが必要です。

　私たちはそれをIDエキスパートでやろうとしました。もはや活動をやめてしまいましたが，あのプロジェクトを引き継いでくれる人たちを本気で探しています。そこに未来があると思います。これが今日の説教です。視聴者の皆さんがよい教授法を得られるように願っています。本当に教えることができる教授法をつくる必要がある，と皆さんが考えてくださるように願っています。

注：鈴木, 2006, p.128を再掲した。

の教材や研修の設計に活用するための指針として用いることができよう。その前に，自分が行ってきた（あるいは受けてきた）研修を5つの要件で振り返ってみるとよい。何が盛り込まれていたか，何が欠けていたか（あるいは不十分であったか）。あるいは逆に「教えない」研修で受講者を徐々に**自立させていくという観点から**やりすぎていたことはなかっただろうか？

● 講義形式からの脱却：教えない研修への第一歩

　「教えない」研修への第一歩は，講義形式の研修から脱却することである。研修の目標は話を聞かせることではなく，受講者が何かを身につける

ことにある。講義という研修の手段と受講者が何かを学ぶという研修の目標を混同してはいけない。講義をやめても研修は成立する。まず，この講義形式からの脱却という第一歩を踏み出そう。

表2-4に，ジョンソンら（2001）があげる**講義**が**適切な場面**を示す。確かに，講義という方法は，大量の情報を短時間にカバーするためにはとても都合がよい。誰も知らないことを短時間で確実に伝えるためには最善の手段である。講義を担当する講師が事前に多くの資料をあたり，多彩な情報源から適切にわかりやすい形にまとめて講義を組み立てれば，研修の効率は上がる。また，講義者の情熱を直接，受講者に伝えるというメリットもある（またあのお説教か，と嫌われなければ，という条件付きであるが……）。経営トップのメッセージを直接伝えるための最善手段は，直接語りかけることであることは言うまでもない（これについても，聞いてくれれば，という条件付きである）。

一方で，研修は仕事の時間を犠牲にして初めて成り立つものであるから，同じ効果があるのであれば，もっと効率的な手段を選択すべきだ。大量の最新情報を伝えるだけならば，**パンフレット**にして配付して**読んでもらう**のがよい。直接伝えたいメッセージであればせめて**ビデオに録画してネットワーク配信**をし，いつでもどこでも繰り返し視聴できるようにしたい。そうすれば聞き逃した箇所を巻き戻してもう一度聞くことも可能になるし，一堂に会する必要もなくなる。

表2-4の最後にある，受講者が「聞き手タイプ」である時に適切である，と

表2-4　講義が適切な場面（ジョンソンら，2001）

1. **情報を広める**：多量の教材を短時間に多くの受講者に伝達したいとき，アップデートしたり教材を補足したりしたいとき，講師がある領域を紹介したいとき
2. **他では入手困難な教材を提示する**：既存の利用可能な情報源に情報がないとき，受講者が自己流で学ぶには複雑で難しすぎるとき
3. **受講者にやらせると時間がかかりすぎる内容を見聞きさせる**：多くの資料からまとめる必要があるとき，受講者に時間や情報源，あるいはまとめる技能がないとき
4. **受講者の科目に対する興味を喚起する**：その道の最高の権威者によってユーモアと例題を伴って行われるとき，明瞭で情熱をもって語られ，適切な身振りや動きを伴う
5. **基本的に聞き手タイプの受講者たちに教えるとき**

注：ジョンソンら，2001，p.116の本文をまとめて表を作成した。
　　原文の「学生」を「受講者」に，「教員」を「講師」に置き換えた。

いう点には注意を要する。講義型の研修を別の方法に変えると,「ぜひ講義を復活させて欲しい」という声が必ず聞こえてくる。それは,受講者にとって最も楽な研修方法であり,今までの研修の多くが講義形式であったことから最も慣れている方式である,という理由によることが多い。私たちの多くには,「教えてもらわないと学べない」という先入観がある。それが理由で講義形式が歓迎されたとしても,そのままのやり方を継続していて自立した学習者が育つのだろうか？ いつまでも「聞き手タイプ」の受講者のままにしておいてよいのだろうか？ もし,その答えはNOだ,今まで通りではいけない,と覚悟を決めるのならば,必要な情報を自分で探すことや,せめて研修担当者がまとめた資料に事前に目を通してくること,あるいは自分の時間を工面してビデオを事前に視聴してくることぐらいは能動的にやるような人に育てよう。そのためには,「講義を続けてください」と言われても,断固として講義形式を止めるべきである。

　表2-5に,同じ講義形式でも少しは能動的な方法に変換するためのアイディアとして,ジョンソンら（2001）が推奨するインフォーマルグループを併用した講義法の進め方を示す。この例は,講義形式を止める代わりに1回の講義を10～15分に凝縮し,その前後にペア討議を挟む工夫をしている。講義形式による情報提供の前に持たれる導入の話し合いは,メリルのIDの第一原理の「活性化」の役目を果たす。ペア討議では話し合う前に個人作業として自分の考えをまとめる時間を確保し,そのあとでペア相互に共有してペアでの答えを作成する段階に進むのがよい。この工夫が,他人任せにする「タダ乗り」を防ぐ方

表2-5　インフォーマルグループを併用した講義法（ジョンソンら,2001）

その場限りのグループ編成：毎回の授業でペアを変えることを要求してもよい。
1. ペアリング：受講者を2人（端数が出たら3人）で組ませる（握手させて紹介し合う）
2. 導入の話し合い（5分程度）：講義テーマについて知っていることを話し合う
3. 講義1：10－15分程度（成人が講義に集中できる限界）
4. ペア討議1（3－4分）：講義内容について考えさせる（講師は巡回）質問への答え,感想や意見,過去に学んだこととの関連づけなどのお題を与える
　①まずそれぞれが答えを書く→②共有する（傾聴する）→③ペアでの答えをつくる
　④ペアをいくつか選んでクラス全体に答えを共有させる
5. 講義2＋ペア討議2：同上を繰り返す
6. 終わりの話し合い（5分程度）：学んだことをまとめる話し合い

注：ジョンソンら,2001,p.123-124をまとめて表を作成した。
　　原文の「学生」を「受講者」に,「教員」を「講師」に置き換えた。

策として有効だからである。さらに，表2-5にある講義1を印刷資料またはビデオ資料として準備して，研修前にペア討議で答えを作ってから参加してもらう工夫を加えることもできる。そうすれば，集まった時にはペア討議の結果を全体で共有するところからいきなり研修を開始できて，時間の節約になるだろう（ペア討議の結果を電子掲示板に報告した者だけを準備完了とみなし，集合研修への参加資格ありとすればなおよい）。

　重要なのは，**全員が集まる必要のないことは集まらないでやり，集まった時には集まった時にしかできないことを行うという基本設計**である。人それぞれ学びたい時間帯や学ぶペース，あるいは好みの方法が異なるのだから，一人でできることは一人でやってもらう。一人でできることは一人で，また，ペアの方が効果的なことはペアを作って，集合する前に取り組んできてもらう。すなわち，**予習をしてから研修に参加してもらうという原則も重要**である。予習には，準備状況の個人差を埋めて基礎知識を揃えるために行う事前学習だけでなく，職場のニーズや事例を持ち寄るための事前調査，あるいはテーマをあらかじめ与えて自分なりの考え方をまとめたり関連情報を検索してくる事前レポートなど，多彩な内容の準備運動が考えられる。何か一つでも取り入れることができれば，手ぶらで研修にくるよりは，効果的な研修の成果が短時間で得られるようになるだろう。もちろん，予習の成果は研修に持ち寄る（電子掲示板に書き込んでくるか，あるいは受付で回収する）ことを研修参加条件にするのがよい。きちんとやってきた者が報われる経験を繰り返すことによって，「やっぱりやってくる方がよさそうだ」という常識がみんなに浸透することをねらう。決して「あらかじめやってきて損をした」という否定的な経験を与えないように十分に配慮することが肝要だ。

相手は誰かを見きわめることから

　ここまでで，「教えない」研修のイメージはだいたいできただろうか？　イメージはできたとしても，どこから着手してよいか途方に暮れているかもしれない。研修の対象者は主体的とは言えない人たちだし，経営トップも「何とかしてくれ」という要望さえ表明してくれない。肝心な研修担当部門の同

> column

オンライン大学が答えだ〜シャンク教授からのメッセージ〜

　大学には暗黙の了解が存在する。一般的な教授達は，「君たちが多くを学んでいないことは別に気に留めない」と思い，学生たちも「俺たちが学んでないことは別に気にしない」と思い，そして教授達が本当は教え方を知らないことを知っているが，そのことを口にしないことで合意している。その結果，学生達が4年間教室に座ってさえいれば，教授達は彼らに学位を与えてしまうんだ。何とも，ばかげたシステムだ。本当に教えたいと思っている教授達には非常にフラストレーションの溜まる状況だ。

　私の予想では，将来何が起こるかというと，オンライン大学が主流になっていく。本当に学びたいと思っている学生達はそちらを選ぶ。学位のためではなく——彼らも当然学位を得るが——1年，2年あるいは5年間，本気で何かを実践的に練習し続け，得意だと言えるところまで上達するために時間を費やしたい人々。我々は過去数年間，カーネギー・メロン大西校コンピュータ科学オンライン修士課程でこれを実行に移している。学生達は他の大学院の3倍の量の勉強をこなさなければならない。「こんなに勉強したことはない，メチャクチャだ。」と言う。しかしそれが終わると，雇用主は彼らを次々に雇った。彼らが仕事の仕方を身につけたからだ。彼らは年間を通じて本当に勉強し，課題をこなした。学校へ行くフリをしていたんじゃない。私が思うに，この新しいモデルは長期的には勝利を収めるだろう。なぜならグローバル経済の世界では，仕事のできる人材だけが雇ってもらえる。ハーバードの学位でも，仕事ができなきゃ何の意味もない。

　企業研修も，学校のコピーに陥りやすい。「さて，学校がだめだからコーポレート大学を作らなきゃならないはずなのに，実際に作ってみると，学校とそっくりじゃないか。」学校と同じ間違いを次々におかしている。彼らは考え直す必要があるが，それは難しいことだ。学校がある限り，人々は教育といえば学校と似せてつくるべきだと考えてしまう。

　1500年代にヨーロッパの修道者が人々に本を読んでいた。「レクチャー」の語源はラテン語で「読む」を意味する。修道士達が人々に読んで聞かせたのは正しい。彼ら以外は字を読めなかったんだから。しかし，今でも教授達が壇上に立って「レクチャー」をしている——その風習は1500年代には意味のあることだったが，それをいまだにやっているという事実はほとんど狂気の沙汰だ。

　ハーバードやイェールへ行っている人々は素晴らしい教育を受けている。彼らは問題ない。残りの大多数の教育に我々は最も力を入れるべきだ。その答えが「オンライン」だ。方法はそれしかない。世界中の全ての学校を改革するのは不可能だ。しかし別の選択肢をつくることはできる。「あなたの小さな町には，大学はないけれどオンライン大学はある。しかもそれはあなたの近くにあるどの大学より優れた学校なんだ。」これを実現することは可能だ。

注：鈴木, 2006, p.129-130を再掲した。

僚たちも，今まで通りで問題ないと思っているのかもしれない。しかし，教えない研修を理想論だと片づけないでいただきたい。何か大きな変化を巻き起こすときには，「たぶん無理だとは思うけど，少しずつやっていこう」という気長な姿勢で誰かが（あなたが！）始めることが不可欠である。

　まず，研修対象者である学習者をみてみよう。表2-6に，IDの観点から対

表 2-6　対象となる学習者についてデザイナーが理解しておかなければならない項目
（ディックら，2004）

1. 前提行動：すでに知っている・できると仮定してスタートする基礎ができているかどうか。
2. 教育内容に対する前提知識：部分的理解，誤解，関連して知っていることなど。
3. 教育内容と可能な教育伝達システムに対する態度：学び方についての希望や意見など。
4. 学習の動機づけ：学ぶ意欲の特徴を ARCS モデルで押さえておくなど。
5. 教育レベルと能力：学業成績や一般的能力レベルを知ると新しいことの吸収力・理解力が想定できる。
6. 学習スタイルの好み：講義が好きか，討議が好きか，個別学習を好むかグループ学習か，など。
7. トレーニング組織に対する態度：肯定的・建設的か，懐疑的かなど。
8. グループの特徴：対象となる学習者の多様性がどの程度あるか，チームワークの状況など。

注：ディックら，2004，p.90-92 を表にまとめた。

象となる学習者について知っておくべきことをリストした。なるべく楽をしたいと思っているし，自分から進んで情報を集めてくるようなやる気も見せてくれない。予習を課したところでやってこない人も多いと予想される状況かもしれない。それが現実なのであれば，まずそこから始めるしかない。やる気満々の人にはゴールを示すだけで，あとは自主性に任せておくのが最善だろう。時折，進捗状況をチェックしてあげればそれでよい。問題は，それでは動かない人たちにどうアプローチして，ゆくゆくは自分で動く主体的な組織人として成長してもらう道へどう誘うか，である。

　新人がたとえ活気が薄い雰囲気であったとしても，組織全体が学びを歓迎し，先輩たちがいきいきと学んでいる集団であれば，「朱に交われば赤くなる」の格言にあるように，あまり苦労はないかもしれない。しかし，主体的・能動的に学ばないような空気が組織全体に蔓延しているのであれば，朱に交わって赤くなることはあまり期待できない。むしろ，まずい色に染まってしまう危険から遠ざける必要があるかもしれない。でもそれが現実なのであれば，それを受け入れ，徐々に空気を改善する努力から始めるしかない。新人が中堅になる頃には「よき先輩」に育ってもらうことを密かに，そしてしたたかにねらって，新人から研修改善を始めるのがよいだろう。経営トップの理解が得られず，リソースが十分にないのならば，それもまずは受け入れ，何かできることから始めて，小さいながらも具体的な成果を見せることが必要な状況にあるということだろう。

クリステンセン・C. (2008) が『教育×破壊的イノベーション』で見事に例証したように，大きな変化はあまり注目されていないマイナーなところから突然始まる（例えば，米国の高校で数人しか履修を希望しないギリシャ語科目から始まったeラーニング導入が紹介されている）。期待も注目もされていないのは，何かをやってみるチャンスである。誰からのサポートもなくても何かが始められるのが研修担当者の仕事である（もちろん，サポートと理解がある方がやりやすいには違いないが……）。そう思って，何かに具体的に着手して欲しいと強く思う。今日の親切は，長い目で見ると不親切である。新人たちに，ぬるま湯を提供し続けてはいけない。どんなに小さな一歩でも，真の意味で，受講者の成長と組織への貢献をめざしたものでなければならない。

何を加え・削り・移動し・変えるか

さて，これまでに紹介したTOTEモデル，カークパトリックの4段階評価モデル，動機づけのためのARCSモデル，そしてIDの第一原理の4つの道具を使って，身近にある研修をどう改善できそうかを考えてみよう。改善の方向としては，表2-7に示すとおり，何かを加える（Add），何かを削る（Delete），何かを移動する（Move），そして何かを変える（Modify）の4通りに集約される。その際に，「これだけは変えたくない」と思う続けたいこと（Keep）についても明確にしておくとよい。

一方で，「何か」には何が想定できるだろうか？　研修にはどんな要素が絡んでいるかを考えればその幅が確認できる。「何か」には，研修講師，研修受講者，研修内容，研修方法，評価方法，研修場所，実施時期，実施期間などがあるだろう。研修方法については，さらに詳しく，テキストや参考書，用いる事例，導入方法，練習方法，事前・事後課題，あるいはそれぞれに用いるツールやICT環境なども検討の対象である。いずれの要素も，加える・削る・動かす・変える候補となる。

ここで重要なのは，改善を着想するにあたり，**所与の要件と可変要素を区別**することである。所与の要件とは，例えば，研修の実施時期や期間などのようにすでに決められていて自分の責任範囲では変えられない要素である。これら

の「本当は変えたいのだけれど変えられない」という要素が存在するのが，所与の要件の中で最適解を編み出すことが要求されるデザインの仕事の特徴であり，枠がない状態で何でも自由自在に行えるアートの仕事と異なる点である。よって，「こうだったらいいのになぁ」と嘆いていても仕方ない。所与の要件を変更してもらうように上長に掛け合うことは可能であるが，まずはその要件のもとで何が工夫できそうかを考えて実績をつくることから始めるとしよう。さまざまな着想を得て改善を試みるうちに，最初は所与の要件だと思ってあきらめていた要素も，工夫次第では「これも可変要素じゃないか」と気づくことも多い。よって，あきらめるというよりは，いったん棚上げにするという気持ちで（しかしそういう要素があることに目をつぶらずに頭の隅に置きながら），所与と可変を区切っておくことを勧めたい。

表 2-7　改善の方向性

加える（Add）： 研修以外の要素との連携に必要な研修は？ 研修前に情報提供や基礎知識確認？ 研修中に個別進捗確認？ 研修後に行動計画立案やフォローアップ？
削る（Delete）： 研修以外の手段に移行可能なことは何か？ 予習や自学自習に移せるものはないか？
動かす（Move）： 基礎からではなく応用から入る？ 受講時期の見直しは必要か？
変える（Modify）： スリム化する？ ゴールを変える？ 事例を変える？ 練習を変える？ 集まってやる必要があるか？
続ける（Keep）： 継続すべきこと？ やめられないこと？

導入課題 「研修の現状をチェックして改善策を考えよう」

事例

研修担当2年目の佐藤さんは，第1章で今まで考えていた研修のイメージががらりと変わるのを感じ，自分の仕事を以前より広くとらえようとしはじめていた。この章では「教える仕事」をしていたつもりが「教えない研修」ということで，またまたショックを受けたようだ。佐藤さんは，この章で書かれていたことをどう受け止めたのだろうか，彼女のつぶやきに耳を傾けてみよう。

＊＊＊＊＊

5つ星の研修だなんて，ホテルのランキングみたいね。でも研修をやっただけだと，どんなによくても星は3つしかもらえない。現場からネタを拾ってくること（問題）と現場に戻って使って振り返ること（統合）が最初から含まれているというのが研修を研修だけで孤立させないアイディアというのはなかなか賢いと思う。講師がしゃべるだけだと Tell me だけだから星は 0 個。事例を入れれば Show me が加わるけど，それでも星は 1 個。となると，現在の研修のランキングはあまり考えないほうがよさそう。でも，それだけ改善の余地は多くあるというふうにポジティブに考えましょう。星は少なくても「伸びしろ」はたくさんあるってね！

「教えない研修」という考え方はなんとなくわかったけど，うちではすぐには実現できそうもない。でも，やる気を高めて自分で学ぼうとするようになってもらうための ARCS モデルや，5つ星のインストラクションという道具を使えば，少しずつ研修のやり方を変えていけるようにも思う。改善と言っても，結局は加える・削る・動かす・変えるの4つしかないと思えば単純なことかもしれないと思えるから不思議。所与と可変に分けて，自分が変えられることから変えていくというアプローチも現実的ですね，なるほど。

でも一番こたえたのは，誰も気にしないところで抜本的な改革が始まる可能性がある，というくだり。大々的に宣言して抵抗勢力に押し返されるよりは，自分でよく考えて，自分のできる範囲で少しずつ何か変化させて，賛同者を増やしていくアプローチがよさそうね。やっぱり，そうだったのか。クリステンセンの『教育×破壊的イノベーション』をまずは読んでみようかな。

佐藤さんは,自分の組織の現状を踏まえて,何ができそうかを考えてみた。第1章でも現状を分析した新任管理職対象のコーチング入門研修に何か手を加えるとしたら何ができそうか？ 佐藤さんのメモを見てみよう。

佐藤メモ：研修の現状を変更するとしたら何ができるか？

変更の方向性	具体的なアイディア（ブレスト）
加える（Add）： 研修以外の要素との連携に必要な研修は？ 研修前に情報提供や基礎知識確認？ 研修中に個別進捗確認？ 研修後に行動計画立案やフォローアップ？	職場に戻って研修の結果を活用しているかが知りたいので,フォローアップを追加することは確かに必要。でも研修のネタとしてコーチングのよい例や悪い例を職場からヒアリングしてそれを研修で使う事例にすることも効果的かもしれない。集まる前にコーチングの基礎知識については事前学習してもらうのも研修時間をより効率的に使うことにつながりそう。この研修をきっかけに横の連絡を継続させて互いにアイディアを交換してもらうことを考えれば,掲示板の活用法も研修項目に加えて,やり方に慣れてもらうことも必要になる。
削る（Delete）： 研修以外の手段に移行可能なことは何か？ 予習や自学自習に移せるものはないか？	事前学習としての宿題に回す基礎知識のインプットは研修から削れる。「その代わりに読んできてください」と指示しても読んでこないだろうから,研修時に基礎知識の確認（クイズ）を加える必要も生じるかも。昨年までの外注先が行った研修の中身をもう一度検証して,むだな要素が他にないかを調べるところから始めよう。
動かす（Move）： 基礎からではなく応用から入る？ 受講時期の見直しは必要か？	応用から入る,というのは理論の説明でなく,「こういう場面ではどうしたらよいと思うか」という事例を見せてのディスカッションから入る,ということだろう。だとすれば,自分の部局を観察してコーチングのよい事例や失敗事例を収集してくるという事前課題があってもよいかもしれない。受講時期は,係長昇進が決まった時点で行う研修なので,このままでよいだろう。
変える（Modify）： スリム化する？ ゴールを変える？ 事例を変える？ 練習を変える？ 集まってやる必要があるか？	スリム化は事前課題を入れることで可能だが,不足しがちなディスカッションにその時間を充てることも効果的かもしれないので,研修時間は短縮できないかもしれない。研修のゴールはこのままでよいと思うが,それを職場に戻ってやったかどうかをフォローすることは必要。事例も自分の職場で起きたことをデフォルメして扱うことで臨場感が高まるだろう。討議なので集まってやる意義はあると思うがそれ以外の部分は集まらないでもよさそう。
続ける（Keep）：	演習を中心に研修を構成すること。

練習

1. 次の研修事例の改善について，ARCS モデルの４つの観点（注意・関連性・自信・満足感）のうちどの点に影響しそうかを指摘しなさい。

変化しそうな点	事例
	（あ）研修で用いる事例を，受講者が所属する職場の失敗談から選んでデフォルメし，「ありそうな事例」だと思ってもらう
	（い）研修で行っているグループワークが成功したら，類題に個人で取り組み，個人のレベルアップを確認できるようにする
	（う）研修の成果を職場でも認めてもらえるように，修了証を発行する
	（え）研修をだらだらと続けずに，各自が休憩を適宜とって集中力が途切れないように工夫させる
	（お）研修でめざすべき到達地点を明確に伝えるために，合格レベルの答案と不合格レベルの答案の両方を対比して冒頭で示す

2. 次の研修事例の改善について，ID の第一原理（メリル）の５つの観点（問題・活性化・例示・応用・統合）のうちどの点が変化しそうかを指摘しなさい。

変化しそうな点	事例
	（か）研修時の練習問題で身につけた解決策を職場に戻ってどう活用したかのフォローアップレポートを書いて提出してもらい，自己評価が適切な場合に限って研修修了とみなすことにしようと思う
	（き）用意した解決策を提示する前に，受講者だったらどう解決すると思うかを尋ねてみる。その長所と短所を用意した解決策と比較して検討して解決策の幅を広げてもらおうと思う
	（く）職場で収集した問題事例をまずは導入で投げかけて，研修が終わったらこういう問題の解決にチャレンジして欲しいという目的意識を持ってもらおうと思う
	（け）解決策を例示した後には類題を出して，自分たちならばどう解決するかの計画を話し合ってもらおうと思う
	（こ）理論から入るのではなく実例から入り，この場合の問題解決に理論がどう役立ったかの解釈を加える順番に変更しようと思う

3. 自分の身近にある研修の事例（例えば，導入課題で取り上げた「研修の現状」）について，ARCSモデルとIDの第一原理で現状をチェックし，わかっていることや考えたことを書き出してみよう。もし何もやっていない，あるいは不十分だと思うことがある場合には，どんなことができそうか，そのアイディアも書き出してみよう。

取り上げる研修名：

研修の魅力	現状評価	その証拠・考えられる対策（ブレスト）
注意：好奇心を刺激してマンネリを防ぐなど「面白そうだ」と思わせるような工夫があるか	不明・NG・まだまだ・まぁまぁ・OK	
関連性：職務上の問題と研修をつなぐことで「やりがい」を高める工夫があるか	不明・NG・まだまだ・まぁまぁ・OK	
自信：段階的に習得していることが自覚できるなど「やればできる」と思わせる工夫があるか	不明・NG・まだまだ・まぁまぁ・OK	
満足感：研修終了時には「やってよかった」と思わせる工夫があるか	不明・NG・まだまだ・まぁまぁ・OK	
自律性：やる気は自分でコントロールするべきであり，それは可能であると思わせる工夫があるか	不明・NG・まだまだ・まぁまぁ・OK	

導入課題 「研修の現状をチェックして改善策を考えよう」

研修の方法	現状評価	その証拠・考えられる対策（ブレスト）
問題：研修では職場の現実的な課題を取り上げて解決させているか？	不明・NG・まだまだ・まぁまぁ・OK	
活性化：研修では受講者のこれまでの知識や経験をフル動員させているか？	不明・NG・まだまだ・まぁまぁ・OK	
例示：研修では一般論ではなく事例を中心に提示しているか？	不明・NG・まだまだ・まぁまぁ・OK	
応用：研修では受講者が自分たちで応用練習する機会が十分にあるか？	不明・NG・まだまだ・まぁまぁ・OK	
統合：研修の成果を職場に戻って活用し，その成果を省察する機会があるか？	不明・NG・まだまだ・まぁまぁ・OK	

4. 同じ研修事例をもとにして,「教えない」研修をめざして改善するとしたら何ができるかを考えてみよう。以下の表を使って何かを加える・削る・動かす・変えるの観点からアイディアとその理由をいくつか考え, 最後にこれだけは変えないほうがよいと思う事柄をリストにしよう。またこの活動を省察して気づいたことをメモしよう。

変更の方向性	具体的なアイディア（ブレスト）とその理由
加える（Add）： 研修以外の要素との連携に必要な研修は？ 研修前に情報提供や基礎知識確認？ 研修中に個別進捗確認？ 研修後に行動計画立案やフォローアップ？	
削る（Delete）： 研修以外の手段に移行可能なことは何か？ 予習や自学自習に移せるものはないか？	
動かす（Move）： 基礎からではなく応用から入る？ 受講時期の見直しは必要か？	
変える（Modify）： スリム化する？　ゴールを変える？ 事例を変える？　練習を変える？ 集まってやる必要があるか？	
続ける（Keep）： 継続すべきこと？ やめられないこと？	

＜メモ欄：上記に回答して気づいたことなどを一言メモしておこう＞

フィードバック

1. （あ）は関連性，（い）は自信，（う）は満足感，（え）は注意，（お）は自信と関連性

   解説

   （あ）の作戦には，親しみやすさ（R-1）を高める効果が期待できる。自分の職場の恥をさらすようだとかえって逆効果だから，デフォルメするのがよい。他の人にはどの職場のことだか気づかれなかったとしても，当事者だけにはわかることも多い。

   （い）の作戦は，自分だけで取り組んでもできることを確認することで自信を高める効果がある。グループで成功しても，はたして自分だけになったらできるのかは心配が残るものなので，自信につなげるためには個人ワークが効果的である。

   （う）の作戦は，肯定的な結果（S-2）をねらったものであるが，修了証が研修中に身についた実力に裏打ちされていれば，自信や満足感にもプラスの影響があるだろう。

   （え）の作戦は，マンネリを防ぐ（A-3）を意図したものだが，自分自身が学び方を工夫した結果うまくいくことを体験することによって，コントロールの個人化（C-3）による自信や学び方スキルの向上にもつながる可能性がある。

   （お）の作戦は，ゴールインテープをはる（C-1）ことと目標をめざす（R-2）の両方に効果が期待できるものである。研修の目標を冒頭で示すことによって，注意を引く効果も同時に期待でき，それが達成した時には満足感にもつながる効果もあり，「目標を掲げる」ことはARCSどの側面からも有効である。さらに，具体的な答案を対比して示すことで，メリルの第一原理の「例示」の原則にもかなっている。

2. 変化しそうな点は，順に，（か）＝統合，（き）＝活性化，（く）＝問題，（け）＝応用，（こ）＝例示の段階。問題がちょっと簡単すぎましたね。

3. 佐藤さんの組織で行ってきたコーチング研修について,佐藤さんは以下のようにまとめた。こんな感じで分析ができているかどうか,確認してみよう。

取り上げた研修名:コーチング入門(外部委託),対象者は新任管理職(手挙げ制)

研修の魅力	現状評価	その証拠・考えられる対策(ブレスト)
注意:好奇心を刺激してマンネリを防ぐなど「面白そうだ」と思えるような工夫があるか	不明・NG・まだまだ・**まぁまぁ**・OK	アクティブで事例演習なども取り入れられているのでまぁまぁと評価した。
関連性:職務上の問題と研修をつなぐことで「やりがい」を高める工夫があるか	不明・NG・**まだまだ**・まぁまぁ・OK	事例演習はあるが,職場の問題と直結していない外部講師が持ち込む事例なのでまだまだと評価した。実際の事例をデフォルメして使う?
自信:段階的に習得していることが自覚できるなど「やればできる」と思える工夫があるか	不明・**NG**・まだまだ・まぁまぁ・OK	NGと評価した。これとこれがこのレベルでできたから合格,というクリアカットな目標が欲しい。現状ではグループでの討議とその共有だけ。
満足感:研修終了時には「やってよかった」と思える工夫があるか	不明・**NG**・まだまだ・まぁまぁ・OK	修了証もないし,フォローアップもないので,研修が職場で活かされているかどうか不明。おそらく満足感は得られていないと想像してNGとした。
自律性:やる気は自分でコントロールするべきであり,それは可能であると思わせる工夫があるか	不明・**NG**・まだまだ・まぁまぁ・OK	外部講師の巧みな研修のおかげで楽しい研修となっているが,自分で何とかするという積極性を期待していない。もっと不親切な研修が必要では?

研修の方法	現状評価	その証拠・考えられる対策(ブレスト)
現実課題:研修では職場の現実的な課題を取り上げて解決させているか?	不明・NG・**まだまだ**・まぁまぁ・OK	一般論としてのたいせつさはわかっているがあまりリアリティは感じられていないだろう。自分のことと感じられるような事例の導入が必要。
活性化:研修では受講者のこれまでの知識や経験をフル動員させているか?	不明・NG・**まだまだ**・まぁまぁ・OK	良くも悪くも研修講師が持ち込む素材でやっているので,フル動員できていないと思われる。研修開始前に知っていることを書き出す時間を設ける?

事例提示：研修では一般論ではなく事例を中心に提示しているか？	不明・NG・⦅まだまだ⦆・まぁまぁ・OK	演習では事例を使って話し合っているが，それが講義の部分とどう関係しているのかがうまく伝わっていないのではないか？　事例を増やす？
応用問題：研修では受講者が自分たちで応用練習する機会が十分にあるか？	不明・NG・⦅まだまだ⦆・まぁまぁ・OK	グループで解決策を考えて互いに発表しているが個別の練習のチャンスはない。同じネタを使ってまずは個別にやってからグループワークに移る？
統合：研修の成果を職場に戻って活用し，その成果を省察する機会があるか？	⦅不明⦆・NG・まだまだ・まぁまぁ・OK	研修のフォローアップができていないので不明。一定期間をおいてインタビューして振り返る機会を設けてはどうか？

4. 佐藤さんの事例のようにまとめられただろうか？　コーチング研修の事例（47ページ）と比較してみよう。

課題 1　「研修発注書をつくる」

　課題1では，自分が知っている研修を何か一つ取り上げ，「研修発注書」を作成しよう。「研修発注書」とは，本書では研修RFPフォーマット例に必要な説明書類を添付したものを指す。これを作成するために必要な事項は，第3章と第4章で学ぶので，第3・4章を読む前のこの時点で課題1にチャレンジしてもよいし，あるいは今は「こういう課題ができるようになるために第3・4章がある」ということを確認するだけにして，第3・4章を読み終えてから課題1に挑戦してもよい。このことは導入課題と同じである。

第3章・第4章で学ぶこと！

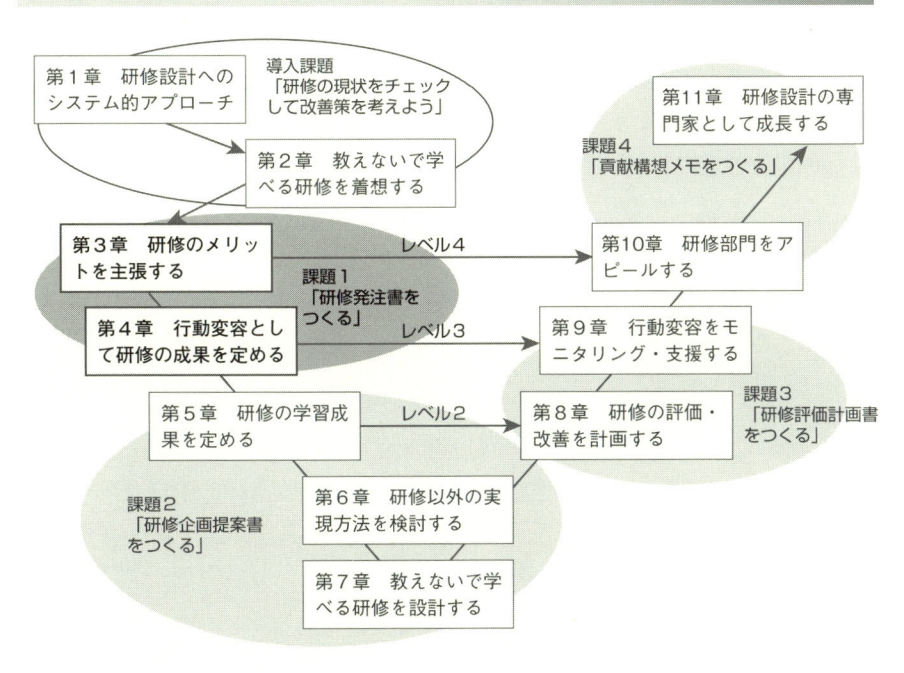

- 第1章　研修設計へのシステム的アプローチ
- 導入課題「研修の現状をチェックして改善策を考えよう」
- 第2章　教えないで学べる研修を着想する
- 第3章　研修のメリットを主張する
- 課題1「研修発注書をつくる」
- 第4章　行動変容として研修の成果を定める
- 第5章　研修の学習成果を定める
- 課題2「研修企画提案書をつくる」
- 第6章　研修以外の実現方法を検討する
- 第7章　教えないで学べる研修を設計する
- 第8章　研修の評価・改善を計画する
- 第9章　行動変容をモニタリング・支援する
- 課題3「研修評価計画書をつくる」
- 第10章　研修部門をアピールする
- 第11章　研修設計の専門家として成長する
- 課題4「貢献構想メモをつくる」

レベル4／レベル3／レベル2

指示：任意の研修事例を一つ取り上げ，研修委託先に向けてどんな研修を提案して欲しいかを述べた**研修発注書**を作成しなさい。以下の3つの要件を満たすこと。ただし，取り上げる事例は現実・仮想，自組織・他組織を問わない。導入課題で取り上げた研修と同じものでもよいし，異なるものでもよい。

1. **研修 RFP フォーマット例**（57ページ）の全項目に記入済みであること。
2. 各項目についての補足説明書（任意フォーマット）が添付されていること（**相互チェック**★1 を反映して必要な修正を加えたもの）。
3. 現在行っている研修の実態を説明した文書（任意フォーマット）が添付されていること。ただし，新規案件を扱う場合は，これまでに行ってきた類似の研修についての概要がわかるものを添付することが望ましい。

研修委託先とは，この課題であなたが作成する「研修発注書」に基づいて研修の企画を詳細化し，どのような研修にするかを提案する人や組織を指す。外注する場合は委託先が外部の組織や人になるので，どんな研修を望んでいるかを明確に伝えるために「研修発注書」をしっかり作成し，注文にきちんと答えてくれる相手かどうかを確認する必要がある。既存の研修に受講者を派遣する場合には，「研修発注書」を書いても先方が中身を変えてくれるわけではないかもしれないが，何を期待して送り出そうとしているのかを確認する手助けとなるだろう。また，組織内で他部門からの要請を受けて研修担当部門が研修の企画・実施を行うケースでは，委託先は自分自身になる（自分自身が受注先になる）ので，他部門からどんな発注（依頼）がきた（と想定する）のかをまとめる。いずれの場合でも，研修によって何らかの問題を解決したいと願っている立場の人の気持ちが十分に伝わるように，研修発注書を作成すること。これが研修設計の第一歩になる。

★1：本書では，一度完成した後に誰かに見てもらい意見を聞いて修正するプロセスを「相互チェック」と呼ぶ。もし周囲にだれか見てもらえる人がいたら，ぜひこの相互チェックを体験してみよう。学ぶことがとても多くあるにちがいない。自分では気づかないことをいろいろと教えてもらったら，「なるほど」と思ったことは取り入れる，「そうかなぁ」と思ったことは感謝の意を表するが，修正はしなくてよい。いずれも最終決定権はあなた自身にある。

研修発注書用：研修 RFP フォーマット例

項目			内容	
基本情報	研修対象者	人数		
		所属・職位・特徴（職務経験含む）		
		関連研修受講歴・既有資格等		
	研修期間・回数・総時間数			
	予算総額			
	研修提案書納入期限日			
理由	研修を必要とする理由（職場での問題事例など）			
目標設定関連	研修で習得向上させたい力（知識・スキル・態度）			
	研修を通して期待する職場での行動変容の例			
	研修を通して期待する事業成果等 例 ①財務面 ②顧客面 ③業務プロセス面 ④学習と成長面			
	関連組織内達成指標・数値目標等			
	関連組織内資格・職務等			
方法関連	関連職務規則・作業マニュアルなどの既存資源（研修での参照が望まれるもの）			
	研修で取り扱って欲しい事項			
	希望する研修前調査（複数回答可）		☐アンケート ☐インタビュー ☐覆面調査	☐受講者本人 ☐上長 ☐部下・顧客
	希望する研修方法（複数回答可）		☐一斉指導（講義） ☐グループ討議 ☐個別学習（独学） ☐他社事例検討 ☐自社事例検討	☐問題分析演習 ☐ロールプレイ ☐アクションプラン作成 ☐アクションラーニング ☐その他（　　　　）
	希望する研修後のフォローアップ活動（複数回答可）		☐アンケート ☐インタビュー ☐覆面調査	☐受講者本人 ☐上長 ☐部下・顧客
その他の要望事項				

第3章 研修のメリットを主張する

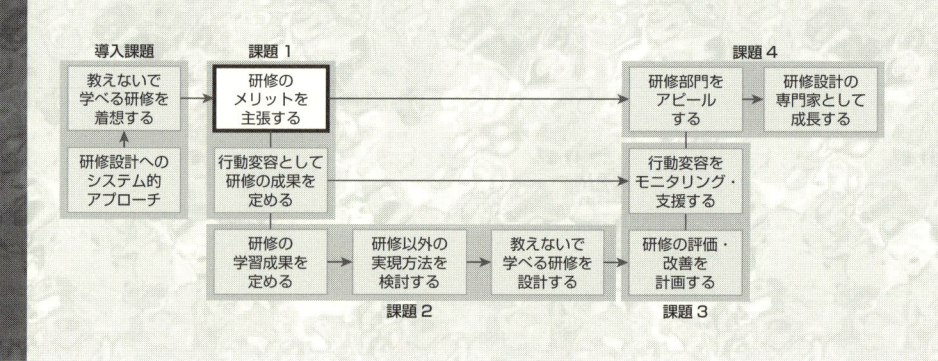

```
導入課題          課題1                                      課題4
教えないで      ┌─研修の─┐                            ┌─研修部門を─┐  ┌─研修設計の─┐
学べる研修を    │ メリットを │ ──────────────→ │  アピール  │→│ 専門家として │
着想する       │  主張する │                            │   する    │  │  成長する   │
              └─────┘                            └───────┘  └────────┘
                  ↓
研修設計への   ┌行動変容として┐                            ┌─行動変容を─┐
システム的     │ 研修の成果を │ ─────────────→  │モニタリング・│
アプローチ     │   定める    │                            │  支援する  │
              └────────┘                            └───────┘
                  ↓                                           ↑
              ┌─研修の─┐ ┌研修以外の┐ ┌教えないで┐ ┌─研修の評価・┐
              │ 学習成果を│→│実現方法を│→│学べる研修を│→│  改善を    │
              │  定める  │ │ 検討する │ │  設計する │ │  計画する  │
              └─────┘ └─────┘ └─────┘ └───────┘
                         課題2              課題3
```

学習目標

1. 研修にかかるコストには何があるか，直接経費と間接経費の例をあげて説明できる。
2. ROIの視点から研修のメリットとして主張できるものは何か，インタンジブルの例を含めて説明できる。
3. バランス・スコアカードの「学習と成長の視点」についての達成指標（KPI）を一つ例示し，それが戦略マップ上に占める役割を説明できる。

背景

　　この章では，お金の話を考えてみよう。製造業の生産管理ではQCD（Quality, Cost, Delivery：品質・価格・納期）のバランスを取ることが重要だとされてきた。いくらお金をかけて高い品質のものが作れたとしても，販売価格が高すぎたり，指定された納期を守れないのではお話にならない。そうかといって，安くても品質が悪ければ会社の評判を落とすだけだし，納期だけを守っても後で不良品続出ではこれもまた困る。

　　IDでは，研修の効果を高めることをめざす一方で，それを達成するためのコスト（人・モノ・金・時間）を抑えることにも着目してきた。同じ学習効果が達成できるのであれば，できるだけ安く，短時間で，しかも労力をかけずに省エネ

で達成する方がよい（まさに工学的），と考える。前者を**効果**（effectiveness），後者を**効率**（efficiency：コスト効果）として区別してきた。事前テストで合格させることを意図したTOTEモデルも，研修のむだを省いて効率を高めるための工夫である。しかし，効率を高めようとしても，何をもって合格とするのか（つまり効果をどこまで求めるのか）が定まっていなければ，事前テストも実施できない。したがって，効率以前の問題として効果の問題（つまり研修の出口をどこに設定するか）が優先的に存在するのである。

組織経営では金銭面の検討が求められるので，経営トップと話すときは「お金の話」ができるのが望ましい。単にお金を節約するという話だけでなく，**かけただけの見返りがある，あるいはもっとお金をかければこんな効果も出せる**，という話ができるとよい。研修経費を節約（効率化）すること以前の問題として，何が見返りとして得られているのか（研修の組織に対する効果）が説明できなければならない。この章では，研修をカークパトリックのレベル4の評価（すなわち「結果」）でとらえる練習をしてみよう。

コストから投資へ

研修を実施する際のコストには，何があるだろうか？　表3-1に，研修経費を試算する際に考慮すべき費用とされている経費をリストアップした。組織における研修は，3K経費（交通宿泊費，広告宣伝費，交際会議費）に加えるもう一つのK経費（教育研修費）だとされ，いつも景気に左右される経費削減の対象となってきた。昨今の研修を外部委託から内製化するという動きも，研修費を抑えて自前で行うことによる経費削減の要求に呼応したものなのかもしれない（本当は，内部の人間にしか提供できない内容の研修がある，と主張したいところではあるが……）。いずれにせよ，「これだけコストをかけているのだから，その価値は十分にあります」という主張を説得的に展開できなければ，組織全体の効率化の観点から予算を削減されても仕方がない。「○○という名前の研修を○回実施して，合計○人が参加しました」というだけでは物足りない。「その研修をやることによって，組織にとってどんなメリットが生まれたのかね，君？」と言われるだけだ。

表 3-1　研修費用一覧（森，2008，p.136）

(1) 会場経費：会場使用料，教室機材使用料，野外施設使用料，飲み物費用ほか
(2) 講師経費：交通費，謝金，食事費
(3) テキスト・教材費：テキスト用図書費，教材印刷費，事務用品費，翻訳料
(4) 事務局経費：交通費，連絡通信費，事務費，修了証・ネームカード作成費，募集パンフレット印刷費，諸雑費
(5) 宿泊経費：宿泊料，食事費
(6) その他：研修生旅費，マイクロバス費用，イベント・セレモニー費用，通訳費用

　経営トップは，コストに見合う（あるいはそれ以上の）メリットがあると思えば，**研修への資金投入を投資と考えるようになる**。資金を投資する価値があることが明確に伝われば，苦しい時でも予算の削減は免れるだろう。「その研修をもっとやりたまえ」と言われるかもしれないし，そのための費用も割り当ててくれるかもしれない。さらには，研修部門の組織内の位置づけも見直され，予算・人員・業務の拡大にもつながるかもしれない。

　ところで，研修のコストは表3-1のものだけではない。もっと大事なものが抜けている。読者の皆さんはそれに気づかれただろうか？　実は，表3-1にリストされているのは，コストのうちでも目に見えやすい**直接経費**だけである。この他に，さまざまな見えにくいコストが発生している。例えば，

- 研修参加者の給与（有給・時間内参加の場合），あるいは業務代行者への賃金
- 研修参加者の機会損失費用（営業に行っていれば利益になっているはずのもうけ）
- 人材開発部門（研修担当者）の人件費・運営費（研修がなくても発生する固定費）
- 人材開発部門の研修準備経費（会場手配，講師との折衝や打ち合わせ等）

などである。これらは表3-1には含まれていない**間接経費**である。研修にはお金がかかっている。でも実際に投じている資金の多くは，目に見えにくい間接経費なのである。

　ある会社では，定常業務にどれぐらいのコストを投入しているのかを意識づけするために，1時間当たり役員5万円，部長3万円，課長2万円，担当者1万円で**役職時間単価**を設定したという（小杉，2013）。会議をやる場合には，出

> column

経済学的視点からも目標の明確化が求められる

『教育を経済学で考える』の著者である小塩（2003）は，何をもって教育成果とみなすかを経済学の立場から問題にしている。気になる記述が多々あったうちから，目標を明確にすべき，という主張をいくつか紹介したい。

教育は国家百年の計であり長期的なビジョンが必要であることは論を待たないが，そうは言っても目前の活動成果を「見える化」する必要もある。とくにその存続が所与の条件ではない組織内の研修は「我々の活動の成果は30年後に出ます」と言ってすまされるものではない，ということだろう。

「基礎学力の向上」「豊かな子どもの心の育成」「生きる力」などの教育目標が考えられている。「しかし，そうした目標がどこまで達成できたか，それをきちんと評価する仕組みはなかなか存在しない。」（小塩，2003，p.107-108）

「教育がその「生きる力」を子どもたちにどこまで身につけさせることができたか，どうやって検証するのだろうと疑問に思えてくる。最近では，政策評価の重要性が盛んに叫ばれるようになっているが，政府がその「生きる力」を子どもに身につけさせることを目標とするなら，その目標の達成度が教育行政の評価にとって最大のポイントとなるはずである。いったいどうするのだろう。」（p.109）

「あまりに崇高な目標は，実は誰も相手にしていない。教育目標は，成果が具体的な数字で明らかになるほど望ましい。」（p.110）と指摘し，具体的な数字で示そうとする動き（「読売教育メール」から引用：世田谷区の事例）を歓迎している。例えば，

「深く考える子」→「図書室の本の貸出冊数を二倍にする」

「4月から10月にかけてつねに10種類以上の花が咲いているようにする」

「卒業時における進路の結果に対する満足度が五段階評価で四以上の生徒が90％を越えるようにする」

「筆者は，教育成果は，すべて数字で評価すべきもの，あるいは評価できるものだと思わない。［小学校の恩師の一言，喧嘩したほろ苦い思い出など］かといって，教育成果をまったく測定不能なものとみなしてしまい，外部の評価を拒否することははたして望ましいことだろうか。教育も，批判を受けない聖域であってはならない。教育の中にも，きちんと検証できる成果はあるはずである。それさえも拒否するのは，独善的だという誹りを免れないだろう。」（p.111）

経済学からみた教育効果を検証する理由は2つある。(1) 教育にはコスト（授業料，税金）がかかっている。コストに見合っただけの成果を教育機関がきちんとあげているかどうかは，限られた資源をいかに効率的に配分するかという，経済学にとっても重要な関心事項。(2) 公平性の観点から，教育成果がそれぞれの子どもにどのように異なって発揮されているかにも注目する。とくに義務教育の場合，格差の大きさは政府の関与のあり方に疑問を投げる。

席メンバー一覧で総額を算出し，「この会議は参加者単価の総額分以上の価値を生み出す必要がある」（小杉，2013，p.72-73）という観点からメンバーを絞ったり，会議時間を短縮する見直しを毎月行った。経営者に研修を投資とみなしてもらうためには，この会議の生産性を問う事例のように，経費に見合うだけのメリットがあることを示さなければならない。外部委託から内製化に切り替えて研修講師への謝礼金を節約したとしても，社内講師の登用にも目に見えにくいコストがかかっている。もちろん，研修担当者の給与その他も研修をやるや

らないにかかわらず支出されているのだから，それに見合うメリットを組織に還元する責任があると自覚することが，研修を設計・改善する第一歩になるのではないだろうか。

ROIという考え方

ROIとは，Return on Investmentの略で，投資対効果，投下資本利益率，あるいは投資収益率などと訳されている。投資した見返り（リターン）がどのぐらいあるかを示す財務指標である。ROIは以下の式で算出される。

$$ROI = \frac{研修の金銭的価値 - 研修費用の合計値}{研修費用の合計値}$$

この計算式では，分母と分子の両方に「研修費用の合計値」があるため，投資額と同等の金銭的価値を生み出した場合に，ROI＝0になる。例えば，研修に100万円かけて100万円の価値しか生み出さないと分子は100－100＝0なので，ROI＝0となる。投資額の2倍の価値を生み出すと初めてROI＝1になり，3倍生み出してROI＝2，4倍でROI＝3となる。研修が生み出す金銭的価値が0の場合には，ROI＝－1の最低値となる。

さて，研修についてのROIを算出する手順は図3-1に示すとおりである。何をめざした研修かを確認することで評価の観点を明らかにし，研修前・実施中・研修後にさまざまな種類のデータを収集する。成果のデータの中から研修による貢献を切り出し，金銭的価値に換算し，上の式にあてはめてROIを算出する。その過程で金銭的価値に換算できなかった効果を含めて報告書を作成する。この際，金銭換算できない効果を**インタンジブル**と呼び，ROIの算出式には含まれないが報告する価値があるものとみなす。

研修についてのROIを計算する際に最も困難なのは，**研修の金銭的価値**を算出することである。研修が生み出す金銭的価値は何かを見定めることが困難な上に，「それは研修だけの効果とは言えない。別の要因も貢献している」という立場からの突っ込みに耐える必要もある（後者を**効果の分離問題**という）。さら

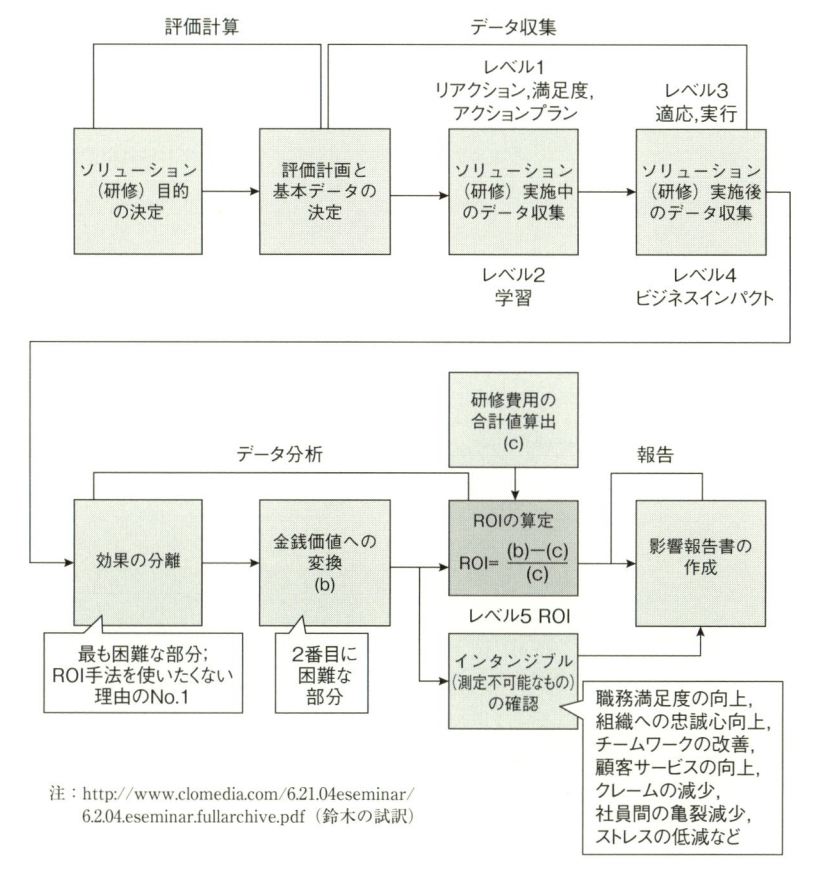

図3-1 ROI計算プロセス

評価計算
- ソリューション（研修）目的の決定
- 評価計画と基本データの決定

データ収集
- レベル1 リアクション,満足度,アクションプラン
- ソリューション（研修）実施中のデータ収集
- レベル2 学習
- レベル3 適応,実行
- ソリューション（研修）実施後のデータ収集
- レベル4 ビジネスインパクト

データ分析
- 効果の分離（最も困難な部分; ROI手法を使いたくない理由のNo.1）
- 金銭価値への変換 (b)（2番目に困難な部分）
- 研修費用の合計値算出 (c)
- ROIの算定 ROI= $\frac{(b)-(c)}{(c)}$ レベル5 ROI
- インタンジブル（測定不可能なもの）の確認：職務満足度の向上,組織への忠誠心向上,チームワークの改善,顧客サービスの向上,クレームの減少,社員間の亀裂減少,ストレスの低減など

報告
- 影響報告書の作成

注：http://www.clomedia.com/6.21.04eseminar/6.2.04.eseminar.fullarchive.pdf（鈴木の試訳）

に、研修の効果は「金銭的な」価値に留まらないものも多い（例えば、顧客からのクレーム減少、職務満足度の向上、組織への忠誠心向上、チームワークの改善、社員間の亀裂減少など）。それらを金銭に換算することは難しい。他方で、金銭的価値だけを対象としていたのでは研修の効果を実際よりも低く見積もってしまうという落とし穴も指摘されている。そこで、ROI計算に入れられなかったインタンジブルについては、影響報告書の中でROI数値に併記して記述するというような対策が採られてきた。

その結果として、研修のROIが実際に計算される事例はあまり多くはない（全米調査では2～3%とも言われている）。また、ROIと名のっていても、例

column

採用業務のROI，自分自身のROI

楠田・大島（2011）は，膨大な人材投資に対して，事実ベースのマネジメントが存在しないことを指摘し，この状態では，「人事部は会社の業績に貢献しています！」とは言えないという。例えば，採用業務を数値で追いかけると次のようになると説明している。

例：10人採用，戦力になるまで1年かかると仮定した場合にかかる費用は，以下の通り。
- 採用費：一人100万円として10人分で1,000万円
- 戦力になるまでの給与（1年）：一人250万円として10人分で2500万円
- その他法定福利費など：一人30万円として10人分で300万円
- 教育・研修費：一人10万円として10人分で100万円

これに加えて，実際にはOJTでリーダーなどが使っている時間のコストを考えると，少なく見積もっても一人400万円，総額で4000万円の投資になる。これだけの投資に対して，4月1日に10名無事入社したという事実のみをもって，「採用は成功した」としてみなしてはいけない，と指摘する。

「本来，この4,000万円の投資の成否は，1年後にこの10人が本当に戦力になっているかどうかで決まるはず。もっと言えば，5年後，10年後に会社を背負って立つ人材が出ているのか。そこまで追いかけて検証し，もし誰も戦力になっていないとしたら，いくらその年の採用予定数をクリアしていたとしても，その採用は結果的には『失敗』なのだ。」（p.120-121）

もちろん，採用担当者だけの責任ではなく，入社後の人材開発担当者にも負うべき責任があろう。「会社を背負って立つ」というところまでいくためには，配属先の上司の役割も絡んでくるから，全組織的視点でのマネジメントになる。他方で，会社の規模や経営状態によっては，「戦力になるまで1年かかる」としても会社の利益に結びつくことは1年間も一切しない（つまりコストのみ計上）という仮定はできないこともあるだろう。その場合には，新入社員なりの会社への貢献度は支払う給与全額に見合うだけは無理としてもゼロではないので，ROI計算にもそれが反映されることになる。

他方で，自分が生み出す価値について，小杉（2013）は，自分が組織の業績に貢献したかどうかは，お金に置き換えてみるのが最もわかりやすいと言う。例えば，年収500万円の人が1日平均10時間年間250日間働くとすれば，1時間当たり2,000円になる。間接経費などを合わせて組織の負担が2倍になると考えれば1時間当たり4,000円になるので，2時間半の会議に参加すれば1万円の人件費がかかっている。そう考えれば，その会議で1万円分以上の貢献をしなければ，会社はその分を損失したことになる。小杉は，「貢献しているかどうかは誰よりも自分自身が一番わかるはず」（p.72）というが，はたしてどうだろうか？ まずはそういう目で自分の時間の使い方を考えてみることから始めるのがよいのかもしれない。

えばeラーニング導入で教室における対面型集合研修に比べて費用がどの程度節約できたかなど，**両者のコストのみを比較するだけで，リターン（メリット）のことを話題にしないこともよくある**。ROIの考え方は単純で，経営層にも数値指標として伝わりやすい強力な道具ではあるが，それを正しく実行に移すのはそれほど簡単ではない，ということである。

研修はコストがかかる。このことをまずは認識し，研修を投資とみなしても

らうためにはコストを上回るメリットをどう示していくかを工夫する必要がある。そのためには，（どの程度綿密に計算するかは別としても）**ROIの考え方だけは避けては通れない**。経費節約を主張するだけでは不十分である。そこからどんなメリットが生まれたのかについての情報を集める必要がある。そうだとすれば，あなたが行ってきた（あるいは参加した）研修の場合，どんなメリットを訴えたらよいのだろうか。

　カークパトリック自身がウィスコンシン大学経営学研究所で行っていた3日間の管理職研修について，研修の2～3か月後に受講者とその上司を訪ねてフ

表3-2：行動変容と成果についてのまとめ（Kirkpatrick, 1998, p.144）

● 行動変容（レベル3）についての回答結果（受講者，上司）

管理監督の領域	とても向上	やや向上	変化なし	やや下降	とても下降	不明
指示を与える	25, 12	70, 65	5, 14	0, 0	0, 0	0, 9
研修指導	22, 17	56, 39	22, 39	0, 0	0, 0	0, 5
意思決定	35, 14	58, 58	7, 23	0, 0	0, 0	0, 5
変化を始める	21, 9	53, 53	26, 30	0, 0	0, 0	0, 7
部下職務の称賛	21, 7	50, 42	28, 36	0, 0	0, 0	0, 12
不平不満の防止・処理	12, 7	42, 40	46, 46	0, 0	0, 0	0, 7
職務への態度	37, 23	37, 53	26, 23	0, 0	0, 0	0, 0
部下への態度	40, 7	42, 60	19, 30	0, 0	0, 0	0, 2
上司への態度	42, 26	26, 35	32, 37	0, 0	0, 0	0, 2

● 成果（レベル4）についての回答結果（受講者，上司）

ベンチマーク視点	とても向上	やや向上	変化なし	やや下降	とても下降	不明
製造量	5, 5	43, 38	50, 50	0, 2	0, 0	0, 5
製造品質	10, 7	60, 38	28, 52	0, 0	0, 0	0, 2
安全	21, 7	28, 37	49, 56	0, 0	0, 0	0, 0
整理整頓	23, 14	32, 35	42, 46	0, 5	0, 0	0, 0
従業員態度と士気	12, 7	56, 53	28, 32	2, 5	0, 0	0, 2
従業員出勤率	7, 2	23, 19	67, 77	0, 0	0, 0	0, 0
従業員時間厳守	7, 2	32, 16	58, 81	0, 0	0, 0	0, 0
従業員離職率	5, 0	14, 16	79, 79	0, 5	0, 0	0, 0

注：数値は%で，「職場での行動が研修前後でどの程度変わりましたか？」「研修後にどのような成果が出ましたか？」という質問に対する，研修受講者合計57人中43人からの回答（左：受講者，右：上司）。
Kirkpatrick, 1998, p.144の表15-1と表15-2を鈴木がまとめて訳出し，注を加えた。

ォローアップインタビューを行った結果が，教育評価事例の一つとして報告されている（Kirkpatrick, 1998, 第15章）。この事例ではROIの数値計算をしているわけではないが，表3-2に示されるような質問への回答を求めることで，研修参加による行動変容（レベル3）と成果（レベル4）段階のインパクトを確かめている。

　表3-2の上下（レベル3とレベル4）を比べると，研修で直接扱った行動変容についての結果（上部）に比べてその変化がもたらした業務への成果（下部）の方が，向上した割合が低いことが読み取れる。また，各ペアの数値を比較すると，受講者本人の認識（左側）に比べて，上司（右側）はそこまで向上したとは思っていないという傾向も読み取れる。このように，主観的なデータからでも，研修が全体として参加者の行動変容につながり，それが組織としての成果にも肯定的なインパクトを与えていた（と受講者やその上司は感じている）ことを主張することができる。ROI計算の煩雑さに目を奪われる前に，レベル4での成果を確かめるという視点を持ち，取りうる手段を駆使して研修のインパクトについての実態を確かめる準備をしたいものである。

バランス・スコアカードと戦略マップ

　バランス・スコアカード（BSC）とは，キャプランとノートン（1996）による事業成果を整理するための経営手法である。ROIなどの財務指標に偏りがちであった経営判断に他の指標を入れることでバランスをとりながら，企業ビジョンと戦略に焦点をあてた組織改革を立案し，組織の構成員全体に戦略を「見える化」し，その実行を管理するためのツールであり，近年，わが国でも再び注目を集めている（新訳が2010年に出版された）。BSCでは，**財務・顧客・業務プロセス・学習と成長**の4つの視点をあげている（表3-3参照）。

　研修は，直接的にはBSC4番目の学習と成長の視点で組織を維持・向上していくために行うものとみなせる。BSCでは，学習と成長の視点は**経営判断に長期的・将来的な視点から貢献する重要な役割**を担うものと位置づけられている。経営トップは過去の業績を反映する短期的な財務指標（儲かったか？）に着目する傾向が強く，長期的に組織を支える将来の成長の鍵となる無形資産や

表 3-3 バランス・スコアカード（BSC）の 4 つの視点

視点	関心事	KPI の例	バランス			
財務	儲かったか？	投資利益率，収益の向上	外部	財務	短期	過去
顧客	お客様に喜ばれたか？	顧客セグメントの占有率，顧客定着率	外部	非財務	短期	現在
業務プロセス	仕事の質は良好か？	接客時間，要求納品時間，サービス失敗率	内部	非財務	中期	現在
学習と成長*	人は育っているか？	従業員満足度，戦略的業務装備率，戦略的情報装備率	内部	非財務	長期	将来

注＊：新訳版では 4 つ目の視点は「人材と変革の視点」と訳しているが，原語は Learning and Growth なので本書ではあえて前訳と同じ直訳語を用いた。

知的財産への投資（人は育っているか？）にブレーキをかけてしまいがちである。そこで，他の視点を入れることで，従業員の再訓練や情報技術や情報システム，そして高度な組織的業務手続きなどに対する短期的成果が出にくい投資が合理的であると主張できるようになるメリットがあるという。

研修担当者としては，組織の維持と成長に貢献するために，従業員の「学習と成長」を確実にもたらすように研修を設計する必要がある。同時に，その「学習と成長」が組織がめざす方向と合致していること（アライメント）を確認し，その他の視点とともに組織全体の戦略にとっても重要な役割を担っていることを BSC を用いて主張できるよう準備するとよい。そのことに加えて，研修の成果として職場における行動変容（レベル 3）がもたらされれば，それが業務プロセスの改善（業務プロセスの視点）につながったり，あるいは顧客満足度の向上（顧客の視点）にもつながる。したがって，研修の設計にあたっては，学習と成長の視点だけでなく，**他の視点への配慮も欠かせない**と考えるのがよい。

BSC を用いて経営戦略を立案する際には，それぞれの視点について，数ある数値目標の中から戦略的に重要である指標を選定する。それらは，**業績評価指標**（**KPI** = Key Performance Index）と呼ばれる。KPI 同士の因果関係を図示したものを**戦略マップ**と呼び，全社員が自分の仕事が組織全体の戦略の中にどのように位置づいているかが一目でわかるように共有する目的で使われる。なぜならば，「最前線の従業員でも，自分たちの意思決定と行動の結果を財務的に理解し，経営トップも長期的な財務的成功要因は何であるかを理解しておかな

68 ── 課題1 「研修発注書をつくる」

ステップ4　　戦略マップの策定（BSCの4つの視点）

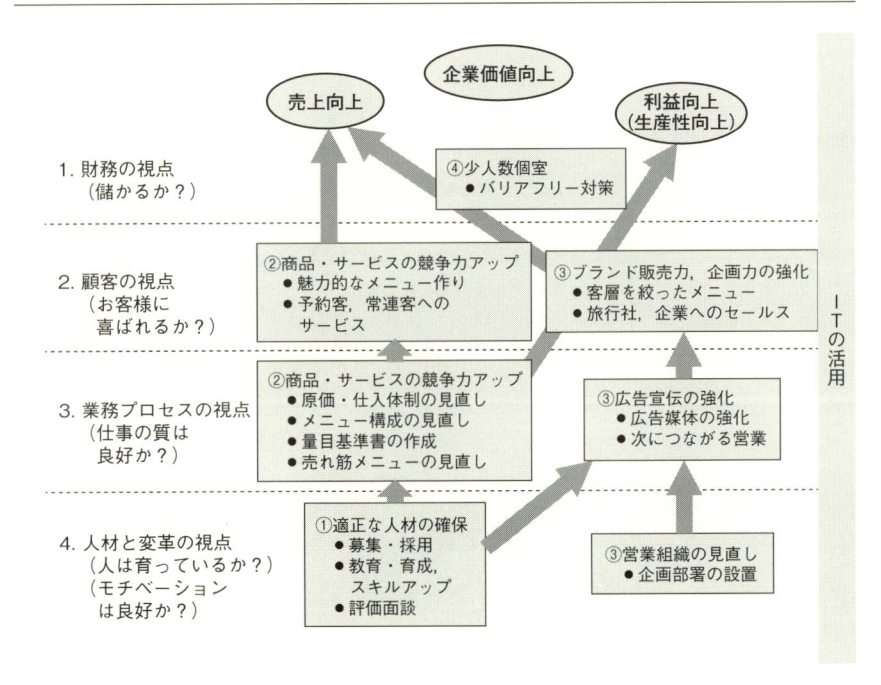

```
                            企業価値向上
         売上向上                              利益向上
                                            （生産性向上）
                        ④少人数個室
1. 財務の視点              ●バリアフリー対策
   （儲かるか？）

                ②商品・サービスの競争力アップ    ③ブランド販売力、企画力の強化
2. 顧客の視点      ●魅力的な                   ●客層を絞ったメニュー
   （お客様に        メニュー作り                ●旅行社、企業へのセールス      I
    喜ばれるか？）   ●予約客、常連客への                                       T
                   サービス                                                   の
                                                                            活
                ②商品・サービスの競争力アップ    ③広告宣伝の強化              用
3. 業務プロセスの視点 ●原価・仕入体制の見直し      ●広告媒体の強化
   （仕事の質は      ●メニュー構成の見直し        ●次につながる営業
    良好か？）       ●量目基準書の作成
                   ●売れ筋メニューの見直し

                ①適正な人材の確保             ③営業組織の見直し
4. 人材と変革の視点  ●募集・採用                 ●企画部署の設置
   （人は育っているか？）●教育・育成、
   （モチベーション    スキルアップ
    は良好か？）     ●評価面談
```

図 3-2　戦略マップの例（http://www.kits-21.com/product.html より）

ければならない」（新訳版，p.10）からである。

　図3-2にある企業が描いた戦略マップを例示する。適切な人材を確保し，業務を行うスキルを向上させることが，商品・サービスの競争力アップという業務プロセス面での向上につながり，それが顧客の満足度アップにつながり，さらには売上向上につながる，という**価値の連鎖（バリューチェーン）**が描かれている。何を達成するためにどのような戦略を打つのか，それが上位の目標にどう影響しているのかの因果関係を描いたものが戦略マップである。

　戦略マップが描けたあとは，KPIごとに行動計画（アクションプラン）を決め，月々の実績と差異分析をスコアカードに記入して修正を加えながら進捗を管理することになる。キャプランとノートン（1996）は，的確に構築したBSCがあれば，因果関係を通して，ビジネス・ユニットごとの戦略に関するストー

● column

「日本で最も人材を育成する会社」のKPI

「日本で最も人材を育成する会社」を標榜する（株）ネットビット社は，戦略人事ダッシュボードのKPIとして以下の10項目を掲げている（酒井，2010）。

1. 年間教育予算
2. 教育予算の対人件費比率
3. 従業員一人当たりの年間読書量
4. 従業員一人当たりの年間教育予算
5. 従業員一人当たりの年間教育時間
6. 従業員一人当たりの人材育成担当者数
7. 従業員一人当たりの年間キャリア・カウンセリング時間数
8. エグゼクティブの年間コーチング時間数
9. 部署別の離職率（従業員の定着率）
10. 内部昇進率（社員の昇格が発生する確率）

これは，米国 Training Magazine 社の優良企業ランキング作成時に参照しているパラメータをもとに自社の環境に合うように改良したものだそうで，戦略の効果が量的にどのように変化しているのかをとらえてモニタリングしている好例である。

ちなみに，KPIの3．従業員一人当たりの年間読書量を向上するための施策「道真公の愛」は興味深い。これは，社内ネットに書評を公開することを条件に毎月1万円までの図書購入費を半額補助するもので，現在の目標は，全社員が毎週1冊ずつ本を読むことだという。「読書とは，他人が苦労して得た経験を，考えられないぐらい格安で手に入れること」であり，「本を読むことが好きになってさえしまえば，それだけで人材育成の半分までもが完成だ」（p.176）としている。研修を最後の手段として考えるという本書の主張と合致する。

はしがきにおいて酒井（2010）は，すべての研修が不要だとまでは言わないが，「研修とは『人材育成』という大きな文脈においては，もはや枝葉の話であって，人材育成の実務における根幹ではありません」（p.6）と断言し，次のように警鐘を鳴らしている。

　これからの人材育成の実務は，「研修のデザイン」ではなくて，「経験のデザイン」という方向に向かいます。ですから，実質的に「人材の現場への放置」を意味してきた OJT の時代も終わりなのです。
　この点において経営戦略のギアを正しくシフトさせることができない企業は，驚くべき速度で世界中の企業から取り残されることになるでしょう。なぜなら，これからは企業が人材に選ばれる時代に突入し，経験のデザインを含め人材育成プログラムの充実の度合いは，こうした人材が企業を選ぶときに最も重視するポイントになってくるからです。（p.6）

リーを語れるはずだと，次のように説明している。

「仮に製品について従業員トレーニングを増やすと，彼らは販売する製品についてこれまで以上に広範囲の知識を持つことになる。従業員が製品についてより知識を持つことができるならば，彼らの販売効果はますますあがる。さらに販売効果があがれば，製品の平均売上総利益も増加する。」（新訳版，p.161）

製品についての知識を増やすための手段としてトレーニング（研修）が最善かどうかはともかくとして（本書ではそういう立場は取らない），研修が知識を増やし，それが顧客業務プロセスの改善につながり（きっと，質問により的確

に答えられるなどの行動変容が起きるだろう），それが顧客満足度の向上，ひいては売上総利益という財務指標の向上にもつながっていく，というストーリーである。こういう物語が描ければ，そしてその成果がKPIで可視化できれば，もう「研修はお金が無くなったからやめる」という事態に陥ることはない。

　研修担当者の役割は，BSCでいうところの「学習と成長の視点」から事業成果を高める組織戦略に貢献することにある。単にお決まりの年間研修スケジュールをこなすだけでは貢献が不十分だと覚悟するのであれば，組織全体の戦略を理解し，その中に自分が担当する業務を位置づけることが求められる。その際，自分の業務の成功（あるいは失敗）が，組織全体にどのような影響を与えるかの価値の連鎖（バリューチェーン）を理解する上で，BSCと戦略マップは有効である。担当業務の意義について理解を深めることを助け，また，経営トップや他部門とのコミュニケーションの道具にもなるだろう。研修とは余ったお金でついでにやる「おまけ」ではなく，組織の経営戦略にしっかり位置づけて行い，事業成果を達成し，組織の将来を左右するだけの価値を持っている仕事である。そうみなせる仕事でなければ，メリットを主張することもできないし，誰も関心を示さないだろうし，資金を投資する対象にもなるはずはない。組織と人づくりに貢献するストーリーづくりとそれに基づく自己主張が不可欠なのである。

事例

　研修担当者になって2年が経過したばかりの佐藤さんは，この章「研修のメリットを主張する」を読んで戸惑い気味である。何を戸惑っているのか，彼女のつぶやきに耳を傾けてみよう。

＊＊＊＊＊

　この章ではあまりなじみのない言葉がたくさん出てきて，頭の中がとても混乱した。バランススコアカードという言葉は最近社内でも使われていることを知っていたけど，私には関係ないことだと思っていた。でも「全社員が」とか「最前線の従業員でも」と言われれば，私にも関係あることなのかもしれない。

　景気によって研修の数が増えたり減ったりしてきた歴史があったことも聞いて

いた。「組織の将来を左右する重要な業務」でなければ経費削減の対象になっても仕方ない，と言われればそうなのかもしれないとは思う。でも，新しいことを学ぶチャンスがあることはいつの時代も大事なことだろうし，そういう機会があまりない会社で働き続けたいと思う人はあまり多くないだろう。そういう意味では，研修受講者に対して「研修のメリット」を伝えることであれば，私にもできるかもしれない。メリットがわからなければ誰も真剣に取り組んでくれないだろうから。そのとき，仕事を完成させる勤務時間を犠牲にしてまでも「この研修に参加してよかった」と思ってもらえることをめざすのは大変そうだ。研修はそれをやること自体がよいことだと思ってきたが，確かに研修ばかりやっていたのでは仕事が片づかない。研修で学んだことを使えば業務が100倍スピードアップするのであれば話は別だろうけど，「研修のメリット」を主張するって結構大変そうだ。

今までは外の研修会社に外注していたものを，最近では内部でまかなうように言われることも多くなった。これは単に費用削減の目的で，研修は必要だけどお金はかけられないためにやむをえないのかなぁ，と思っていた。外部講師が来た時にはいずれ自分でもやる番がくるかもしれないと思って少しでも「門前の小僧」で吸収できることはないかを考えておくほうがよいのかもしれないけど，すぐには自分にできそうもない。私の給料は委託先に支払う金額に比べればたいしたことはないかもしれないが，「あとはお任せ」で放置しっぱなしじゃぁだめだということか。でも「内部の人間にしか提供できない内容の研修があると主張したいところだが……」ってどんなことなんだろう？　社内事情を踏まえないとできない研修ならば，外部の人に任せるわけにもいかないということか。

結局，「自分がもらっているお給料に見合ったメリットを組織に返しているのか」という自問自答を続けることが大事ということか（厳しい！）。もう一度「研修のメリット」を受講者の立場で考えてみよう。受講者のメリットを確保するのが研修担当の私の仕事だと思うから。それが組織のメリットにつながっていくような研修企画を立てることも，将来できるようになるかもしれない。いや，今のうちからそういうことも考えられるようになることをめざしなさい，というメッセージなんだろう。何だか奥が深そう……。

練習

1. 次に掲げる研修コストを直接経費と間接経費のどちらかに○をつけて仕分けしなさい。

直接・間接	研修参加者の業務を研修中に代行する人に支払う賃金
直接・間接	研修参加者の機会損失費用
直接・間接	研修担当者の給与
直接・間接	研修準備経費（会場手配，研修講師との折衝や打ち合わせ等）
直接・間接	研修講師への謝礼

2. 次の報告のうち，ROI の視点からメリットを主張しているものはどれか，また，インタンジブルが含まれているかどうかを答えなさい。

報告1：e ラーニング導入でコスト削減が実現できた。従来からの教室における対面型集合研修に比べて費用が大幅に節約できた上に，交通・宿泊費も不要になった。e ラーニングのランニングコストは初期投資額と比べて安価であり，2年目以降には初年度より大幅なコスト削減が期待できる。
ROI の視点からの主張をして（いる・いない）
理由：_____
インタンジブルが含まれて（いる・いない）
理由：_____

報告2：ポータルサイト A と B に，同じ 50 万円でそれぞれ 1 か月間バナー広告を掲載したところ，クリック数は A の 2 万回に対して B では 6000 回であった。A の広告からは 3,000 円の商品 30 個の購入が獲得でき，B の広告からは同商品 75 個の購入が獲得できたので，ポータルサイト B のバナー広告を継続することに決めた。
ROI の視点からの主張をして（いる・いない）
理由：_____

インタンジブルが含まれて（いる・いない）
理由：＿＿＿＿＿＿＿＿＿＿＿＿＿＿＿＿＿＿＿＿＿＿＿＿＿＿＿＿＿

報告 3：ある研修企業の Web サイトでは，集合研修を e ラーニング化するメリットについて，旅費の節約だけでなく必要研修時間の短縮による給与支払額の減少が受注開発費と e ラーニング実施に必要なインフラ整備費を上回って総経費が節約できると主張している。500 人の受講者を対象として 5 人のトレーナーが 10 か所で 3 か月かける集合研修の場合，以下のように初年時比較で 20％程度の費用削減になるばかりか，e ラーニングの方が研修成果を職場で活用しやすいという。

	集合研修	e ラーニング
受講者の給与（時給 $20 とした間接費）	$400,000	$240,000
受講者の旅費（受講者の 50％が旅行を要すると仮定）	$250,000	$＿＿＿
トレーナーの給与	$47,500	$11,400
トレーナーの旅費	$20,000	$＿＿＿
開発費（受注研修）	$160,000	$400,000
実施システム（初年度減価償却分）	$＿＿＿	$35,000
合計	$877,500	$686,400

注：http://www.syberworks.com/articles/e-learningROI.htm を鈴木が訳出。

ROI の視点からの主張をして（いる・いない）
理由：＿＿＿＿＿＿＿＿＿＿＿＿＿＿＿＿＿＿＿＿＿＿＿＿＿＿＿＿＿
インタンジブルが含まれて（いる・いない）
理由：＿＿＿＿＿＿＿＿＿＿＿＿＿＿＿＿＿＿＿＿＿＿＿＿＿＿＿＿＿

3. 次の組織の事例について，バランス・スコアカードの 4 つの視点を踏まえた戦略マップ案を描きなさい。
   （ア）営利企業の事例：「応対が丁寧になって説明がわかりやすくなった，とお客様からの評判がよくて売り上げ増につながったよ。これも君がやってくれたマナー研修のおかげだよ」と営業部長からほめられた。

（イ）病院の事例：地域から信頼される病院になるためには，急患サービスの充実を図る必要がある。そのためには，救命救急機能を拡充することが求められるが，同時に高機能医療に特化することで収益性の改善を図る。変革を支える職員の満足度を高めるためには，地域医療支援病院としての人材育成に力を入れると同時に，職員のエンパワーメントを促進して自ら考え，提案できる職場の風土を確立していく必要がある。

4. 次に示す指標は，バランス・スコアカードの財務・顧客・業務プロセス・学習と成長のどの視点についての達成指標（KPI）になり得るか，○をつけて選択しなさい。

指標／視点	財務	顧客	業務	学習
（あ）顧客一人当たりの売上高				
（い）総顧客数のうちの売り上げに結び付いた顧客の割合				
（う）各店舗に魅了された新規顧客数				
（え）製品の不良率				

5. 自分の身近にある研修の事例を一つ取り上げ，その研修が事業成果等にどう結びつくかを分析してみよう。その研修が受講者に与えているメリットは何か（レベル2「学習」：学習と成長の視点），所属部局（職場）に与える可能性があるメリットは何か（レベル3「行動」：業務プロセスの視点あるいは顧客の視点），そしてそのことが組織全体に与えるメリットの可能性があるか（レベル4「結果」：財務の視点），それぞれのメリットの可能性をカークパトリックによる評価の各段階とBSCの各視点を参考に書き出してみよう。あわせて，組織内にすでに設定されている達成指標や数値目標，あるいは既存の資格や職務候補者資格など，研修の成果と関連がある事項を探してみよう。さらに，それぞれの因果関係を，戦略マップを参考に図示してみよう。

第3章 研修のメリットを主張する 75

研修名：		対象者：
研修を通して期待する事業成果等		
レベル2 (学習)	学習と成長	
レベル3 (行動)	業務	
	顧客	
レベル4 (結果)	財務	
その他の成果		
関連組織内達成指標・数値目標等		
関連組織内資格・職務等		

戦略マップ

BSC視点	あなたの事例
財務	
顧客	
業務プロセス	
学習と成長	

フィードバック

1. 最後の項目（研修講師への謝礼）を除いてすべて間接経費とみなせるものである。研修発注書（RFP）に「予算総額」として示すのは通常，直接経費のみの場合が多いだろうが，その他にも多額の間接経費が投下されており，ROIの視点からは間接経費もコストに入れる必要があることを再度確認しておこう。

2. 報告1：ROIの視点からの主張をしていない・インタンジブルが含まれていない。
   　解説：この事例では，両者の比較を費用面から述べているだけで，それぞれがもたらすメリット（＝リターン）を比較していないので，ROI視点に立っているとは言えない。
   報告2：ROIの視点からの主張をしている・インタンジブルが含まれていない。
   　解説：この事例では，両方のバナー広告に同額の投資をした結果として得られたリターンを比較しているのでROI視点に立っていると言える。得られたリターンにはクリック数と販売実績があり，クリック数（訪問客数）という指標からはAサイトに軍配は上がったものの，販売総額ではBサイトが上回ったため，Bサイトを選択するという決定がなされた。何をリターンの指標とするかによって，経営判断が異なることが示されている。「売り上げよりも訪問客数だ」という方針ではBサイトではなくAサイトが選択されることになる。この事例は数値のみの比較であり，インタンジブルは含まれていない。
   報告3：ROIの視点からの主張をしている・インタンジブルが含まれている。
   　解説：この事例では，eラーニングへ移行する場合の経費を従来からの対面研修と比較して述べているので投資のみに着目しているように思える。しかし，同じ学習成果を得るために必要な時間を費用の算出根拠にしている点で，同じだけのメリットを得るために投資が少なくすむという主張であり，ROI的だと言える。数値を比較して初年時で20％程度の費用削減になるとしていることに加えて，「eラーニングの方が研修成果を職場で活用し

やすい」点は数値化しにくいインタンジブルとみなせるため，数値以上のメリットも合わせて主張していると言える。ちなみに，「初年度比較」では初期投資額が含まれており，開発コストが不要になる2年次以降はさらにeラーニング化のメリットは拡大することが見込める事例である。

3. 戦略マップは次のように描くことができる。

(ア) 営利企業の事例

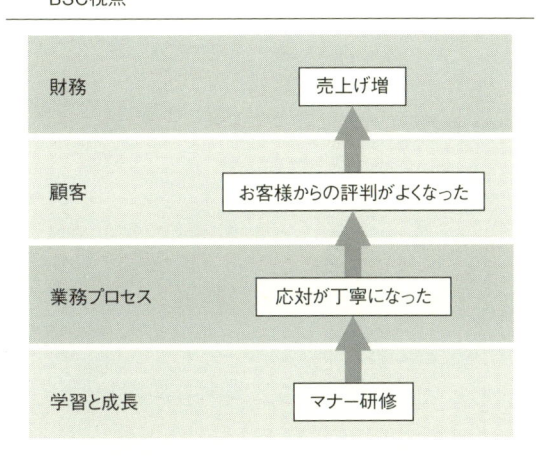

BSC視点

財務	売上げ増
顧客	お客様からの評判がよくなった
業務プロセス	応対が丁寧になった
学習と成長	マナー研修

(イ) 病院の事例

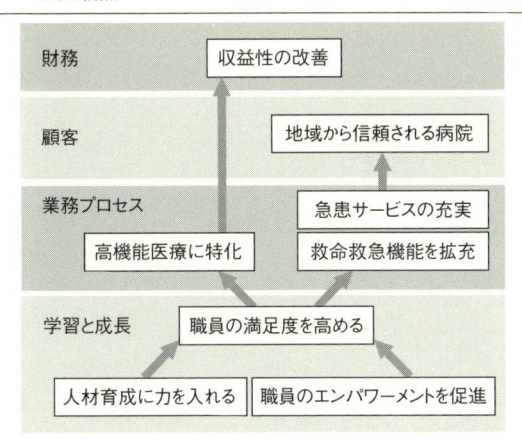

BSC視点

財務	収益性の改善
顧客	地域から信頼される病院
業務プロセス	高機能医療に特化／急患サービスの充実／救命救急機能を拡充
学習と成長	職員の満足度を高める／人材育成に力を入れる／職員のエンパワーメントを促進

4. （え）以外はすべて顧客の指標，（え）は業務プロセスの指標．

解説：（あ）顧客一人当たりの売上高は財務指標にも思えるが総売上高（財務指標）を達成する方法は顧客を増やすことと顧客一人当たりの売上高を増やすことのどちらでも達成可能であり，後者は顧客が満足した結果高い買い物をしてくれた結果と解釈して顧客の指標の一つとみなすのが一般的．

（い）は店舗への来店者数を増やす戦略と売上顧客率を増やす戦略があるが，いずれも顧客の指標．

（う）各店舗に魅了された新規顧客数が増えるためには，店舗自体やそこで働く従業員のサービスが魅力的である必要はあるが，その結果として新しい顧客が増えたこと自体は顧客の指標の一つ．それを実現するために例えばマナー研修を学習と成長の視点から戦略に据えた場合，研修修了者率は学習と成長の指標となる．

（え）製品の不良率を改善するためには業務プロセスの見直しが求められるので，逆に言えば，業務プロセスが改善されたかどうかを確認する指標として不良率の低減を設定できる．もちろん，業務プロセスを改善するためには，その業務を行う人を成長させることが必要な場合もあるが，業務プロセス自体を簡便化あるいは自動化することで改善を達成することも考えられるので，不良率の改善は必ずしも学習と成長が関係しているとは限らない．

5. 佐藤さんの組織で行ってきたコーチング研修について，佐藤さんは以下のようにまとめた。こんな感じで分析ができているかどうか，確認してみよう。

研修名：コーチング入門（外部委託）		対象者：新任管理職（手挙げ制）
研修を通して期待する事業成果等		
レベル2（学習）	学習と成長	コーチング技法を身につける。例えば，部下指導に際して行うべき積極的傾聴のスキルが身につく。相手の主張に真っ向から反対せずに自分の主張を伝えるアサーションができるようになる。
レベル3（行動）	業務	部下指導が改善することにより，業務プロセスのむだが省ける。部局内の協力体制が向上して，商品開発力が高まる。
	顧客	部下指導が改善することにより，接客態度が向上して顧客満足度が高まる。
レベル4（結果）	財務	業務プロセスの改善により製品の品質が安定して返品率が低下し，利益率が向上する。顧客満足度の向上により販売実績が高まる。
その他の成果		外部委託業者で経験を重ねた結果，研修担当部門での内製化ができる。
関連組織内達成指標・数値目標等		関連するKPIは，組織として設定されていない。
関連組織内資格・職務等		現在，管理職就任後の手挙げ式であるが，将来的には，管理職就任のための必須条件の一つにしていきたい。

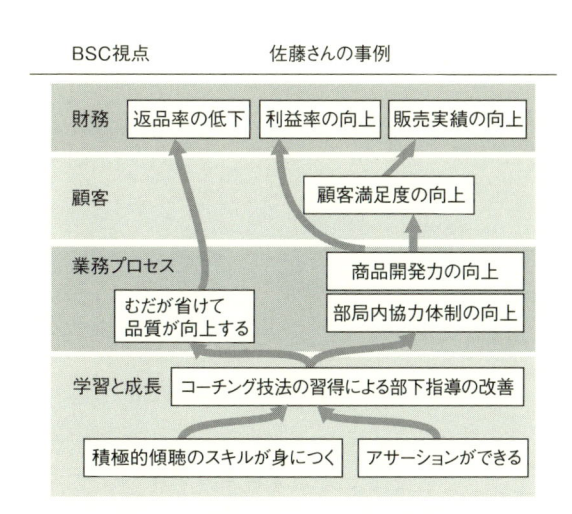

BSC視点　　　　佐藤さんの事例

- 財務：返品率の低下／利益率の向上／販売実績の向上
- 顧客：顧客満足度の向上
- 業務プロセス：商品開発力の向上／部局内協力体制の向上／むだが省けて品質が向上する
- 学習と成長：コーチング技法の習得による部下指導の改善／積極的傾聴のスキルが身につく／アサーションができる

第4章 行動変容として研修の成果を定める

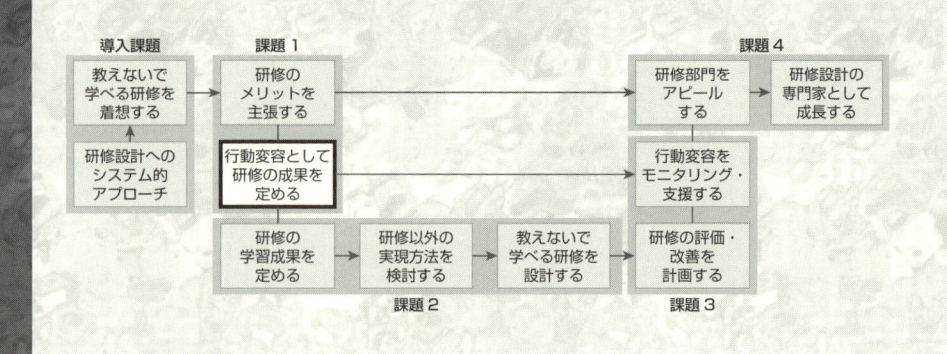

```
導入課題           課題1                                          課題4
教えないで         研修の                                         研修部門を        研修設計の
学べる研修を       メリットを                                     アピール          専門家として
着想する           主張する                                       する              成長する

研修設計への      ┌行動変容として┐                              行動変容を
システム的         │研修の成果を  │                              モニタリング・
アプローチ        └定める        ┘                              支援する

                  研修の         研修以外の      教えないで       研修の評価・
                  学習成果を     実現方法を      学べる研修を     改善を
                  定める         検討する        設計する         計画する
                                 課題2                            課題3
```

> **学習目標**
>
> 1. ニーズ分析とは何か，その目的と複数の情報収集方法について例をあげて説明できる。
> 2. パフォーマンス分析とは何か，現状分析と将来予測の例をあげて説明できる。
> 3. 行動計画（アクションプラン）とは何か，その目的と実施時期を含めて説明できる。

背景

　この章では，研修の成果をレベル3の行動変容として定めるための手法を見てみよう。研修を単なる「お勉強」で終わらせるのではなく，業務に役立つものにするためには，「研修の結果身についたことを，現場に戻ってどう活用するのか」を**あらかじめ**考えておく必要がある。せっかく研修をやったのに，その成果を活用してくれない，と後で嘆くのではなく，成果が活用できるような研修に設計するための準備をはじめからする，というアプローチである。ADDIEモデル（6ページ）では最初のA（Analysis＝分析）にあたる。研修を行動につなげるための分析の手法として，本章ではニーズ分析，パフォーマンス分析，そしてアクションプランを紹介する。

ニーズ分析：研修を行う理由を探る

　　　　ニーズ分析とは，どんな研修を行う必要があるかを確認するためにデータを収集することを指す。研修の中身（What）やその方法（How）を決める前に，なぜやるか（Why）を説明できるようになることをめざす。ニーズ分析の目的は2つある。第一に，**よりよい研修を実現する**ためである。ニーズがない研修を行ってもそれは意味がない。受講者には時間のむだであるし，組織にとってはお金のむだである。第二に，提供する研修の必要性・妥当性を組織内外に訴えるためである。「私たちはニーズ分析に基づいて研修を行っています！」と言えることは，惰性や自己満足のために研修メニューを組んでいるのではないことを伝える有効な手段である。また，「あなたにヒアリングした結果に基づいて研修を企画しました」と言われれば，誰も悪い気はしない。意見を聞くこと，それを反映することは，**味方を増やすこと**にもつながる。

　ニーズ分析の手法はさまざまあり，それだけに特化した専門家も存在する。しかし，専門家に頼らずに，まずは自分自身で**公式・非公式のデータをさまざまな情報源から収集する**のがよい。受講者の上長や顧客・スポンサーには，何が望みか，何が不満かを聞く。同業他社からベストプラクティスを探したり，学会や専門誌を眺めて今後の動向予測を学ぶ。打開策を組織の外に求めなくても，実は同じ組織の中にも進んでいるチームは創意工夫を凝らしてきていて，単にそのノウハウが全社的に共有できていないことだけが問題なのかもしれない。組織内で芽生えている可能性にも目を向けて調査しよう。

　研修内容の専門家（SME）からは，何が今ホットな話題で，将来はどうなりそうかを聞く。多様な情報源から多彩なデータがこれだけ集められる時代になったのだから，その恩恵を受けるためにいろいろなアンテナをはっておくことも有意義である。人事や研修業界の情報だけ集めていたのでは不十分だ。経営層からは，会社のめざす方向性や研修に期待する役割などを探る。組織として動くためには経営戦略と人事戦略を合わせること（アライアンス）が求められているが，そのためには経営陣が何をめざしているかを知る必要がある。何しろ，「こんなデータの集め方じゃ心配だ」と気にする前に，まずは手当たり次第にいろんな情報を集めてみよう。組織に奉仕するためには，組織内のいろいろ

表4-1 ニーズ分析：管理職への質問（Piskurich, 2006）

1. ビジネスチャンスとして，今，何が最も重要か
2. チャンスをモノにできない障害は何か
3. 今，最も重大なビジネス上の問題は何で，それを取り除く上で何が障害になっているか
4. 期待される職務遂行と実際とのギャップは何か，なぜそう思うのか
5. 今，あなたが支援を求めたい最も切迫した研修ニーズは何か
6. 研修を実現する方法として何を有しているか
7. 研修のために用意されている予算はいくらか
8. 研修資源として何を活用するか（スタッフ，ベンダー，施設）
9. 部下は研修にコンピュータを使うことに抵抗はないか
10. 部下の研修に対する気持ちは（研修を受講することは好きか，それとも嫌っているか，自力で学びたがっているか，研修を重要だと思っているか，それとも必要悪と感じているか，新しいことを学ぶ速度は速いか遅いか，今知らないことは学ぶ必要がないことだと思っていないか）
11. 現状では研修をどのように設計・実施しているか，そのやり方に満足しているか，不満だとすれば何が不満か

注：Piskurich, 2006 の p.30-31 の表を鈴木が訳出した。

な人と会って，話して，求められていることを聞き取る**御用聞きの精神**が肝要である。

　表4-1に，ニーズ分析を行う際に，管理職に聞く質問例をあげておく。研修は受講者の上長との連携プレイがなければその効果は現場で発揮できない。研修の目標を設定する際に，レベル3の行動変容を意識する。そのために**最もたいせつにしなければならないのは現場の上長（受講者の直接の管理職）**である。

　シナリオ型教材の設計理論（ゴールベースシナリオ：GBS理論）で有名なID研究者ロジャー・シャンクは，ニーズ分析の段階でまず，**研修受講者が働く現場に赴くことの重要性**を指摘している。「ここで起きるミスは何か」を説明できる人を現場で探し，その人からミスがいつどこでどのように起きるか（5W1H），その原因は何で，ミスがもたらした結末は何かを聞き取る。その事例に基づいて疑似的にミスを体験させるシナリオをつくり，研修では現実的な文脈の中で繰り返し失敗を疑似体験させてスキルを磨くのがよい，という。同じような状況に遭遇したときにミスを避けられるようになることが研修の成果となるので，現場での行動変容に直結する研修になる。研修の成果だけでなく，研修のネタも現場に即したリアリティのある事例となるので，学ぶ意義もすぐにわかると

● column

逆境の中でニーズ分析をやり遂げるための問答

　IDの研究者でニーズ分析についての教科書を何冊も書いてきた第一人者アリソン・ロセットは，ニーズ分析のやり方を知っていても，いざ実施する，となるとさまざまな障壁を経験するという。以下は，その障壁を乗り越えるための一問一答である。

(1) ニーズ分析はほんとうに必要なの？
 ◆ はい，とても大事です。もちろん，ニーズ分析をスキップすることはできます。その結果，よい教育が実現することもあります。しかし，教育の確実性は低くなります。
 ◆ ニーズ分析をする中で得られる情報を活かし，巻き込む人々に支えられることで，より効果的な教育が実現できるだけでなく，実施時のサポーターが増えるメリットが重要です。

(2) スポンサーが分析を拒んだら？
 ◆ それはあり得ます。顧客からの変更要求があってもすぐに路線を変更する決断をせずに，まずはニーズに関連した情報を収集する癖をつけましょう。
 ◆ 顧客からの要求に驚かされることがないように，つねに「どんな要求がありそうか」を予想することがたいせつです。

(3) 「分析したい」と申し出たら「だめだ」と言われました。どうしたらいいですか？
 ◆ 教科書どおりに実施しようとせずに，また分析することへの許可を求めようとせずに，職務内容や影響力がある人へのインタビューに集中することです。「分析」

という言葉を用いずに，何がどう行われているかの全体像をつかみ，複数の視点から眺めるようにしましょう。
 ◆ 分析を終了してから公式レポートを書くのではなく，非公式でよいから進捗状況を頻繁に伝える工夫がたいせつです。

(4) 顧客の望んでいることが的を外れている場合はどうしたらよいですか？
 ◆ 顧客がやって欲しいと望む教育が必ずしも顧客のニーズにあっているとは限りません。3日間の営業向け研修をやって欲しいと言われてもそれがベストの解決策とは限りません。
 ◆ 取るべき道は二つに一つ。一つは，研修を達成度ベースで行い，初期の目標に達したら期間にこだわらずに修了させる道です。もう一つはデータを示し，それを解釈しながら何を為すべきかを顧客とともに考えて，別の解決策がよさそうだと納得させる道です。

(5) 分析を外部に依頼したいと言うのですが？
 ◆ あなたが内部の人間であれば，外部の人と一緒に分析をするのがよいでしょう。外部の人間には，分析の情報源やその意味するところをあなたほど理解できる人はいません。何が最もふさわしいソリューションかもあなたの方がより深く理解しています。一緒に仕事をする中で，互いに学び合うことです。

注：Rossett & Sheldon, 2001, p.47（表2.6）を鈴木が訳出した。

いうメリットもある考え方である。GBS理論は，筆者が最も注目しているIDモデルの一つであり，GBS理論の発展形であるストーリー中心型カリキュラムを所属先のインターネット大学院で取り入れている（詳細は，根本・鈴木，2014を参照されたい）。

● パフォーマンス分析：研修以外の選択肢を視野に入れる

　　　　　　職場で起きている問題は多種多様なので，そのすべてに対する最良の解決策が常に研修であるとは限らない。**パフォーマンス分析**とは，現実と求める姿のギャップを明らかにし，研修のみに頼らずにそれ以外の解決策も視野に入れて問題の解決を考えるための手法である。パフォーマンス分析を用いて職場のパフォーマンスを向上させていく技法を**ヒューマンパフォーマンステクノロジ（HPT）**と呼ぶ。HPTの一般モデルを図4-1に示す。介入策には研修以外の選択肢を含み，原因分析では「本当の原因は何か」を追求することに重きを置いているが，現状（入口）と期待（出口）のギャップ分析にはIDと同じ手法を応用している。

　研修担当者としての現在の職責が研修の設計と実施のみの場合であっても，すべての問題を研修という手段で解決しようとしないことは重要である。研修によって達成すべき職場での行動変容と，それ以外の手段によって解決するのがふさわしいこととを切り分けるためには，パフォーマンス分析を行うのがよ

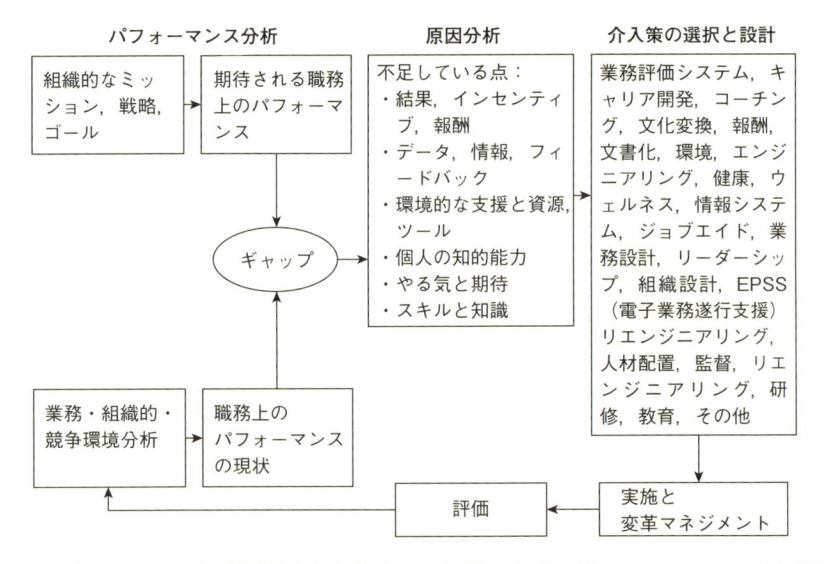

図4-1　パフォーマンス向上国際学会（ISPI）のHPTモデル（ストルビッチ・ベレスフォード，2013）
　　　注：ストルビッチ・ベレスフォード，2013, p.240の図14.2を再掲。

い。その上で、研修でめざすべき成果を明らかにし、それ以外の問題解決手法と併用しながら（あるいは権限が及ばない場合にはいったん棚に上げてから），研修を設計する。研修で解決できることだけしか検討の対象としないのではなく、まず問題の全体像を把握し，**着手しないこと（提案だけはしておく，あるいはその担当者とともに対処すること）**が別に存在することを承知の上で，解決策の一つとして研修の設計に進む。一つの解決手段にすぎない研修を実施すること自体を目的化すること（研修のための研修）を避けるために，とても重要なステップである。

表4-2に，典型的なパフォーマンス分析の質問をリストする。現状の分析に加えて，将来起きる変化を予想して「将来の時点で問題になりそうなことは何か」を考えることをプロアクティブな分析という。将来予想を含める場合には，表4-2の質問5も含めて情報を収集しておく。

表4-2　典型的なパフォーマンス分析の質問（ISPIハンドブックによる）

1. やるべきことで，現在やっていないことは何か？
2. やるべきでないことで，現在やっていることは何か？
3. 理想的なパフォーマンスと現実のそれとのギャップは何か？
4. パフォーマンス問題の原因は何か？
   a. それはスキルまたは知識の欠落か，それともそれ以外の原因か？
   b. 理想的なパフォーマンスを阻んでいる障害・障壁は何か？
   c. パフォーマンスに影響を及ぼしている動機づけ上の要因は何か？　パフォーマンスによってもたらされる結末あるいは報奨は何か？
   d. インセンティブは効果的かそうでないか，それとも存在する・しないか？
   e. パフォーマンスに影響を及ぼしている環境要因・ツール・プロセスは何か？

プロアクティブな分析の場合，以下の質問もすること

5. 職場ではどのような変化が予想されるか？
   a. 新しい機器やテクノロジが導入される予定か？　新しいサービスを提供する予定か？
   b. 近い将来，新しい機器・テクノロジ・サービスでどんな職務内容が要求されることになるか？
   c. いつ職務内容の変更が起きるか？　テクノロジや機器の導入はいつか？
   d. ソフトウェアについては，現在のバージョンがいつまで最新か？
   e. 新しい製品（機器・テクノロジ・ソフトウェア）は顧客にとってどの程度重要なものか？
6. 上記1～5について，内容の専門家・職務担当者・上司の見解はどの程度統一したものか？

注：Anderson, 2010, p.99, Exhibit4.1を鈴木が訳出。

column

攻撃的な聞き手になれ〜シャンク教授からのメッセージ〜

インストラクショナルデザイナーが直面する最大の問題は，我々のやるべき仕事を雇い主が自分たちで知っていると思い込んでいることだ。彼らはこう言う。「これらの事実をこういうやり方で教えるコースをつくってくれ。」それはたいていひどい注文なんだ。だからこちらは間違っているとわかっている物を設計しなければならない羽目になる。そういう時は対話を逆転しなければならない。

IDに関わる皆さんへのアドバイスは，もし誰かが，「これこれこういう事実を教えたい…」などと言ってきたら，すぐに彼らを遮ってこう言うんだ。「あなたの会社で起こる一番のミスを教えてください。業界・分野で起こりやすい一番のミスは何ですか？ みんなはどんな失敗をするんですか？」相手が答えを言い始めたら，そこからコースを始めればいい。コースは，活動の分野で人々が一番陥りやすい失敗に的を絞らねばならない。事実や理論ではなく，失敗にだ。これが実践的な教育を実現する方法だ。

最近一番気に入ってるのは米陸軍の例だ。兵士たちに，コンピュータを使えるようになって欲しかったので最初に「コンピュータの歴史」を教える4時間の授業を設けたという。「どうして兵士に4時間もの『コンピュータの歴史』が必要なんだ？」彼らは答えた。「たぶん必要ないね。」「もちろんいらない。」私は言った。「兵士にコンピュータを使って何をさせたいんだ？ 彼らはどこで一番ミスをおかしやすいんだ？」。彼らが答えると私は「そこから始める」と言った。

つまり，ID専門職は攻撃的なインタビューアーである必要がある。相手がこういう風に教えるべきだと言うことには耳を貸すな。彼らは実はわかっていない。SMEは自分の専門分野の教え方や，重要な情報を知っていると思いがちだが，それはたいてい誤った認識なんだ。

注：鈴木，2006，p.130を再掲した。

アクションプラン（行動計画）

アクションプラン（行動計画）とは，やるべき事項をリストし，それぞれの項目をいつまでにどこまでやるかの計画を策定したものである。アクションプランは，さまざまな用途でさまざまな場面で活用されているツールであるが，ここでは**研修の受講者が研修終了直前に「研修修了後に職場に戻ってから，何をいつまでにやるか」**を策定する目的で用いる。つまり，研修で身につけたことを，学んだだけで終わらせずに，職場に戻った時に何に応用するかを意識させ，その実行を約束してもらうための意思表明・遂行支援ツールとして活用する。このことによって，研修での学習成果（レベル2）と職場での行動変容（レベル3）を連結し，実務で役立つ研修とすることをねらいとする。

研修の冒頭で,「この研修の最後の時間には,各自のアクションプランを策定してもらいます。研修中に学ぶことの何をどう職場で活用できるかを考えながら受講し,必要に応じてアイディアをメモしておいてください」と宣言し,研修の最後にアクションプラン策定のための時間を設けるとよい。冒頭で宣言することで,職場に戻ったら何が応用できそうかを考えながら研修を受講するように誘導できれば,最後の策定時間も短時間ですむ。長期間にわたる研修では,その節目ごとにアクションプラン案を策定してから次の研修に臨むのもよい。**すべての研修に,アクションプランの策定を含むべきだ**,というのが筆者の提案である。

　表4-3に,アクションプランのひな型を示す。いつまでに誰を巻き込んで何をやるかを書き出すだけのシンプルなフォーマットである。この例では,行動期限として,1週間以内,1か月以内,3か月以内,6か月以内を設定した案になっているが,期間については状況に応じて変更すればよい。いずれにせよ複数の期限を設けて,優先順位を意識させるような構造があるとよいだろう。

　一度アクションプランができあがれば,これは**フォローアップ**の時の有効なツールとなる。研修修了後に,職場での行動変容を着実に実現するためには,上長または研修担当者によるフォローアップが不可欠である。策定したアクショ

表4-3　アクションプランを立てて,上司や周囲を巻き込もう（ひな形）

行動項目	1週間以内にやること（期日＝　年　月　日）	
	アクションの詳細計画	
	誰が	誰と何を目標にして
	1か月以内にやること（期日＝　年　月　日）	
	3か月以内にやること（期日＝　年　月　日）	
	6か月以内にやること（期日＝　年　月　日）	

注：状況に応じて,1年以内,3年以内,期末までなど期日は修正・追加すること。

研修担当者が知るべき研修以外の管理手法

ロースウェルとカザナス（Rothwell & Kazanas, 2004）は、『IDプロセスをマスターする』というテキストの中で、「教育設計の教科書にID以外の管理手法の解説を含むものは少ないが、**研修担当者が教育という解決手段に自らを限定することなく、職能コンサルタントとして視野を広げるように組織のトップやIDプロセスを管轄する取締役から要求されるようになってきた」(p.17を訳出)とし、テキストの第2章をまるまる割いて、研修以外の管理手法（non-instructional, management solutions）について論じている。研修担当者が研修以外の管理手段を（研修の代わりに、あるいは研修と並行して）採用するケースが増加していることから、頻繁に用いられる5つの選択肢（フィードバック手法・職務遂行支援・報奨システム・採用選考基準・組織の再設計）について知っておくことが必要だとし、詳細に説明している。ただし、「実行にあたってはその分野の専門家に相談すべし」と忠告していることから、これらの領域は研修担当者の職務範囲を越えていると考えているようだ。

ここでは、研修以外の選択肢を考慮した研修の設計にあたって、人材開発全体をとらえていく必要があるとの観点から表4-4に簡単に紹介する。近年になって、この考え方を発展させた枠組みが**タレントマネジメント**として知られるようになった。ASTDがatd（タレント開発協会）に名称変更した背景にもこの動きがある。

表4-4 研修担当者が知るべき研修以外の管理手法（Rothwell & Kazanas, 2004）

	それは何か	いつ使うか	どう使うか
フィードバック	職務遂行状況についての情報。行動の量や質をコントロールする効果がある。臨機応変のものと計画的なものがある。	問題が知識やスキル・態度の欠落で起きているときで、既知の内容で頻繁に用いられるもののとき。	明瞭でタイミングよく。その場のコーチングや業績チャートの貼り出し、アドバイスメモの手渡し、チームミーティングの開催、公式・非公式の業績評価と賞賛、関係者全員からの全方位フィードバック、顧客アンケートなど。
職務遂行支援	職務遂行時に参照でき、実行するタイミングを知らせ、やり方を示し、思い出そうとするよりも早く職務が完結するように助けるもの。	失敗の代償が大きく、手順が込み入っており、あまり頻繁に行わないタスクで、訓練の時間や費用があまりないとき。業務が時間に追われている場合や、対面する顧客の信頼を損ねる恐れがあるときは適さない。	インタビュー用紙に質問する内容が書かれていることや洗濯の指示が衣服に縫いこまれていること、あるいは薬ビンの注意書きも一種のJOB・AIDで、あらゆる形をとることが可能。チェックリストや決定アルゴリズム表、手順マニュアル、正確になされた仕事のサンプルなど。

	それは何か	いつ使うか	どう使うか
報奨システム	構成員が組織の目標にかなった成果に対して与える「やる気にさせる素」。これによって，その組織に加わり，属し続け，しっかり働こうとする。良質な組織では報奨が成果に直結しており，また非人道的な用いられ方をされないように注意が払われている。	変化が求められるとき，変化することと報奨が直結していることを確認する。個人の責任に帰することができない環境要因に問題があるときや，報奨が「価値あるもの」とみなされていないときは，既存の報奨システムを見直す。	あらかじめ周知されており，偶発的でなく，組織の上部からのもので，標準化されていることが肝要。給与，手当て，予算，有給休暇，投資信託などの金銭的なものと，職務環境の整備，スタッフサポート，トレーニング，情報アクセス，自由度の拡大などの金銭によらないものがある。
採用選考基準	職務が要求する人物を採用することで，人事上の問題解決に役立てる。研修担当者は職務分析や選考基準の設定などを担うことが可能。	離職率が高く，自発的辞職が高まる傾向にあり，採用時と異なる職務に不満を感じている人が多く，また部下の能力不足を訴えている上司が多い場合。	長期計画に基づく募集，インターン制度などによる候補者との関係づくり，定常的公募，募集の絞り込み，社内公募などの応募段階での工夫。職務内容の分析と正確さ・包括度の確認，採用基準と職務内容の一致。採用過程で用いるテスト方法，インタビュー方法の点検。人事サービスやパートタイム職員の検討など。
組織の再設計	組織の目的・責任範囲・報告と命令の系統などを変化させることで，職務遂行能力を高めること。	職務責任範囲に混乱があるとき，職務内容があいまいなとき，組織図が古いとき，組織の戦略的目標と組織構成の関係があいまいなとき，多種多様な職務の管理が必要で不満が高いとき，職務内容にむらがあり働きすぎ・働かなさすぎ・疲労困憊で仕事にならない人が多いとき，業務の流れが非効率で不要な複雑さやリソースのむだがあるとき，外的環境の急変に組織が追いつかないとき。	IDが得意とする論理的なアプローチが「政治的」な思惑でうまくいかないこともある点に留意する。報告相手を見直す，情報共有を促進する，職務内容を明示する，職務内容を変更する，目標・評価基準を見直す，組織内の相互関係についての情報を提供するなど。

注：Rothwell & Kazanas, 2004, p.17-33 の第2章「Alternatives to instructional solutions: Five frequent options」の本文を鈴木が要約・訳出した。この表には従業員の能力開発につながらないという立場から研修以外の選択肢にEPSSが含まれているが，KMSは研修のインフラでもあることから含まれていない。本書第6章も参照のこと。

ンプランを職場に戻ったら上長に研修完了報告とともに提出させて共有（あるいは必要に応じて調整）し，その後の指導に役立ててもらう。上長がアクションプランを活用した指導を行っているかどうかを巡回チェックすること（上長のOJT支援）が研修担当者の役割になるだろう（ついでにその際に次の研修のニーズ分析のためのヒアリングもするとよい）。最終的には，自分が立てたアクションプランを自分で活用し，進捗管理や計画修正ができるような自律的な従業員に育てる。そのためのツールとしても，アクションプランの策定は有効である。

事例

研修担当者になって2年目の佐藤さんは，この章を読みながら，これまでに担当した研修に抱いていた疑問がスーッと氷解することを感じていた。「このままでよいのだろうか」という疑問を自分がなぜ持っていたのか，その理由がわかったからだ。彼女のつぶやきに耳を傾けてみよう。

＊＊＊＊＊

行動変容として研修の成果を定める。この章の何気ないタイトルが，今までもやもやしていた私の気持ちの霧を一気に晴らしてくれた気がする。研修は職場での行動を変えるために行う。職場での行動が変化しないのであれば，研修をやる意味がない。だから，研修の効果は職場での行動が変わったかどうかをフォローアップしてはじめてわかる。何と単純な考え方。でもそう思えばとてもすっきりする。「これを今教えて何になるだろう」というもやもや感を抱えながら，ずっと研修を担当してきたけど，「何にもならない研修はやる必要がないんだ」と割り切ればいいんですね。当たり前と言えば当たり前，でもすっきりしました。

そうは言っても，今までの研修をすぐに止めるわけにもいかないから，少しずつ現場で役立つような要素を加えていけばいい。そう考えれば，外注する時にも何をお願いするかを考えるために私が果たすべき役割がありそうな気もする。内部の人間にしかわからないこと，というのはこのことを指しているようにも思えてきた。研修をやってくれと頼まれた業者さんにしてみても，職場の状況がわかればやりやすくなるだろうし。

職場での行動変容につながる研修にするためには，研修のネタを職場から探してくる。このことも，「職場での行動が変わらない研修はやる必要がないものだ」という割り切りをすれば，当然のことのように思える。職場で何が問題で，それを変えるためにはどうしたらいいかを研修で見せてあげれば，受講者の学ぶことへの気持ちも焦点化できるだろう。

　アクションプランをすべての研修に。今までの研修で「職場に戻ったらいつまでに何をやるか」を書かせたことはなかったけど，これもまた腑に落ちるアイディア。上司が協力してくれれば研修の成果を行動に移しやすいだろうし，それを後押しするためのフォローアップもやりやすいだろう。そもそもニーズ分析で研修のネタを職場の問題から拾ってきているんだから，上司の協力も得やすい仕組みになっている。なるほど，評価は最後にやるものじゃないんですね。あらかじめ仕組んでおけば，目論見どおりの行動変化が起きる可能性が高まる。そうなれば，研修もみんなから歓迎されるものになる。でも本当にそう，うまく行くんだろうか？　話がうますぎるような気もするけど，同時にワクワクもする。教科書の中だけの話じゃないといいんですが……。

練習

1. 次のデータ収集方法のうち，ニーズ分析としてふさわしいものはどれか。当てはまるものすべてに○をつけて選択しなさい。

	顧客・スポンサーを招いて，何が望みか，何が不満かを聞くフォーカスインタビューを行う。
	従業員満足度や業績指標，あるいはこれまでに実施されてきた研修についてすでに収集されているデータを読み解く。
	学会に行ったり業界専門誌を読んで，他社動向を探ったり，今後の業界予測を学ぶ。
	IT研修を企画するにあたって，ITの専門家から，何が今ホットな話題で，将来はどうなるかを聞く。
	経営トップに会って，組織がめざしている方向性やそのための戦略を探る。
	受講者が働く現場を訪ねて，どんな失敗があるかを聞き取り調査する。
	研修の素案をつくった段階で，受講予定者の上長に見てもらい，意見を求めて必要に応じて修正する。
	研修後にフォローアップ調査をして，現在の研修の問題点が何かを探り，改善策を考える。

2. 次に掲げるパフォーマンス分析についての結果が得られた場合，研修という問題解決手段を採用すべき事例と採用すべきでない事例に仕分けし，その理由を述べなさい。

   事例1：研修を受けて社内認定証を得ても給与が変わらないのでやる気が出ないという意見が，無記名受講者アンケートの自由記述欄に多く寄せられている。

採用すべき・すべきでない	理由：

事例２：ある事務局で仕事の段取りがうまくない職員を何とかして欲しいという依頼を受けてその職員をインタビューした結果，これまでに何の研修も受けたことはないが仕事のやり方は承知している，自分の仕事が進まない理由は，分担以外の作業を指示されることが多いからだということがわかった。

採用すべき・すべきでない	理由：

事例３：情報システムの更新に伴って，これまでに慣れてきた手順の一部が変更になり，従業員に戸惑いが広がっている。システム更新においては，変更点などを解説した情報を流したり，また新システムのヘルプ機能を充実させるなどの施策を講じたが，慣れない作業手順に不安を持っているため，作業効率が下がっている。

採用すべき・すべきでない	理由：

3. アクションプランに記載された次の行動計画は妥当な表現になっているかどうか判断し，その理由を述べなさい。

行動計画１：１か月以内に売り上げが停滞している原因を理解する。

妥当・妥当でない	理由：

行動計画２：３か月間，隔週のミーティングのたびに打開策をみんなで検討する時間を30分間ずつ設ける。

妥当・妥当でない	理由：

行動計画３：３か月以内に現場を改革する。

妥当・妥当でない	理由：

4. 自分の身近にある研修の事例を一つ取り上げて，課題1「研修発注書」の残りの部分を書いてみよう。課題1にすでに取り組んだ人は，現時点でそれを見直し，必要な加筆修正を試みよう。

研修発注書用　研修 RFP フォーマット例

項目			内容
基本情報	研修対象者	人数	
		所属・職位・特徴 （職務経験含む）	
		関連研修受講歴・ 既有資格等	
	研修期間・回数・総時間数		
	予算総額		
	研修提案書納入期限日		
理由	研修を必要とする理由 （職場での問題事例など）		
目標設定関連	研修で習得向上させたい力 （知識・スキル・態度）		
	研修を通して期待する職場での 行動変容の例		
	研修を通して期待する事業成果等 例　①財務面 　　②顧客面 　　③業務プロセス面 　　④学習と成長面		※第3章の練習問題5で記入済み（転記する）
	関連組織内達成指標・数値目標等		※第3章の練習問題5で記入済み（転記する）
	関連組織内資格・職務等		※第3章の練習問題5で記入済み（転記する）

方法関連	関連職務規則・作業マニュアルなどの既存資源（研修での参照が望まれるもの）		
	研修で取り扱って欲しい事項		
	希望する研修前調査（複数回答可）	☐アンケート ☐インタビュー ☐覆面調査	☐受講者本人 ☐上長 ☐部下・顧客
	希望する研修方法（複数回答可）	☐一斉指導（講義） ☐グループ討議 ☐個別学習（独学） ☐他社事例検討 ☐自社事例検討	☐問題分析演習 ☐ロールプレイ ☐アクションプラン作成 ☐アクションラーニング ☐その他（　　　　）
	希望する研修後のフォローアップ活動（複数回答可）	☐アンケート ☐インタビュー ☐覆面調査	☐受講者本人 ☐上長 ☐部下・顧客
	その他の要望事項		

フィードバック

1. ここに掲げている項目は全部，ニーズ分析の手法として用いることができるものである。ニーズ分析へのアプローチは「多様な方法を用いて非公式に」がよい。データの信ぴょう性とか収集方法の信頼性とかはあまり重視せず，「これは使える」と思えるものを求めて，「ニーズ分析に協力してください」などと言わないで黙って集めてくることだ。最後の項目「研修後のフォローアップ」については，ニーズ分析は研修をやる前にすることだから当てはまらない，と答えてもよい。しかし，次の研修についてのニーズ分析の一環として貴重なデータが得られるだろう。

2. 研修を採用すべきなのは事例1と3。事例2は採用すべきでないケース。
   解説：事例1については，研修は継続して採用すべき（というかやるしかない）だろう。認定証を得るためには研修は必須だからやらないわけにはいかない。しかし，給与との連動がないことは研修自体の問題ではなく報奨システムの問題なので，改善を訴えるぐらいしかできないかもしれない。給与アップ以外の報奨制度（認定に応じた配置転換や職務上のメリット付与など）を経営トップに提案することは可能かもしれないし，研修において職場でどう役立つかをアピールすることは可能だろう。
   事例2では，問題は仕事のやり方を知らないことではなく，業務分担が徹底できていないことにあるらしい。本人が「仕事のやり方は承知している」と言っているがそれが本当かどうかは観察して確認する必要はあるだろう。研修をやるとすればむしろ，業務分担を無視して仕事を依頼する上司を説得するためのものになるだろうが，人材配置の適切さをまず診断してからだろう。
   事例3では，研修を採用すべきである。本来は，このような事態を想定して更新前に不安感が取り除けたかどうかを調査・確認すべきであったので，いまさら研修はどうかと思われる。しかし，想定外の戸惑いが広がっている以上，少なくともヘルプ機能を見れば問題が解決できることを伝えたり，不明な点はヘルプデスクで照会できることを再確認するなどを学習目標にしたピンポイント研修を実施するのがよいだろう。

3. 妥当な表現になっていると言えるものはない。

　解説：**行動計画1**は，理解するじゃなくてそのために何をやるかを書くべきなので妥当とは言えない。売り上げが停滞している原因を追求するためにアンケート調査をするのかヒアリングに出向くのか，あるいはその他の何をするのかを具体的に書く必要がある。

　行動計画2は，その結果何ができるのかはわからないが行動そのもの（30分ミーティングをもつこと）は特定できているのでまだ妥当だとも言える（妥当という回答でも理由がしっかり書かれていればOK）。各ミーティングで少なくとも打開策を1つ以上合意して，その次のサイクルでやってみて報告するというような指標があれば，なおよくなりそう。

　行動計画3は，改革するために何をやるかが特定できていないので妥当な行動計画でない。現場を改革するということが目的にならないように，何をどう変えるのか，またそのために何を行うのかをブレークダウンする必要がある。このままだと掛け声だけで終わりそうなので注意が必要。

4. 佐藤さんの組織で行ってきたコーチング入門研修について，佐藤さんは「研修発注書」を次ページのようにまとめた。こんな感じで発注書が書けたかどうか，確認してみよう。

課題1 「研修発注書をつくる」

コーチング入門研修発注書（佐藤さんの事例より）

項目			内容
基本情報	研修対象者	人数	20名程度
		所属・職位・特徴（職務経験含む）	新任管理職（手挙げ制）
		関連研修受講歴・既有資格等	新人研修受講後の研修はほとんどない
	研修期間・回数・総時間数		3日間
	予算総額		100万円
	研修提案書納入期限日		発注から30日以内
理由	研修を必要とする理由（職場での問題事例など）		特に問題事例はないが，新任管理職には必要不可欠だと思っている。
目標設定関連	研修で習得向上させたい力（知識・スキル・態度）		初めて部下を持った状況で必要になるコーチングスキルとその背景知識。
	研修を通して期待する職場での行動変容の例		例えば，部下指導に際して行うべき積極的傾聴のスキルが身につく。相手の主張に真っ向から反対せずに自分の主張を伝えるアサーションができるようになる。
	研修を通して期待する事業成果等 例　①財務面 　　②顧客面 　　③業務プロセス面 　　④学習と成長面		①財務面：業務プロセスの改善により製品の品質が安定して返品率が低下し，利益率が向上する。顧客満足度の向上により販売実績が高まる。 ②顧客面：部下指導が改善することにより，接客態度が向上して顧客満足度が高まる。 ③業務プロセス面：部下指導が改善することにより，業務プロセスのむだが省けて品質が向上する。部局内の協力体制が向上して，商品開発力が高まる。 ④学習と成長面：コーチング技法を身につける。 ※第3章の練習問題5から順序を変えて転記した
	関連組織内達成指標・数値目標等		関連するKPIは，組織として設定されていない。 ※第3章の練習問題5から転記した
	関連組織内資格・職務等		現在，管理職就任後の手挙げ式であるが，将来的には，管理職就任のための必須条件の一つにしていきたい。 ※第3章の練習問題5から転記した

方法関連	関連職務規則・作業マニュアルなどの既存資源（研修での参照が望まれるもの）	係長心得		
	研修で取り扱って欲しい事項	積極的傾聴，アサーション，その他一般的に必要とされている事項。		
	希望する研修前調査（複数回答可）	□アンケート ■インタビュー □覆面調査	■受講者本人 ■上長 ■部下・顧客	
	希望する研修方法（複数回答可）	□一斉指導（講義） □グループ討議 □個別学習（独学） □他社事例検討 □自社事例検討	□問題分析演習 ■ロールプレイ ■アクションプラン作成 □アクションラーニング □その他（　　　　　　）	
	希望する研修後のフォローアップ活動（複数回答可）	□アンケート ■インタビュー □覆面調査	■受講者本人 ■上長 ■部下・顧客	
その他の要望事項		個々の受講者が具体的に何がどこまでできるようになったのかについて把握してその結果を報告して欲しい。 職場に戻ってから行う行動計画を立案させて欲しい。 コーチング以外に取り上げるべき項目を別途提案して欲しい。 フォローアップ活動としてのインタビューは予算総額外で別見積もりが欲しい。		

補足説明：本研修は，これまでの発注先による実施では，受講者アンケート等のデータからはおおむね好評を得てきたものである。一方で，研修の意義があまり明確になっているとは言えず，その成果もよくとらえられていないという問題意識から，発注先の再検討を行っている案件である。

課題1 「研修発注書をつくる」

　研修評価の枠組みから実態を点検した結果を以下の表に示すので，提案を作成する際に参考にしていただきたい。

研修名	コーチング入門（外部委託），対象者は新任管理職（手挙げ制）
レベル1 （反応）	アンケート調査の結果はおおむね好評。
レベル2 （学習）	コーチング技法について多方面から扱った研修内容であり，新任管理者が初めて部下を持った状況で必要になるスキルを扱っていて，研修には演習も組み入れられているので，ニーズに合っている。一方で，個々の受講者が具体的に何がどこまでできるようになったのかについては把握できていない。全員が同じ内容の研修を同じ時間だけ受講しており，終了時のテストや合格判定は行っていない。
レベル3 （行動）	研修後のフォローアップは行っていないので，職場でどのような行動変容が起きたのかは把握できていない。上長が毎年の研修に部下を送ってくるし，全員受講が求められていないのに毎年希望者がいることからみても，一定の効果があるのではないかと推測できるが，その確認が必要。
レベル4 （結果）	コーチング研修が組織としての目標達成にどの程度貢献しているのかについては不明。外部委託費用に見合う効果が上がっているのかという視点での調査が必要。専門業者の行う研修は質が高いと感じてはいる。

補足説明：導入課題における分析結果（21ページ）を発注時に利用している。

課題2　「研修企画提案書をつくる」

　課題2では，自分が知っている研修を何か一つ取り上げ，「研修企画提案書」を作成しよう。この課題は，研修事例のWhatとHowを受注側の担当者として具体化するものであり，それに必要なスキルは，本書第5〜7章に述べられている。課題1と同様に，第5章に進む前のこの時点で一度チャレンジして現在の実力を診断するか，あるいは，この時点ではこういう課題に答えられるようになるために第5〜7章があるということを確認するのみにして先に進むか，判断は，読者に委ねる。

第5章〜第7章で学ぶこと！

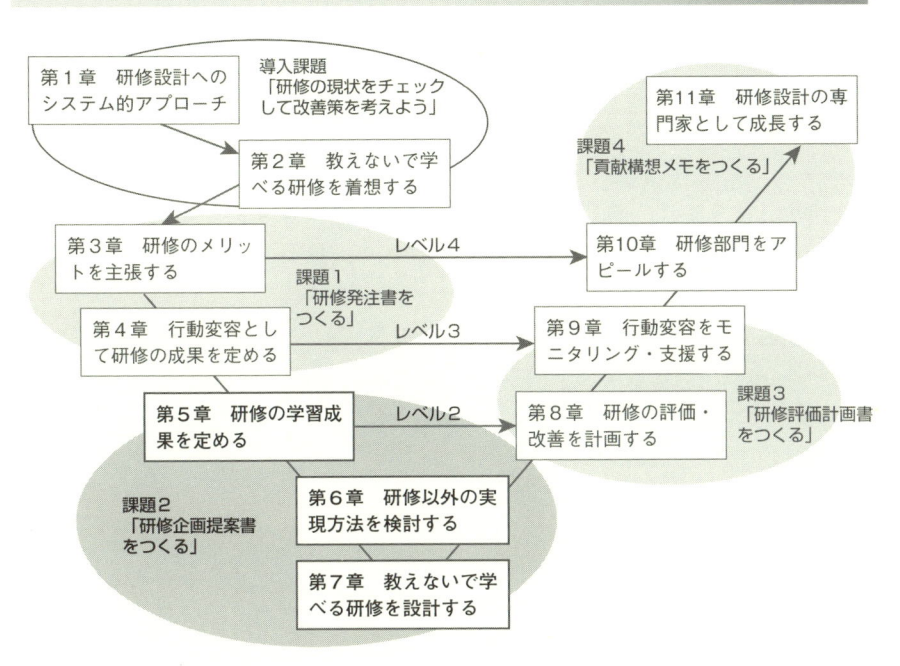

- 第1章　研修設計へのシステム的アプローチ
- 導入課題「研修の現状をチェックして改善策を考えよう」
- 第2章　教えないで学べる研修を着想する
- 第3章　研修のメリットを主張する
- 第4章　行動変容として研修の成果を定める
- 第5章　研修の学習成果を定める
- 第6章　研修以外の実現方法を検討する
- 第7章　教えないで学べる研修を設計する
- 第8章　研修の評価・改善を計画する
- 第9章　行動変容をモニタリング・支援する
- 第10章　研修部門をアピールする
- 第11章　研修設計の専門家として成長する

- 課題1「研修発注書をつくる」（レベル4）
- 課題2「研修企画提案書をつくる」（レベル2）
- 課題3「研修評価計画書をつくる」（レベル3）
- 課題4「貢献構想メモをつくる」

課題2 「研修企画提案書をつくる」

指示：研修委託先（あるいは内製を依頼された組織内の研修部門）の担当者として，課題1で作成した「研修発注書」の内容を実現するための研修企画提案書を作成しなさい．次の要件を満たすこと．

1. 「研修発注書」に書かれた研修の学習目標と評価方法を吟味して，研修の学習目標には職場での問題解決に直結する高次の知的技能が含まれており，また，研修の合否を判断する評価方法がむだな暗記を強いられない妥当なものであることを確認し，必要な修正を提案すること（第5章参照）。
2. 研修の成果を職場で確認するためのフォローアップ調査について，妥当性と実施可能性が高い計画の提案を含むこと（第4章参照）。
3. 研修以外の方法で「研修発注書」にある職場での問題を解決することを検討ずみであり，可能な限り研修以外の方法を組み合わせて提案すること（第6章参照）。
4. 研修の5W1H（いつ・どこで・誰が・何を・なぜ・どのように）が具体的に提案されていて，すぐに実行可能なレベルであること。
5. 提案内容は，TOTEモデルやARCSモデル，あるいはIDの第一原理を含めたIDの研究成果を踏まえた「教えない研修」を基調としたものであり，自己調整学習にも言及した提案の根拠が述べられていること（第2・5・7章参照）。
6. 研修以外の方法と研修の方法の両方について，提案に含めた方法と採用しなかった代替案との長所・短所の比較表があり，提案の優位性について説得的に説明してあること（第6・7章参照）。
7. 上記の要件を満たす限り，書式は任意とするが，図表を用いてできるだけ簡潔に要点が伝わるように工夫すること。

第5章 研修の学習成果を定める

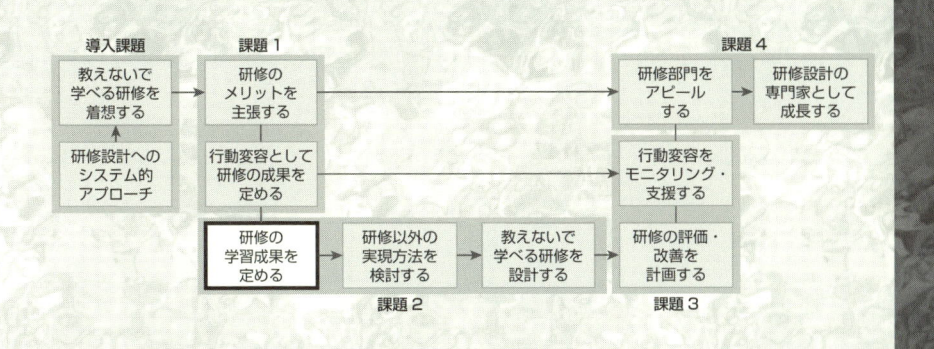

```
導入課題          課題1                              課題4
┌─────────┐   ┌─────────┐              ┌─────────┐  ┌─────────┐
│教えないで│   │研修の    │              │研修部門を│  │研修設計の│
│学べる研修│→  │メリットを│              │アピール  │  │専門家として│
│を着想する│   │主張する  │              │する      │  │成長する  │
└─────────┘   └─────────┘              └─────────┘  └─────────┘
┌─────────┐   ┌─────────┐              ┌─────────┐
│研修設計へ│   │行動変容と│              │行動変容を│
│のシステム│   │して研修の│  ──────→    │モニタリン│
│的アプローチ│ │成果を定める│            │グ・支援する│
└─────────┘   └─────────┘              └─────────┘
              ┌─────┐ ┌─────┐ ┌─────┐ ┌─────┐
              │研修の│ │研修以外│ │教えないで│ │研修の評価│
              │学習成果│→│の実現方法│→│学べる研修│ │・改善を│
              │を定める│ │を検討する│ │を設計する│ │計画する│
              └─────┘ └─────┘ └─────┘ └─────┘
                       課題2           課題3
```

学習目標

1. 研修の学習目標が明確に記述されているかどうかを判定し，明確でない場合には3つの観点を用いて明確な記述に書き直すことができる。
2. 研修の学習目標がどのタイプの学習成果かを分類することができ，暗記を避けてできるだけ高度なレベルの知的技能を追加する提案ができる。
3. 研修の学習目標として，自己調整学習の要素を追加することを提案できる。

背景

　この章では，研修の成果としての学習（レベル2）を明確に定めてみよう。IDの先駆者の一人ロバート・メーガーは，次の3つの質問をすることで，目標とその評価方法をしっかり定めることの重要性を指摘した。1960年代のことである。

① どこに行くのか？
② たどり着いたかどうかをどうやって知るのか？
③ どうやってそこへ行くのか？

①は目的地（出口）はどこか，すなわち学習目標は何か，にあたる。②は評価方法である。①と②は表裏一体であり，両方とも研修の What にあたる。そして③は研修方法，すなわち研修の How to である。研修の目的地（どこへ行くのか）は事前・事後テストで定められることは第1章で述べたとおりであるが，それはメーガーの質問では②にあたる。IDでは出口のタイプ（学習成果の種類）に応じて評価の方法や学習の方法も異なると考えるので，どんな種類の学習成果なのかも合わせて明らかにしていこう。そうすれば，次章以降でどう教えるかの作戦を立てることも容易にできるようになる。

目標明確化の3要素（持ち込みありテストの勧め）

研修のパンフレットなどに学習目標が書かれていることがあるが，書き方によっては「何をめざしているのか？」がよく伝わらない例もある。例えば，「○○について学びます」とか「○○についての理解を深めます」のようなものを見ると，「その結果，何ができるようになるの？」「理解を深めるって，どの程度をめざすの？」と文句を言いたくなる。

学習目標を明確に定義するための手段として筆者のお勧めは，**事後テストは何かを定めてその内容をあらかじめ公表すること**である。「それじゃあ，答えを教えているようなものだ」って？　いや，答えは教えていない。問題を教えているだけである。「この問題を解ける人は研修に来ても新しく学ぶことはあまりありません」という事前通告にも使えるし，解けない人にとっては何を目標にした研修かが一目瞭然であり，とてもはっきりしている。これが TOTE モデル的な発想であることは，すでにお気づきだろうか。現実には，事後テストそのものを公開してしまうと，あらかじめ誰かの助けを借りて答案を作成して研修に来る人もいるかもしれない。公表するのは事後テストそれ自体ではなく，類題（あるいは過去問）にしておくのが無難だろうが，出口がどこかをテストの形で明確に示すことはとても有効である。

事後テストを公表する場合にも，あるいはそれを学習目標として記述する場合にも，めざすゴール（出口）が何かを明確化するためには，表5-1に示すように，**目標行動・評価条件・合格基準**の3要素を含むことが大事である。何を

学ぶかではなく，学んだ結果**何ができるようになる**のかに着目するためには目標行動を示すことが必要である。こう表現すれば，研修の出口でできるようになること（レベル2）だけでなく，現場に戻った時に何ができるようになるのか（レベル3）を示唆することにもつながる。評価条件としては，**何でも見てよい**という**評価条件**の検討を勧めたい。たいていの知識はインターネットで調べればすぐにわかる時代である。現場でも手順書を見ながらできれば問題がないのであれば，それ以上に厳しい条件を研修で求める必要はない。覚えるだけですむような学習目標はできるだけ掲げずに，役に立つ応用レベルのスキル獲得をめざし，無意味な丸暗記は回避しよう。一方で，流暢さやスムーズさ，あるいは正確さや確実性が求められる場合にはそれを合格基準として表現する。この場合には，何も見ないで実行できるようになるまで習熟しないとならないだろうから，当然，評価条件も「何も見ないで」となり，持ち込みOKの場合とは異なる。なるべく現場の状況に合わせて，何をどの程度学ぶと現場で役に立つのかを判定して研修の学習目標を決めるのがよい。この姿勢は，研修が「お勉強」の場になってしまうという落とし穴を避けるためにもたいせつである。

表5-1　目標を明確にするための3要素（目標行動・評価条件・合格基準）

目標行動：行動で目標を表す	目標明確化の第1のポイントは，学習者の「行動で」目標を表すこと。「……を理解する」「……を知る」「……に気づく」というような目標は，学んで欲しいことをそのまま記述していると言える反面，うまく教えられたかどうかをどうやって確かめたらよいのかが明確でない。評価方法がわかるように行動化する。その際，むだな暗記はめざさずに，職場で求められる行動に近づけるとよい。
評価条件：評価の条件を示す	目標明確化の第2のポイントは，目標行動が評価される条件を明らかに示すこと。条件には「電卓を使って」や「辞書持ち込み可で」「ジョブエイドを使いながら」「一覧表を参照しながら」のように，学習者が目標行動を行うときに何を使ってよいのか，あるいはどのような制限があるのかを示す。丸暗記だけが研修の目標ではない。職場で求められる条件に合致させる。
合格基準：合格基準を示す	目標明確化の第3のポイントは，合格基準を記述すること。「全問正解」とか，「与えられた5つの目標の中で4つ以上」など。その他の基準として，「1分以内で泳ぐ」のような速さや「誤差5％以内で測定する」のような正確さを明らかにするものを目標に含める場合がある。職場で求められる習熟度に合致させる。

学習成果のタイプに合わせた評価方法：ガニェの５分類

　　　　　IDの産みの親と言われるロバート・M・ガニェ（Roberg M. Gagne, 1916 - 2002）は，1970年代に学習成果の分類枠を提案した。よく知られるベンジャミン・ブルームの教育目標の分類学（タキソノミー）が発表されたのと同時代のことであった。ガニェの枠組みは，認知的領域（あたま）については**言語情報・知的技能・認知的方略**の３種類，情意領域（こころ）については**態度**，そして精神運動領域（からだ）については**運動技能**の合計５つから構成されている（表５−２参照）。知的技能にはそれ以前の研究成果を受けて下位分類（単純なものから順に，弁別・具体的概念・定義された概念・ルール学習・問題解決）が提案されており，下位分類ごとに「行為動詞」が５つ示され（表５−２の４段目），より詳細な学習の条件がそれぞれ示されている（詳細は，ガニェら，2007の第４章を参照のこと）。

　　ガニェからのメッセージは，**学習成果のタイプごとに妥当な評価方法と教え方が異なる**というものである。ルールを活用するような応用力（ガニェの分類では知的技能）が学べたかどうかを確かめるためには，新しい問題を解かせてみなければならない。すでに解いたことがある問題では正答を丸暗記して回答することが可能だからである（この場合は，言語情報になる）。また，プレゼンテーションなどが実際にできるかどうか（運動技能を伴うもの）を確かめる評価では，実技テストを用いなければならない。よいプレゼンのコツを知っていること（言語情報）と実際にそれが実演できること（運動技能）とは別だからである。コツを知っていることは実演するための前提条件なので，準備がある程度できているかどうかの試験としては使える。しかし，実際にできるかどうかを判断する評価方法としては必ずしも妥当なものとは言えない。このように，研修でめざすこと（学習目標）とその習得を評価する手段（評価方法），さらにはそのために受ける研修の内容や方法が合致していることを**整合性**がとれていると言い，ガニェが始めたIDで重要視する最も基本的な要件なのである。

　　この枠組みを用いて筆者からのメッセージを述べるとすれば，**言語情報以外をめざすこと**，すなわち**覚えるだけの研修から脱皮する**ことを勧めたい。先に，評価条件として何でも見ていいことにすることを勧めた。言語情報の目標は資

表5-2 ガニェの5つの学習成果と出口の明確化（どの種類の学習かで評価方法が異なる）

学習成果	言語情報	知的技能	認知的方略	運動技能	態度
成果の性質	指定されたものを覚える宣言的知識再生的学習	規則を未知の事例に適用する力手続き的知識	自分の学習過程を効果的にする力学習技能	筋肉を使って体を動かす／コントロールする力	ある物事や状況を選ぼう／避けようとする気持ち
事例：営業職	新製品情報を暗記する	顧客の特徴に応じてセリングトークを使い分ける	新製品情報を効率的に学ぶ	説得的なプレゼンを行う	コンプライアンスを遵守する、守秘義務を守る
事例：技術職	新しい作業手順を覚える	機器をトラブルシューティングする	新しい業務プロセスを効率的に身につける	制限時間内にミスなく加工処理する	ISO14001に従って環境保護的行動を選ぶ
学習成果の分類を示す「行為動詞」	記述する	区別する確認する分類する例証する生成する	採用する	実行する	選択する
学習成果の評価	あらかじめ提示された情報の再認または再生全項目を対象とするか項目の無作為抽出を行う	未知の例に適用させる：規則自体の再生ではない課題の全タイプから出題し適用できる範囲を確認する	学習の結果より過程に適用される学習過程の観察や自己描写レポートなどを用いる	実演させる：やり方の知識と実現する力は違うリストを活用し正確さ、速さ、スムーズさをチェック	行動の観察または行動意図の表明場を設定する一般論でなく個人的な選択行動を扱う

注：鈴木, 1995, p.62（表III-2の一部）に事例2列を追記した。

料を見ながら答えられても意味がなく、頭に叩き込んでおくことを要求する種類の学びである。一方の知的技能は、常に新しい問題を解く応用レベルのスキルであるため、何でも見てよいことにしても写せばすむような解答はどこにもない。常に自分の頭で考え、ルールを応用することが求められるので、カンニングしたくてもできない。そういう種類の学習をめざす研修にするためには、**暗記すれば答えられるような問題を出して合否を判定しないことである**。受験勉強や資格試験に向けての勉強では、ある程度の（あるいはかなりの程度の）暗

記が強いられることは避けにくいかもしれない（一方で，最近**状況設定問題**などの形で応用力を試す方式も徐々に導入されつつある）。しかし，研修における事後テストでも暗記を強いるやり方を真似する必要はない。現場に戻って役に立つのは，応用レベルの実力であることが多い。現場に役立つ研修にするためにも，言語情報以外の種類の学習目標に目を向けることを勧めたい。

　覚えておかなければ仕事にならない場合もあるだろう。そういう時にも，まずは補助輪付きで自転車を運転できるようになることをめざして，その後で徐々に補助輪を外すという順序を勧めたい。つまり，暗記すべきことが書いてある紙（ジョブエイド）を見ながら仕事をこなしている間に，徐々に紙を見る回数が減っていくことをめざすアプローチである。暗記してから応用させるのではなく，見ながらの応用から始めて徐々に慣れてしまえば見なくてもすむようになる。使っているうちに自然と身につける順序が採用できる場合には，その方が早く仕事を始められるというメリットもある。基礎をマスターしてから応用という順序ではなく，応用先行で「やっているうちに基礎も身につく」という順序で研修の学習目標を是非，見直して欲しい。

問題解決：知的技能の最高次元

　　　　　　　ガニェの知的技能の下位分類は，彼の1960年代の研究成果である**階層分析**をもとに提案されたもので，単純な知的技能がより高度な知的技能を学ぶために必要な前提条件になるという上下関係に基づいている。2つのものの違いを区別することを学ぶ**弁別**は，日本人には苦手なRiceとLiceの発音を区別する（3回聞いてどれが異なるかを正しく答える）ような最も単純な知的技能であるが，常に新しい発話での判断（応用）を求められるという意味で知的技能である（暗記はできない）。**概念**を学ぶとは，その概念に入る例と入らない例を区別し，分類できるようになることである。資源ゴミとそうでないものを正しく分類するようなことから，民主主義国家とそうでない国家の事例を分類することまで，概念学習の幅は広い。しかしいずれの場合も，「見分ける判断基準は何か」を学び，それをそのつど用いて新しく分類を行うという応用レベルの学習になる（ちなみに，プラゴミには通常同じマークを用いた表示がある

ので，分別できても知的技能を学んだとはみなされない）。

　ルールは「If x, then y」のような2つ以上の概念（ここではxとy）の関係を表現したものである。それを学ぶためには，ルールを構成する2つの概念の学習が前提条件となる。「相手の陣地に入った王・飛車・角以外のコマは成金になることができる」という将棋のルールを学ぶためには，まず「相手の陣地」と「成金になる」とは何か（という概念）を知っておく必要がある。知的技能の最上位におかれた**問題解決**は，2つ以上のルールを組み合わせて未知の問題を解く方法を生成するという応用力であり，与えられた問題に対してどのルールを適用すればよいかを判断するスキルと，選択したルールを実際に適用して解決策を導くルール学習の応用がともに必要となる。

　ガニェの業績は，これらの知的技能の下位分類を提案し，下位の目標をクリアすることが上位の目標達成に必要であること（階層構造）を示したことにあった。どんなに複雑にみえる課題も，それを構成するルールや概念の下位要素に分解していけば単純化できる。単純化できれば，何につまずいているのかが特定できるので，そこまでさかのぼって学び直してから再びチャレンジすればよい。そういう安心感を与える地図を描く手法が確立したのである。

　問題解決こそが，頭を使って仕事をする多くの職業人が日常的に直面する課題の種類である。その職場行動を変容させることを目的にした研修であれば，研修で扱う内容を問題解決レベルに設定することは有意義である。より下位の応用力や言語情報の暗記に終始することなく，知的技能の最上位にある問題解決を直接学ぶ工夫を試みたいものである。「研修は基礎を扱いますから，実際の問題解決は現場でお願いします」というような言い訳は通用しない。レベル2とレベル3の連結を考えるとすれば，研修でこそ現場と同じ応用課題を扱うべきである。

● column

問題解決学習の分類学

　ガニェの業績を受け継いで、とくに問題解決学習の詳細をさらに掘り下げてID理論を発展させたのはデイビッド・ジョナセン（1947－2012）であった。表5-3にジョナセンが提案した問題解決学習の種類を示す。ジョナセンは、問題解決を「理想の状態と現状を比べてそのギャップを埋める目的・手段分析」ととらえるのではなく「問題解決のスキーマを活用する活動」ととらえている。スキーマとは、人が情報を理解する単位であり、これまでの経験からレストランスキーマ（出てくる料理の順番など）や洗濯スキーマ（手順や留意点など）のように、あらゆる知識を整理する枠組みを持っている。次のステップを予測したり、行間を読んだり、あるいは過去の経験を思い出したりするためにスキーマを使っている。学習者は解決すべき問題についての問題空間の構造（スキーマ）を構築し、モデル化によってそのスキーマを発展させることで類似問題の解決力が身についていくとする。

表5-3　問題解決学習の種類（Jonassen, 2011）

問題の種類	定義とその特徴
アルゴリズム	数学などで一定の手順に従って正解を導く問題。アルゴリズムに依存しすぎると、手順に気を取られて概念的な理解が阻まれる危険性もある。アルゴリズムは手順の学習であり問題解決ではないという立場からこの種類についての議論は本書からは除外されている。
文章問題	文章から求めるべきもの（unknown）が何かを読み取り、必要な情報を集めてUnknownを求め、それが正しいかを確認する問題解決。過去の解法を暗記してそれをあてはめることで解決を図ろうとするため、概念モデルが育たない危険が指摘されている。
ルール応用・帰納	正解に至る道筋が一つではなく複数ある問題で、より効率的な道筋を計画するのが肝要な問題解決。外国訪問時の交通機関の利用法や化学実験室での複合物同定など。
意思決定	与えられた（あるいは自分で決めた）基準に従って複数の解決策の中から一つを選び出す問題解決。どの生命保険に加入するか、子どもをどの学校に行かせるか、どのベンダーと契約するかなど。基準が複数の時どれをどの程度重視するかで問題が複雑化する。
トラブルシューティング	日常的な問題解決で頻発する種類で、機器の故障診断・修繕から心理分析など技術者レベルのものから専門家レベルのものまである。手順として教えられることが多いが、領域とシステムの知識も必要。検索と交換、段階的除去、空間区分などの解決方略が知られている。
診断・解決	診断はトラブルシューティングと類似しているが、その後でデータ収集・仮説生成・テストを繰り返して解決策を提案する必要があるもの。医療行為などがその典型。複数の代替案からさまざまな影響を考慮して選択することを迫られる。経験を重ねるとパターン認識的要素が強くなる。

戦略的遂行	複雑で構造が明確でない戦略に合致するようないくつもの対策を講じる必要がある問題。厳しい時間制限の中で行われることが多い。戦闘機の操縦やアメフトでパスを出すことなど。あらかじめ定められた解決策の中から選択して文脈に合わせて実行するが，上級者はそこで新たな解決策を編み出すこともある。
政策分析	新聞や雑誌をにぎわすような問題で複数の考え方が存在するもの。外交・法律・経済問題など。問題が何かが明らかでない場合や立場によって問題のとらえ方が異なる場合があり，複雑さを高めている。他のどの問題よりも文脈への依存度が高く，構造が不明確。
設計	電子回路や機器の部品，製造システムや新しいオーケストラの編成に至るまでオリジナルなものを創出するという問題。最も構造が不明で，ゴールや制約条件や解決策の評価軸が不明である場合も多い。発注者を満足させる必要はあるが，何をすれば満足するかがわからない。問題空間・機能的要求を特定し，前例を用い選択し，モデル化して解決策を練り上げるという一般的な方法論は存在するが，工業製品・建築・エンジニアリング・IDなど領域ごとに前提や方法論が異なる。
ジレンマ	利益は上がるが環境に問題を引き起こす恐れがある化合物や，中絶，同性結婚など，社会的・倫理的なジレンマが存在する。多数に受け入れられる解決策が存在しない場合が多い。経済・政治・社会・宗教・倫理などの側面から検討は可能であるが，複雑で予測不可能な側面が多い。解決策が提案できないのではなく，多数に支持される解決策がないことが困難度を高くしている。

注：Jonassen, 2011, p.13-19 の本文を鈴木が要約して訳出した。

自己調整学習：認知的方略とメタ認知

　　　　ガニェが異なる評価方法と指導方略が必要であると分類したもう一つの領域に**認知的方略**がある。ガニェは認知的方略を言語情報（暗記）でもなく知的技能（応用力）でもなく，自分の学習過程を効果的にするための特別な力（いわゆる**学習スキル**）であると考えた。つまり認知的方略が身につけば，自分の学びがどんどん進められるようになる。例えば，外国語の単語を覚えるためにはゴロ合わせを使うとかイメージを連想するとか，あるいは単語を構成している要素に分解して意味をとらえる（例えば，テレビジョンとテレスコープとテレパシーには「遠く」を示す「テレ」が使われている）などの作戦があり，それを習得するとそれ以降の学びが加速できる。そういう能力が存在し，重要な種類の学習課題であることから，別の学習成果として区別した。一方で，認

知的方略を学ぶ（つまり**学び方を学ぶ**）ための条件としては，最初は誰かに教えてもらう場面で知的技能（ルール学習）として学び，徐々に何も考えなくても必要に応じて自動的に使えるようになること（したがって行為動詞は,「採用する」）をめざすという説明だけがなされていた。

メタ認知とは，「認知の状況を認知する」ことを指し，「学び方を学ぶ」認知的方略の一種ととらえられている。自分自身から一歩離れて,「自分は今，何を考えているのだろうか」とか「自分の着眼点はこれでよいのだろうか」「自分は上長の期待通りに行動できているだろうか」などと自分のやっていることを客観的に見て点検することを指す。いわば「幽体離脱」をして，自分を外から眺めるもう一人の自分を意識することになる。このプロセスを促す目的で行われるのが**リフレクション（省察）**と呼ばれる活動である。メタ認知は他のすべてのタイプの思考をモニタリングし，評価し，調整する役割を担っているため重要視され，研究の成果が蓄積されてきた。

ブルームによる教育目標の分類学の改訂版を提案したマルザーノとケンドール（2013）によれば，メタ認知には①目標の具体化と，②プロセス，③明瞭性，④正確性のモニタリングという4つの機能があるという。①現在取り組んでいることが何のために行われているのかを意識し，②達成計画を立ててその進捗状況を管理・調整しながら，③どこまで明らかにしなければならないのか，また，④どこまで正確に実行しなければならないのか監視・調整する。学び方を学ぶ，と一言で片づけるよりは，4つの機能に分解することによって，より具体的に何ができるようになることをめざしているのか，あるいはめざすべきなのかがはっきりと見えるだろう。

類似の研究領域に，**自己調整学習（Self-regulated Learning）**がある（ジマーマン・シャンク，2006）。自己調整学習とは，自分で自分をコントロールすることを意味し，学習者が「自分自身の学習過程の中で，メタ認知的に，動機的に，行動的に積極的な関与者である」（p.5）ことと定義されている。これはガニェの認知的方略を動機づけの面にも拡張し，**自律した学習者を育てる**ことをめざすときに示唆に富んでおり，多くの教育実践者の注目を集めている。

研修の設計においても，受講者には自分で考え自分で動ける人になってもらいたい，と願っているのであれば，自己調整学習ができるようになることを研

修の学習目標に据えることを検討するとよい。研修を丁寧に進めることで受身の受講者が育つ結果になるとすれば，それでは本末転倒である。第3章で述べたアクションプランを立ててもらうことをすべての研修に取り入れることは，業務に研修を生かす効果だけでなく，メタ認知を育て，自己調整学習ができる人を育てることにもつながる長期的な作戦でもある。また，予習を課すことも，TOTEモデルに従って事前テストから始めたり，あるいは合格した者から現場に帰すような柔軟性を持たせることも，研修の効率化を狙うだけでなく，受講者の自律性を育むことにもつなげたい。研修に対する依存度を徐々に下げて，自分で積極的に学べる人に育てていく。これをめざすのであれば，研修内容を反映した学習目標を掲げることに加えて，**徐々に自己調整力を高めることも合わせて目標として掲げ続ける必要**があろう。

ところで，前書『教材設計マニュアル』では，認知的方略を学習成果の分類表から除外した。その理由は，1時間程度の学びのために準備する教材の学習目標として，習得に長期間を要する認知的方略はふさわしくないからである。しかし，研修の設計には，より長期間の視野も求められる。一つずつの研修の設計に加えて，より長期の人材育成を考えるのであれば，この研究の動きにも注目していて欲しいと思う。

運動技能と態度の学習

運動技能の学習とは，筋肉を使って体を動かす／コントロールする力を習得することである。説得的なプレゼンテーションを行うことから，制限時間内にミスなく加工処理するスキルまで実務でのニーズは幅広くある。能書きを知っていても実際にそれが実演できなくては困るため，運動技能の行為動詞は，「実行する」である。確実な評価方法は，実際に実演させることである。やり方の知識と実行する力は違うので，実際にやらせてみて，チェックリストを活用して正確さや速さ，スムーズさをチェックしたり，抜けや漏れがない（あるいは逆に余計なことをしていない）ことを確認するのが最も確実な評価方法になる。

運動技能の学習には，ぎこちない段階からより洗練された段階へとひたすら

手技の練習を積み重ねることで成長する単純なスキル学習がある一方で，その場での判断に基づいて実行する必要が常につきまとう複雑なスキル学習もある。この両者を区別することは有効である。前者の単純スキルについてはやり方を示した後は，**練習を重ねてスキルを磨く**しか道はない。一方で，後者の複雑なスキルは，そのつど頭を働かせて実行する必要があるので，カギを握るのは運動技能ではなく実は知的技能であることが多い。すなわち，一度実行できる運動技能を身につけたら，あとは「この状況は以前の状況と何がどう違うのか」を見きわめて，何を以前と変えて実行すべきか，あるいは同じやり方でよいのはどの部分かを**考える力を鍛えること**が必要になる。同じ運動技能の学習でも，その複雑さの度合いによって，それを実行するためにどの程度，知的技能の応用に比重があるかを見きわめることがたいせつである。

一方で，態度の学習は，ある物事や状況を選ぼう（あるいは避けよう）とする気持ちを持ってもらうことである。実務でのニーズとしても，例えば，コンプライアンスを遵守する，守秘義務を守る，あるいは ISO14001 に従って環境保護的行動を選ぶなどがあり，態度の行為動詞は，「選択する」である。「悪いと知っていてもついついやってしまう」というのは，知識はあるが行動が伴わないという状態であり，正しい行為を「選択」できていないことから態度が身についている状態とは見なさない。態度の評価は，本音と建前を使い分けることができる大人相手には特に難しいが，行動の観察または行動意図の表明の場を設定し，一般論でなく個人的な選択行動を扱う工夫をすることが提案されている。「人種差別的行動は支持しない」という人が「自分の近所に外国人が住むのは容認できない」と主張するかもしれない。一般論には反対しにくいが，個別具体的な案件になると NO ということはよくあることなので，なるべく**個人的で具体的な場面で態度を表明してもらうのがよい**とされている。

態度の学習には，多くの場合，言語情報やルールの学習が伴う。なぜこの行動を選択していてはいけないのか？　このままいくと将来どうなると想定されているのか？　このような問いに答えられるのは，知識があるからである。もちろん知っていることと実際にある行動を選択することとは同じとは限らない。しかし，知識がない状態のままでは適切な行動を選択しようがない。「それがだめだとは知らずに今までやっていました」という知識不足に由来する行動選

択であっては困るからである。コンプライアンスを遵守するという選択行動の基礎には、「この行為はコンプライアンス遵守と言えるのかどうか」という知識（ルール適用の学習）が不可欠であり、守秘義務を守るという行為の基礎には、「そもそもこの時にこういう行動をするのは守秘義務違反かどうか」の知識が必要である。知識があっても遵守行動を逸脱しないとは限らないが、まずは遭遇した場面で正しい判断ができるように準備しておく。さらに、その行為を守らないとどういう結末になるかの知識も教えておく。この知識に支えられて、適切な行動選択をしてくれるだろう、と期待する。それしか態度学習に迫る方法はないので、**態度を評価する際には、関連知識の習得状況も合わせて評価する**のがよいのである。

事例

研修担当2年目の佐藤さんの頭はかなり混乱していた。研修の学習目標について「何を教えるか」の中身ではなく「どんな目標か」の種類がこんなにたくさんあるとは思っていなかった。佐藤さんは、この章で書かれていたことをどう受け止めたのだろうか、彼女のつぶやきに耳を傾けてみよう。

＊＊＊＊＊

学習目標にはさまざまな種類がある、ということはわかりました。ガニェという先生が本書の著者の恩師だったということもわかりました（カークパトリック先生が恩師じゃなかったんですね……）。暗記しても仕方ないことを覚えさせるテストは、しない方がよいということもわかりました。でもいろいろあるんですね、学者さんが整理した結果をみると頭の中がさらにごちゃごちゃになる感じです（ごめんなさい）。

ジョブエイドというのは職場で使うカンニングペーパーのようなものなんでしょう、きっと。新しいことを始めるときには重要なことをメモしておいて、それを見ながら仕事をやる。だんだん慣れるにしたがってメモを見なくてもできる部分が増えていく。そのうち、全部頭に入ってメモは不要になる。そういう経験は、ソフトウェアのバージョンが上がったときとかに私にもあったので、よくわかったけど、試験といえば暗記させられることが多かったのもこれまた事実。

登場した専門用語が多すぎて，あまり頭に入らなかった，というのが正直なところ。ガニェの種類は，言語情報，知的技能，認知的方略，運動技能，そして態度（見ながら書いている……）。知的技能の中にも弁別，概念，ルール，問題解決がある（これも見ながら……）。さらに問題解決にも10種類あるし，メタ認知とか自己調整学習とかもある。認知的方略とどう違うのかさっぱりわからない。でも，これらは別に全部覚える必要はないんですよね（章末の練習問題に，まさかこれを全部覚えていないと答えられないような問題は出題されないんですよね！）。研修の学習目標を考えるときには，どの種類かを押さえて区別したほうがよいということだから，本書をカンニングペーパーの代わりに使えばいい。そのうちだんだん慣れていくんだから最初は見ながらでいいんだ，というこれまでの学び方を，この章に登場した用語の学習にもあてはめることにしましょう。それで少しは気が楽になるので……。

ところで，「状況設定問題」をネットで調べたら，看護師の国家試験にも採用されているものだということもわかった。過去問も出ているし，「状況設定問題を解くコツ」が解説されているものもあった。確かに調べればいろいろと最新情報が得られる環境に私たちはいる。覚えるよりは調べられるようになる方が，意味があるというのも納得できる。仕事をする上で必要なのは問題解決力だ，ということもよく聞く言葉だけど，それをどうやって身につけるかもずいぶん研究されているんですね。

自分で学べる人を育てられれば，苦労は少なくなるだろう。だけど，研修の必要性も同時になくなっては困ると思う。まぁそう簡単に「自分で学べる人になる」という目標を達成できるようにも思えない。そうならば，自分でできる人は勝手にやらせておいて（お好きにどうぞ……でもこの目標だけはクリアしてくださいね，という感じ？），助けが必要な人に集中してお世話する，と考えればよいのかもしれない。でもそういう研修環境に近づけるためには，研修にどんなことを盛り込んでいったらいいのだろう。また一つ，考えるべきことが増えた気がするけど，避けて通ってはいけない大事なことのようにも思える。世の中，単純じゃあないですよね。だからこそ少しずつ学び続ける必要があるわけでしょう。

練習

1. 次の研修の学習目標が明確に記述されているかどうかを判定し，明確でない場合には3つの観点（目標行動・評価条件・合格基準）を用いて明確な記述に書き直しなさい。下の表を用いて，それぞれ明確だと思う点には○をつけ，そうでないと思う点については修正案をまとめなさい。
   - （ア）顧客面談のフレームに沿ったチェックポイントのキーワードを覚える
   - （イ）表計算ソフトのヘルプを参照しながら，業務場面に応じて適切な関数を選択して使用することができる
   - （ウ）付箋を使ったブレストの結果をKJ法でまとめる際のコツをつかむ
   - （エ）積極的傾聴のスキルを高めてそれを部下指導で実行する
   - （オ）患者の生命に関する最も基本的な情報（バイタルサイン）を4つ列挙し，それぞれの正常値が言える

学習目標	明確化3条件*	修正案
（ア）顧客面談	・目標行動 ・評価条件 ・合格基準	
（イ）表計算ソフト	・目標行動 ・評価条件 ・合格基準	
（ウ）付箋ブレスト	・目標行動 ・評価条件 ・合格基準	
（エ）積極的傾聴	・目標行動 ・評価条件 ・合格基準	
（オ）バイタルサイン	・目標行動 ・評価条件 ・合格基準	

注＊：明確な点には○を付けて，明確でない点は修正案を記入すること。

2. 問題1.のそれぞれの学習目標がどのタイプの学習成果かを分類しなさい。また，できるだけ暗記を避けて高度なレベルの知的技能を追加するために何ができるかを提案しなさい。

学習目標	学習成果のタイプ*	高度な知的技能を追加するための提案
（ア）顧客面談		
（イ）表計算ソフト		
（ウ）付箋ブレスト		
（エ）積極的傾聴		
（オ）バイタルサイン		

注*：言語情報・知的技能（弁別・概念・ルール・問題解決）・運動技能・態度。

3. 問題1.の学習目標を掲げる研修の中に，それぞれどのような自己調整学習の要素（認知的方略やメタ認知の学習目標）を追加することができるかを提案しなさい。

学習目標	自己調整学習の要素を加えるための提案
（ア）顧客面談	
（イ）表計算ソフト	

第5章　研修の学習成果を定める　119

(ウ) 付箋ブレスト	
(エ) 積極的傾聴	
(オ) バイタルサイン	

4. あなたが研修企画提案書を作成しようとしている「研修発注書」に記載されている学習目標それぞれについて問題1.～3.の視点から再点検し，改善案を考えなさい。

視点	可否	判定の根拠及び改善案
問題1.：明確な目標か？ (目標行動・評価条件・合格基準があるか？)	○・×	
問題2.：言語情報だけでなく知的技能を含んでいるか？ (もっと高度な応用力をめざせないか？)	○・×	
問題3.：自己調整学習の要素があるか？ (取り入れられないか？)	○・×	

フィードバック

1. （ア）顧客面談のフレームに沿ったチェックポイントのキーワードを覚える。
   目標行動＝不明確，評価条件＝不明確，合格基準＝不明確。
   明確化した学習目標の例：顧客面談のフレームに沿った10のチェックポイントのキーワードを9個以上何も見ないで言える。

   解説：この目標の「キーワードを覚える」という場合，覚えた結果をどう示すのかが不明確。ここでは単純に「何も見ないで言える」としたが，「チェックポイントの空欄にキーワードを埋める」という目標行動も考えられる（その方が思い出しやすいかもしれない）。また，チェックポイントを覚えると言ってもいくつあるかが不明確だったので，覚える対象が10個であると明記した。合格基準は「10個中9個」としたが，「完璧に」「全部」などの合格ラインを設定してもよい。この目標は「覚える」言語情報であるが，できればチェックポイントを参照しながら顧客面談の事例をビデオで見てどのチェックポイントに合致した例かを判断できるようになるなどの応用力（知的技能）をめざして欲しいと思う（といつも余計なお節介を口にしてしまう）。人のふり見てわがふり直せ，である。覚えただけでは使い物にならない。そのキーワードがしっかり適用されている例とそうでないものを見分けるレベルをめざして欲しいものである。

   （イ）表計算ソフトのヘルプを参照しながら，業務場面に応じて適切な関数を選択して使用することができる。
   目標行動＝明確，評価条件＝明確，合格基準＝不明確。
   明確化した学習目標の例：表計算ソフトのヘルプを参照しながら，業務場面に応じて適切な統計関数を選択して完璧に使用することができる。

   解説：目標行動「選択と使用」で明確。評価条件も「ヘルプを参照しながら」で明確。合格基準は不明確だったので，「統計関数」に限定して「完璧に」を追記した。この研修は，求めに応じてどの関数でも使えるようにすることを目標にした野心的なものであり，実質的にはヘルプの使い方をマスターさせることに主眼がおかれると想定される。初級編であれば，特定の関数を例示してそれに限定したものになるだろうが，これは中・上級編。統

計関数に限定したとしてもかなり広範囲の応用力を問われることになる。

(ウ) 付箋を使ったブレストの結果をKJ法でまとめる際のコツをつかむ。

目標行動＝不明確，評価条件＝不明確，合格基準＝不明確。

明確化した学習目標の例：付箋を使ったブレストの結果をKJ法の図解にまとめることができる。図解にまとめる際の留意点を見ながら作業を行い，留意点4つのうち3つ以上に合致すること。

解説：目標の「コツをつかむ」は，KJ法でまとめる際の留意点を覚えて「言えるようになる」のか，実際にそのコツを応用して「まとめられるようになる」のかが不明確。ここでは，応用の方の目標とした。応用の評価条件としては，図解にまとめる際の留意点を見ながら作業を行ってよいかどうかで練習の方法などが変化してくると思われるので，「留意点を見ながら」と明記した。最初は見ながらやってよいが，そのうち慣れてくれば見なくても覚えてしまうことも狙っている。合格基準には，留意点4つのうち3つ以上を満たすことを判断基準としたが，「15分以内で」などのスムーズさを取り上げることができよう。

(エ) 積極的傾聴のスキルを高めてそれを部下指導で実行する。

目標行動＝不明確・明確，評価条件＝明確，合格基準＝不明確。

明確化した学習目標の例：部下指導で積極的傾聴ができる基礎として，部下と上司のやりとりの仮想事例で積極的傾聴の5原則が当てはまっているかを判断しその理由が述べられるようになる。

解説：目標行動「実行する」は「実行することを選ぶ」という態度目標ととらえれば明確だが，スキルを高めるが何を意味しているのかは不明確。評価条件は何も書いていないが「何も見ないで（実行する）」と解釈すれば明確であると考えてもよいだろう。合格基準をより明確にするためには，「部下指導のあらゆる場面でいつも」なのか「部下指導の場面の過半数において」でよいのかを付け加えればよいだろう。上記の態度目標は，研修終了時には，達成したかどうかを判定するのは困難なのでフォローアップが必要である。そこで，学習目標の例としては，実行以前の基礎に限定して書いてみた。基礎と言っても，5原則は何か，という能書きだけでなく，事例に即してどうすべきかが頭ではわかる知的技能（応用力レベル）とした。

（オ）患者の生命に関する最も基本的な情報（バイタルサイン）を4つ列挙し，それぞれの正常値が言える。
目標行動＝明確，評価条件＝明確，合格基準＝不明確。
明確化した学習目標の例：患者の生命に関する最も基本的な情報（バイタルサイン）を4つ列挙し，それぞれの正常値（健常者の場合）と加齢による変化が言える。

解説：目標行動「言える」で明確。評価条件も「何も見ないで」が想定されるので明確とみなしてよい。合格基準は，「正常値」が一義的に決まるわけではないという観点から，「健常者の場合」と「加齢による変化」を付け加えて明確化した。この学習目標は，学部レベルの卒前教育の基礎段階のものとして妥当かも知れないが，これを言えたからといって現場では役に立たない，と指摘されるかもしれない。学習目標を明確化することは，それをめざすことの妥当性（そんな目標でよいのかどうか）の議論の出発点となる。

2. （ア）言語情報，（イ）知的技能（概念かルール学習）（ウ）言語情報か知的技能（ルール学習），（エ）知的技能（ルール学習）と態度，（オ）言語情報

解説：（ア）問題1.に書かれた学習目標「キーワードを覚える」は明らかに言語情報であるが，解説のアドバイスに従って「チェックポイントを参照しながら顧客面談の事例をビデオで見てどのチェックポイントに合致した例かを判断できるようになる」とすれば応用力を身につけることをめざすので知的技能（ルール学習）に高めることが可能。この際，評価条件に「キーワードのリストを見ながら」としてジョブエイド（補助）を与えて補助輪付で応用力を訓練しながら，徐々に補助輪を外す（そのうち見なくてすむようになる）ことをめざすことがお勧め（何度も書いてしつこいですが……）。

（イ）初級編であれば，特定の関数を例示してその活用に限定したものになると想定され，おそらく何をするための関数かの概念も一緒に学んでもらう必要があるだろう。すでに用いる関数の概念を知っている人向けの中級編では，「適切な関数を選ぶ」ことと「関数を使って所定の結果を表示させる手順」を学ぶことに主眼が置かれるだろう。その場合は，ルール学習になる。さらに，

上級編としては，解を導く方法がいろいろあり，どのやり方でやるのがよいかも合わせて考えさせるのであれば，問題解決学習にあたるかもしれない。

（ウ）「コツをつかむ」という目標を掲げて，テストは留意点を覚えて「書けるようになった」かどうかを評価しているのであれば言語情報。一方で，実際にそのコツを応用して「まとめられるようになる」ことをめざすのであれば一歩進んで知的技能（ルール学習）になるだろう。ルールは覚えても仕方ない。活用できることをめざすべきだ。そうしないと実務で役立つ研修の成果は得られない。

（エ）「積極的傾聴のスキルを高める」と言っておきながら，そのメリットや方法（5原則や手順）を丸暗記させて答えることを求めているのであれば言語情報。解説にあるようにそれを「部下と上司のやりとりの仮想事例で積極的傾聴の5原則が当てはまっているかを判断しその理由が述べられるようになる」ことまでめざすように変更すれば知的技能（ルール学習）になる。現場に帰った時に「今私が部下との間で直面しているのはあの時やったあのケースに似ている」と想起して，それと同じ行動をとるのがよいことを思い出してもらうための疑似訓練と位置づけられる。

　一方で，「実行する」という目標は「実行することを選ぶ」と解釈すれば態度目標になる。実行のやり方を知っていたとしても，実際の場面では実行しないかもしれない。これは積極的傾聴に対する肯定的なイメージを持たずに研修を終えたことに起因するかもしれないし，「そんなことをやっている場合じゃない」という現場の実情を反映した優先順位の問題かもしれない。どの場面でどういう行動をとるのが積極的傾聴と言えるのか，という疑似訓練（知的技能）だけでなく，その結果何が期待されるのか，あるいはどんなメリットがあるのか，という「結果の知識」（言語情報）も併せて提供すると，肯定的なイメージを持って現場に帰れるかもしれない。態度目標を設定する場合には，関連する言語情報の目標も合わせて設定する必要がある好例である。

3. 下の表を参考にして自分の回答を検討してみよう。この事例にはこの自己調整学習の要素を結びつけるべきだといういわゆる「正解」として書かれているわけではなく，あくまでも例示として，参考にすること。なるほどこういうことも考えられるな，という付加的情報としてとらえるのがよいだろう。

学習目標	自己調整学習の要素を加えるための提案
(ア) 顧客面談	リストを丸暗記する言語情報の目標に留まっている場合には，特に要求されていなくても「これらはどういう場面でどう応用される知識なのか」を考え，丸暗記を避けて応用的に課題をとらえる方略があると学習はより効率的に進められる。丸暗記するのではなく，常に応用場面に結びつけながら新しいことを学ぶという思考法を紹介することが有益だろう。
(イ) 表計算ソフト	手順が複雑な学習では，一つずつの手順を丸暗記することで何とか目標に達成しようとしてしまう傾向があるが，あまり効果的な学習法とは言えない。いろんな手順に共通点はないのか，手順の中で，前後が逆になっても問題が生じないところはないのか，など，ただ従うだけでなく自分の「表計算ソフト」という世界観を構築していくつもりで学んでいく姿勢を持つのがよい。したがって，さまざまな手順を認め，工夫した点を共有・検討する場を設けてオリジナリティを奨励することもよいだろう。
(ウ) 付箋ブレスト	付箋はグループでブレストする場面以外でもさまざまなアイディア創出に役立つ道具である。そのことも合わせて教えることで，さまざまな場面で同じ道具を活用することを推奨するとよいだろう。思考法の研修は，学んだことを職場で活用することがなくては効果は期待できない。どんな場面でどのように活用すると効果的なのか，受講者の経験を共有する仕組みがあると，ノウハウを共有するだけでなく，自分たちの取り組みを外から客観的に眺める機会にもなるだろう。
(エ) 積極的傾聴	業務場面に応じた選択ができることをめざしているのでそのまま学んでいても支障はないが，もし「なるほど，では同じことが応用できる場面は他にもないだろうか」とか「自分の業務ではどの場面にあてはめられるだろうか」と類似場面を探すことが同時にできれば，応用範囲が広がり，自分の業務とより直結する学習成果が得られるようになるだろう。この研修ではとくに，行動化に向けたフォローアップが重要だと思われるので，研修の成果が活かせた場面に遭遇したらそのつど，メモを残してあとで振り返る機会を設けていくことが効果的だろう。

（オ） バイタルサイン	言語情報の学習では，バラバラな情報として丸暗記するよりは，情報間の関連性を意識して体系化するという作戦が有効である。また，背後にある生理学的なメカニズムを思い出したり，あるいはその後で疾病ごとの特徴などを学ぶには健常者の正常値と結びつけて学ぶことで，自分が持っている知識のネットワーク化をさらに推進することができるだろう。さらに，事例に結び付けて覚えることや，苦手分野を意識して繰り返すなど，自分の学習状態をモニタリングしてテコ入れすべき箇所を特定しながら学びを進める方略を同時に教えて，やがては言われなくてもそういう作業を自ら発動できるように導くのも効果的である。

4. 佐藤さんの組織で行ってきたコーチング研修について，佐藤さんは以下のようにまとめた。こんな感じで分析ができているかどうか，確認してみよう。

コーチング入門（外部委託）		対象者：新任管理職（手挙げ制）
視点	可否	判定の根拠・改善案
明確な目標か？	×	修了時のテストがないのでテストをつくる。その際に，合格基準や評価条件も明らかにする必要がある。
言語情報だけでなく知的技能を含んでいるか？	△	演習ではコーチングの実際も試しているので，それを修了時テストにも含めれば知的技能を扱っていると言える。テストだけ暗記テストにならないように留意したい。 しかし，積極的傾聴のスキルにせよアサーションにせよ，コーチングに必要なスキルを一つずつ取り出して演習をしているのでは問題解決学習とは言えないので，実例に即して文脈の中にスキルを組み込むように配慮する必要がありそう。
自己調整学習の要素があるか？	？	1回の研修に留まらずにアクションプランを立てて職場に戻った後のフォローアップに役立てることで，徐々に自分でも何とかスキルアップをめざしたいと思ってもらうことをねらいたい。

第6章 研修以外の実現方法を検討する

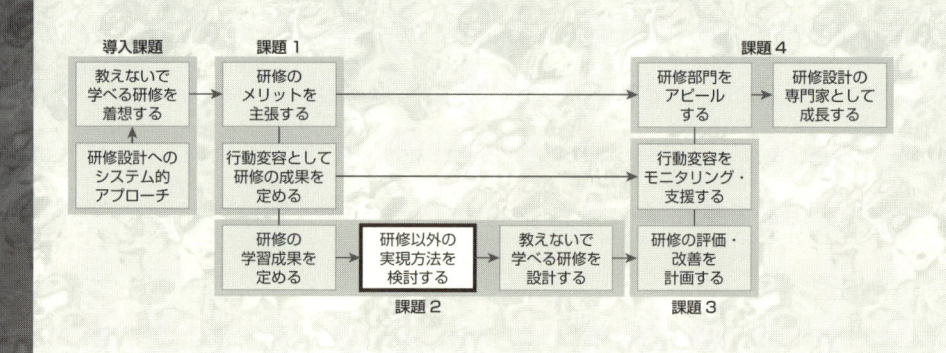

```
導入課題          課題1                                    課題4
┌─────────┐    ┌─────────┐                          ┌─────────┐   ┌─────────┐
│教えないで│    │研修の   │                          │研修部門を│   │研修設計の│
│学べる研修を│→│メリットを│─────────────────────→│アピール  │→│専門家として│
│着想する │    │主張する │                          │する     │   │成長する │
└─────────┘    └─────────┘                          └─────────┘   └─────────┘
┌─────────┐    ┌─────────┐                          ┌─────────┐
│研修設計への│  │行動変容として│                    │行動変容を│
│システム的│  │研修の成果を│                        │モニタリング・│
│アプローチ│    │定める   │                          │支援する │
└─────────┘    └─────────┘                          └─────────┘
                ┌─────────┐  ┌─────────┐  ┌─────────┐  ┌─────────┐
                │研修の   │  │研修以外の│  │教えないで│  │研修の評価・│
                │学習成果を│→│実現方法を│→│学べる研修を│→│改善を │
                │定める   │  │検討する │  │設計する │  │計画する │
                └─────────┘  └─────────┘  └─────────┘  └─────────┘
                              課題2                      課題3
```

学習目標

1. eラーニングという名称で学習がどのように支援されているかについて，研修以外の学習支援方法（情報で学ぶ・経験で学ぶ・仲間から学ぶ）を含んで，事例をあげながら説明できる。
2. 学習とパフォーマンスのアーキテクチャ（ローゼンバーグ）の図を参照しながら，組織の学習支援体制の現状を分析できる。
3. 研修以外の学習支援方法を取り入れた場合に研修がどのように変化するか（変化すべきか）について，事例をあげながら説明できる。

背景

　　この章では，研修以外の方法でレベル2の学習成果を達成する方法を考えたい。研修はできるだけやらない方がよい。なぜならば第3章でみたように，コストがかかる上に，仕事の時間を奪う選択肢だからである。それでは，研修以外の方法には何があるのだろうか。この章ではこの問いへの答えを探そう。**まず研修以外の方法を検討し**，その上で「やっぱりこれだけは研修が必要だ」との判断があった場合に限って，研修の設計に進むことを勧めたい。

　研修といえば，対面集合研修がまず思い浮かぶ（あるいはそれしか考えられない）かもしれないが，通信教育講座やeラーニングコースを受講するのも「何

かを教えてもらう仕事以外での機会（Off-JT）」という意味では研修の一種と考えられる。仕事をやりながら教えてもらう職場での学習支援（OJT）は通常研修とはみなされないだろうが，それは「教えてもらう」というよりは「自分でやって学ぶ」という印象が強いからかもしれない。とくにコストがかかる対面集合研修への依存度を減らし，スリム化するためにも，それ以外の選択肢をまず検討し，どのように組み合わせていく（あるいは移行していく）ことが可能かを考えてみよう。

　最近，さまざまな組織で，これまで当たり前のように招集してきた会議を見直す動きがある。短時間で終わらせるために座らずに立ったまま行ったり，参加者や時間を限定したりと，さまざまな工夫を凝らしている。その究極の形（筆者のお気に入り）は，**会議の任意参加制**という方法である。何が議論されるかわからずに出席して，結局，何も発言せずに黙って帰ってくるという時間のむだを省くために，議論されるアジェンダを会議前に通告しておき，意見を言いたい者だけが会議に参加する。これを一歩進めれば，会議前にあらかじめ原案をメールなどで示し，掲示板での意見発言を求めておき，それを優先的に会議で取り上げるという方法も考えられる（もうすでにそういう方式を採用している組織も多いかもしれない）。対面会議という従来からの方式にとらわれずに成果を上げる工夫をする。その際に，従来はなかった情報通信技術（ICT）やインターネット環境の恩恵を取り入れる。この発想は会議だけでなく，研修にも大いにあてはめるべきだと思う。

垂れ流し式のeラーニングから脱皮する

　eラーニングのイメージはどんなものだろうか？　わが国では2000年頃に経済産業界を皮切りにeラーニングブームが起きた。人材育成の切り札として期待を集めて（あるいは周りがやりだしたから乗り遅れてはいけないという気持ちから）みんながそれに飛びついた。そして「こんなものか」というがっかり感が蔓延した。うまくいかないのはIDを踏まえていないからだ，という噂を耳にしてIDに飛びついた人もいたらしいが，当時のID講座もやってがっかりeラーニング問題を払拭する期待に応えるものではなかったようだ。

あれから10年以上が経過し、eラーニングもずいぶん定着した。しかし、定着したeラーニングはかなり矮小化されたものになってしまったと筆者は思う。その用途はプライバシーや環境問題、あるいはコンプライアンス系が中心のようだ。アニメーションとナレーションで基礎事項を説明してから最後に数問の確認問題があり、内容理解はともかく従業員全員が「やった」という証拠が残るというメリットがあるので重宝されている（アリバイ工作型）。その他にも、最新情報を伝えたり経営トップのメッセージを全社員に直接届けるためにビデオあるいは生中継の映像で語りかけるタイプのeラーニングも健在だ。オン・デマンドで映画でも何でも視聴できる時代に逆行して、全員一緒に（場所は離れていても同時刻に）視聴することが重視されることも多いという（連帯感醸成型・垂れ流し型）。「いや、うちのeラーニングはそれよりはもう少しマシだよ！」とか「手軽で安価なものを（無料のものも合わせて）便利に使って効果をあげてますよ！」との反論があればよいが、実態はどうであろうか？

 筆者は、旧態依然とした情報垂れ流し型のeラーニングからの脱皮を図るためのeラーニング活用法として、表6-1に示す5つの要素を提案した（鈴木, 2013）。eラーニングの現状を批判的にとらえ、そうならないようにeラーニング専門家を養成するための大学院を設計・運用した経験を踏まえてまとめたものである。

 これまでの（あまり効果・効率・魅力を考えて設計されてこなかった）対面研修をそのままWeb上に移植・再現しただけでは、せいぜい「同等の効果が得られた」とか「旅費が節約できた」程度の成果しか見込めないのは当然のことである。対面研修と同じ形を追求するのではなく、より高い効果・効率・魅力を実現するために、これまでになかった（あるいはこれまでは実現が困難であった）新しい学習環境を実現するという発想を持たなければ「これまで以上」を期待することはできない。表6-1を眺めながら、何をeラーニングですませるべきか、対面研修でしかできないことは何か、対面研修をよりよくするためには研修の事前事後でどのようなeラーニングに取り組んでもらうのがよいかなど、思いを巡らせていただきたい。

 eラーニングは「ブレンド型研修」という名前で対面研修と組み合わせて使う事例が多くあるが、そこでのeラーニングは対面研修と同じやり方が踏襲さ

表6-1　eラーニングの5つの活用法（鈴木，2013）

5つの活用法	特徴と使い方
1. ネタ探し 研修を組み立てる上で参考になるネタをインターネット上から探すこと	研修で扱っているキーワードをもとに検索し，受講者にとって興味深いと思われるものや学習の手助けになりそうな有用な情報を見つける。探したものを研修で受講者に紹介したり，また，課題の一部として閲覧させたりすることにより，教室からサイバー空間に研修を開き，最新状態を保つことが可能になる。MOOC等の公開講座を活用して研修担当者としてはより省力化し，個別の受講者相手の相談・助言などに時間を確保する。
2. リンク集 有用な情報源をリストした学習者用Webサイトの一覧。ポータルサイトとも言う	Web上の情報を紹介するだけでなく，受講者が課題の一環として閲覧し，そこから情報を収集させてまとめてレポートさせることなどに使う。前年度までの受講者が積み上げた「リンク集」を使って情報収集をする課題を設けたり，「役立ちサイト情報」増殖計画と題してリンク集を更新・拡張していく。常に最新情報をウォッチし，その成果を組織内に共有するという習慣を身につけてもらうためにも有効。
3. 確認クイズ 研修で扱う基礎知識や応用力を確認するために設けるクイズ形式の練習問題	eラーニングに用いる多くの学習管理システム（LMS）には標準で装備されている機能であり，多肢選択方式（単数・複数の正解指定が可能）や正誤方式，穴埋め方式（語群あり・なしの選択が可能），あるいは並び替え方式などの自動採点が可能なクイズは，担当者の労力をあまりかけずに教育効果を高める手法として有効。一度，問題と正解を含む選択肢，並びに解説を準備しておけば，受講者が何人であろうと，誰が何回チャレンジして点数がどう伸びたかが自動的に記録される機能が標準で用意されている。個々の受講者が自分で達成度を確認しながら自習することができるので，自己管理学習のためのツールとしても有効。
4. 掲示板 受講者が自分の意見を自由記述方式で述べてそれを共有するツールであり，応用力の強化や共同的な学習を可能にする便利な機能	ディスカッションボードあるいはフォーラムとも呼ばれ，基本機能の一つとしてどのLMSでも使うことができる。自己紹介や質問，あるいは単なる感想や意見を述べ合うことだけでなく，あるテーマについてのレポートや企画書を相互に推敲するなど，用途はさまざま。ファイル添付機能や投稿に対しての反論や相互コメントを書き込むために「返信」機能も便利。正解が定まっている事項については，確認クイズによる自動採点・記録がふさわしい一方で，受講者によって投稿する内容が異なる課題には掲示板を用いるのがよい。基礎知識は確認クイズで確認し，その上でより発展的な内容を掲示板で扱うと，基礎学習から応用学習までを幅広く支援するeラーニング環境が構築できる。

5. ポートフォリオ 「紙挟み」を意味し，建築家やデザイナーが自分の代表作品をファイルに収めて持ち歩き，自己アピールのために使うもの。学習過程では成果を見える化して省察する効果もある	芸術作品に限らず，一般の学習成果も同様に集積し，公開できるようにする評価手法として活用例が増えており，Moodleに対してMaharaのようなオープンソースのポートフォリオ専用システムもある。もしも研修のねらいが，確認クイズのような自動採点で評価できる客観的知識の理解と定着にあるとすれば，ポートフォリオは不要。毎年同じ試験問題が出され，その問題と回答を公開すると困る場合には，ポートフォリオは不向き。一方で，毎年同じ試験問題であっても，受講者ごとの回答が異なり，それを参考にしても不正行為が成立しないレベルでの応用力を育成することにねらいがあるのであれば，ポートフォリオが適切なツールになる。

注：鈴木，2013をもとにして，大学での授業から組織での研修に用語を書き換えた。

れていないだろうか？ eラーニングの長所を生かして，対面研修の短所を補い，そして対面研修の長所と組み合わせて全体を設計するという着眼点で見直す。eラーニングは研修の一部なのか，それとも研修以外の実現方法なのかについては，どちらの見方もあり得る。その区別や立場はともかくとして，研修担当者がその活用法を設計できるという点では最も身近な選択肢の一つである。eラーニングの長所を生かした最大限の活用を考えたいものである。

eラーニングのイメージを拡張する

香取（2001）は，わが国のeラーニングの黎明期においてすでに，広いeラーニングのイメージを持っていた（図6-1参照）。eラーニングは①**研修で学ぶ**ためだけのものではなく，②**情報で学ぶ**ためのナレッジマネジメントシステムと，③**経験して学ぶ**ためのパフォーマンスサポートシステム，さらには④**仲間から学ぶ**ためのコミュニティ（現在の用語で言えばインフォーマル学習）を取り入れたより幅の広いものだととらえた。①研修を支えるシステムを便宜上「eラーニング」と呼んだが，4つの要素全部を使って，eラーニングコミュニティを形成し，組織の環境対応力・パフォーマンス向上を実現するための全体像を描いた。

ここには，研修以外の選択肢が3つ示されている。それは，情報で学ぶ・経験で学ぶ・仲間から学ぶという選択肢だ。何もeラーニングに限定することで

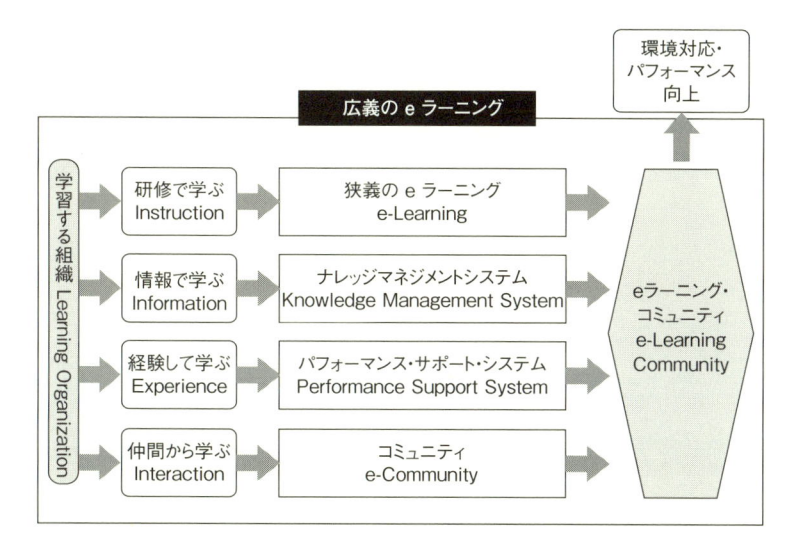

図6-1 eラーニング・コミュニティの全体像

```
広義のeラーニング                     環境対応・
                                      パフォーマンス
                                      向上

学習する組織 Learning Organization
  ├─ 研修で学ぶ Instruction        → 狭義のeラーニング e-Learning            →
  ├─ 情報で学ぶ Information        → ナレッジマネジメントシステム Knowledge Management System → eラーニング・コミュニティ e-Learning Community
  ├─ 経験して学ぶ Experience      → パフォーマンス・サポート・システム Performance Support System →
  └─ 仲間から学ぶ Interaction     → コミュニティ e-Community              →
```

注：香取，2001 の p.91 の図表 8-1 に「広義」と「狭義」を加筆。

はなく，4つのオプションを活用する戦略は，人材育成全般に当てはまる。逆に言えば，昨今の人材育成で ICT を活用しないもの＝広義のeラーニングでないものを探すのは困難であろう。今日までに，eラーニングという言葉はある一定の狭いイメージで定着した感があるが，それは研修という言葉にも同様に当てはまるのかもしれない。eラーニングであるかどうか，あるいは研修と呼べるものであるかどうかはともかくとして，職場での行動変容につながる学びを成立させる手段にはどのようなものがあるか，その幅の広さを見て，できることのイメージを膨らませよう。

情報で学ぶ：ナレッジマネジメントシステム（KMS）

ローゼンバーグ（2002）は，eラーニングの両輪として，オンライン研修とナレッジマネジメントシステム（KMS）の2つを重視したeラーニング論を展開した研究者である。ローゼンバーグは，ナレッジマネジメントを「同じような関心とニーズを持つ人々や組織で構成されるコミュニティの中で（あるいはそうしたコミュニティ間で），価値ある情報や専門知識，洞察などを

生み出し，保管し，共有するためのサポートシステムである」(p.66) と定義している。ナレッジマネジメントは**企業のバーチャルブレイン（仮想脳）**であるとし，①情報を知り，新しい状況に応用する**学習**，②周囲の世界を観察し，行動する**ビジョンと行動**，③会社が保有する全情報の貯蔵庫としての**情報の保管**，④パフォーマンス支援ツールやシステムへのアクセスのための**ツールボックス**，⑤ブレインストーミングの場として機能する巨大な**意見箱**，⑥企業全体を一つにまとめ上げる**統合**の機能を有すると説明している。

図 6-2 に，ローゼンバーグ（2002）が描いた KMS の階層を表す 3 つのレベルを示す。文書管理（レベル 1）から始まって，知識の創造・共有・管理（レベル 2），さらにはコーポレート・インテリジェンス（レベル 3）に向かうほど，KMS は実際の業務に統合化するとしている。

あなたの組織に KMS はあるだろうか？　あるとすればどのように活用されているだろうか？　KMS をイメージする時に，以前から用いられているアナログの情報源をまず考えるのがよい。例えば，業務指示書，マニュアル，手引きなどの文書や，過去の商談記録，顧客関連情報，類似案件の提案書などの記録である（ローゼンバーグがレベル 1 と呼ぶ状態）。これらがすぐに参照可能で，次の案件を企画し実行する際に役立てられている状況を想像すればよい（ここまでいけば，レベル 2）。保管される情報が充実し，すぐに使える状態に保たれれば，やがてそれが組織の「仮想脳」と呼ばれるにふさわしい状況（レベル 3）にまで進化するというのである。

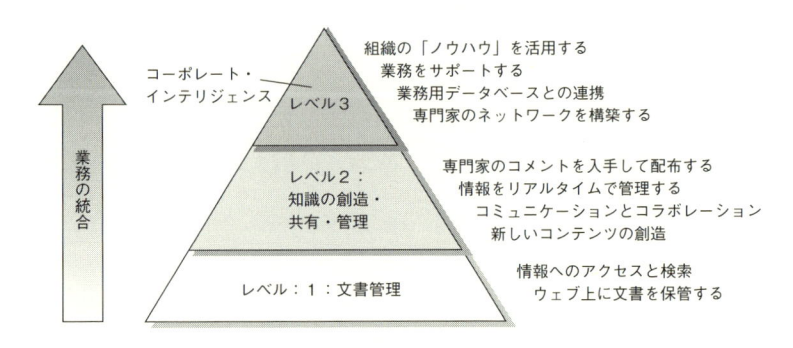

図 6-2　ナレッジマネジメントの階層を構成する 3 レベル
（ローゼンバーグ，2002，p.71 の図 4-3 を再掲）

筆者は，自分自身が過去につくり出した情報を自分のPCの中で検索するだけでも苦労するほど整理が苦手なので，組織の「仮想脳」は想像するとわくわくするが実現はほど遠いのではないか，と思ってしまう。しかし，組織から経験者が大量に辞めてノウハウが失われることが危惧された2007年問題に備えて，経営トップ主導でKMSを導入した組織は少なくなかった。それを人材育成の観点から，研修に代わる選択肢としてどのように使っていくのか。この課題解決（あるいは可能性の実現）はまだまだ発展の余地あり，あることはあるがうまく使いこなせていない，という段階なのかもしれない。KMSのような情報源の存在を前提にして（なければつくって，あるいは使いにくければ改良を加えて），**研修をスリム化する**という方向がまずは考えられると思うがどうだろうか？

経験して学ぶ：電子的業務遂行支援システム（EPSS）

　電子的業務遂行支援システム（EPSS）は，ゲリー（Gery, 1991）によると，他人からの最小限のサポートで，高いレベルの職務パフォーマンスを可能にするための，統合された情報へのオンデマンドアクセス・道具・方法を提供する電子的なシステムである。EPSSの特徴は一般に，(a) コンピュータ支援型である，(b) タスク中にアクセスできる，(c) 仕事しながら使える，(d) 作業者がコントロールできる，(e) **事前研修の必要性を縮小する**，(f) 容易に更新できる，(g) 情報へ素早くアクセスできる，(h) 不適切な情報を含まない，(i) ユーザ間で異なるレベルの知識を許容する，(j) 異なる学習スタイルを許容する，(k) 情報・アドバイス・学習経験を統合する，(l) 人工知能が使われる，と言われている。かつてから用いられてきた**ジョブエイド**（職務を遂行する際に参照できる情報源，例えば，インタビュー用紙に書かれた質問内容，衣服に縫いこまれた洗濯の指示，あるいは薬ビンの注意書きなどのいわゆる「カンニングペーパー」）を電子化したもので，電子化することで機能が格段に高まったものだと考えてよい。

　EPSSは，オンライン書類・職務内容情報・過去の事例データベースなどの検索可能な情報データベース，職務を遂行する直前にリハーサルができる学習

経験機能，職務遂行時にアシストしてくれるコーチング・ヘルプ機能，意思決定をサポートしてくれるアドバイザ機能，職務ごとにカスタマイズされたテンプレートや書式付のワープロ・表計算などの応用ソフトウェアなどで構成することができる（一部機能に KMS との重複があることが読みとれる）。1990 年代に EPSS は米国の大企業を中心に広く採用され，経験の浅い（あるいは新しく採用された）従業員が，最低の研修で（あるいは研修なしで「初日から」），誰にも教えてもらうことなしに，経験者並に職務が遂行できるような環境を整えることをめざしてきた（まぁ，野望にすぎなかったわけですが……）。すなわち，性能のよい EPSS があれば，職務を遂行するために必要となることがすべて，その場で（**ジャスト・イン・タイム**に）提供されることになる。

例えば，EPSS を使った大企業に採用されたばかりのセールスマン A 氏が，仕事の初日に A 氏用に準備されたパソコンの電源を入れたら，どんなふうに職務遂行をサポートしてくれるのだろうか。仮想的に準備された事例（Wager & McKay, 2002）を見てみよう。マウス操作だけで表 6-2 のようなことが可能になるのだという。

表6-2　EPSS 導入会社に新採用になったセールスマン A 氏の初日（仮想事例）
　　　　（Wager & McKay, 2002）

- オンライン情報として：A 氏の担当になった顧客データ，売る商品の最新データ，在庫と運送スケジュール，オンライン参照マニュアル。これらの情報は，検索可能で，必要に応じて常に更新されている。
- 操作アシスタント（ウィザード）として：販売書式を記入して提出する方法，必要書類の作成方法，その他の必要な手続きをステップ・バイ・ステップで教えてくれる。
- 生産性向上ソフトウェアとして：顧客・仕入先・その他の関係者向けに作成する注文書などのテンプレート付のワープロソフトが準備されている。
- トラブルシューティングとして：A 氏が販売戦略についての質問を入力すると，会社の方針や経験豊かな先輩社員からのアドバイスがもらえる。
- オンライン研修として：脈がある顧客を訪問するときなどの新しい職務を実行する直前に，職務に直結した短い研修教材にアクセスすることができる。
- システム駆動型のヘルプとして：A 氏の EPSS 使用状況をモニターしていて，うまく使えていないときや効率が悪い使い方をしたときに自動的に助言を発動する。
- 最新情報として：セールスマンとしての A 氏に参考になる社内ニュースの最新版がいつも届けられる。

注：Wager & McKay, 2002, p.135-136 の本文を鈴木が訳出してまとめた。

EPSSは，研修すること自体を目的にしてはいけない，職務遂行能力を高めることが急務であるとの要求が高まった中，そのソリューションとして注目された。一方で，初期投資がかかりすぎるのではないかという経営トップの懸念や，EPSSが導入されたときに生じる職務形態の変化についていけないという従業員の不安などがあって，思ったよりも広範には採用されてこなかった。Wager & McKay（2002）によれば，EPSSを導入している組織では，次の共通点が見られた。

① 現存のEPSSのほとんどが，ゲリー（1991）が思い描いていたような可能性がフルに実現されているわけではなく，部分的に用いられている。
② EPSSを導入しても「初日から，未経験者が，経験者並に」を達成することはできず，研修の完全代替手段にはなっていない。むしろ，**EPSSを研修の一環としてとらえ**，EPSS以外の研修を大幅に削減できた事例が数多くある（例えば，アメリカンエクスプレスが研修時間の83％を削減できた，など）。
③ ROIが検討された事例では，EPSSは費用の面でも効率がよいソリューションになっている（例えば，ヒューレットパッカードのある部門では，新製品に係る研修時間の90％以上をカットできたため，コストの98％削減を可能にした，など）。

EPSSは，すでに，研修の代替手段として取り入れられたり，あるいは職場に出たときに支援ツール（EPSSまたはジョブエイド）を使うことを前提に研修を組み立てることで研修に必要な時間を削減するなどの形で，研修の設計にも強い影響を与えている。EPSSは，研修より安価で変化への対応が容易で，しかも従業員の学ぶ負担も軽い。**素手で戦うよりは武器があった方が強いし**，チェックリストや手順書の形でいつでも参照できれば，研修効果の持続にもつながる。「太った研修コースの中には，細身のジョブエイドが出て行きたいと泣いている」との名言にもあるように，暗記していなくても職務遂行時に問題がないことはジョブエイドとして整備し，研修時間を割いて暗記させる代わりに「カンニングペーパー」が使えるようになることを研修の学習目標に据えれば，研修の負担が軽減されるだろう。

研修・KMS・EPSS の比較

表6-3に、ローゼンバーグ (2002) が整理した研修・KMS・EPSS の比較表を紹介する。この3つの手段は一体となって動くものだとしながら、アプローチの違いを知っておくべきだと述べている。表中の PSS とは、電子的 (EPSS の E) であるなしにかかわらず、業務の遂行を直接支援するツール群を指す。筆者が少しひっかかるのは、研修での学習方法がプログラムによって決められているとしている点である。そうならないように設計すれば、研修内容を受講者が自由に選択できるようにすることも可能であろう。一方で、大いに賛成する点は、EPSS は利用者を賢くしないという点。グエン (2013) も、「知識を習得し専門知識を高めるのではなく、パフォーマはリアルタイムの支援ツールに依存するようになりうる」(p.257) と警鐘を鳴らしている。これは、長期的な人材育成の立場からは特に注意が必要な点である。

表6-3　研修・KMS・PSS の比較 (ローゼンバーグ, 2002)

研修	KMS	PSS
指導することが目的	情報を伝えることが目的	業務の遂行を直接支援することが目的
参加するには仕事を中断する必要がある (オンライン型であっても)	通常は、研修の場合ほどには仕事を中断する必要はない	業務の中断は最小限にとどめられる (業務の中に巧みに組み込まれている)
学習方法はプログラムによって決められている	学習方法は利用者が決める	実行中の仕事がツールの動作を決定する
達成目標は、スキルや知識の習得である	利用者にとっての情報源となることが最終目標	業務を支援する (あるいは完全な形に仕上げる) ことが最終目標
営業部門の例：販売スキルを教える	営業部門の例：営業に出かける前の準備として、顧客情報を調べる	営業部門の例：提案書の作成をサポートするツール
技術部門の例：技術者にコンピュータシステムの修理方法を教える	技術部門の例：特定のコンピュータの部品について調べるためにトラブルシューティング用のインタラクティブなデータベースにアクセスする	技術部門の例：コンピュータの故障箇所を特定するために診断ツールを使う
利用者がよく口にする言葉：「するべきことと、その理由がわかった (しかし、もっと情報やツールが利用できれば、もっとうまく楽にできるだろう)」	利用者がよく口にする言葉：「仕事に必要な情報が手に入る (だが、欲しい情報を見つける方法をこれから勉強しなければならない)」	利用者がよく口にする言葉：「私はやり方を知らなくても構わない。システムが代わりにやってくれるから (ただし、このシステムの使い方と監視方法だけは学ぶ必要がある)」

注：ローゼンバーグ, 2002, p.78-79 の表 4-1 を再掲。

仲間から学ぶ：インフォーマル学習

　　　　香取（2001）が広義のeラーニングとしてとらえた第4の要素は，**仲間から学ぶコミュニティ**であった。近年，『学習する組織』（センゲ，2011）とか職場での学習（ワークプレースラーニング），あるいは**インフォーマル学習**などの用語でOff-JT以外の学びの機能に注目が集まっている。インフォーマル学習とは，給湯室での何気ない会話やインターネット上のメッセージ交換などの仲間との情報交換の中で偶発的に成立する学びのことを指す。従来からの研修などの計画的で意図的な「フォーマルな学習」との対比で用いられる言葉である。情報の発信者と受信者が明確に区別された時代を超えて，相互発信・共有が可能となったソーシャルメディアの時代を迎え，その効用が注目されるようになった。

　研修を受講する時間は取りにくい従業員が，業務中に自ら最新情報をインターネット等で瞬時に検索し，それを仲間と共有することで仕事の質が向上する。不明なことや不確かな点は調べたり仲間に聞いたりして，主体的に問題解決にあたる。現場にこそ最新情報が点在しており，研修担当者が苦心してそれを収集して研修の形に整える前に，どんどん変化してしまう。そんな時代だからこそ，「今の姿」をとらえる方法は，現場担当者間の情報共有以外にはない。そんなイメージからも，インフォーマル学習が注目を集めているのだろう。

　確かに世の中が動くスピードは，以前とは比べものにならないほど速い。情報の陳腐化もそれだけ急速に進む。一方で変わりゆく現状についての情報をとらえ，それを共有するためのツールも日進月歩で（いやもっと速く「秒進分歩」で？）工夫されている。この恩恵を最大限に生かして職場内の情報共有を進めていくことは，これからの学習環境を設計するにあたって無視すべきことではない。ロセットとホフマン（2013）は，研修担当者がインフォーマル学習を活性化するためにできることとして，表6-4に示す5つを掲げている。インフォーマル学習は有効な手段であるが，放置していても素晴らしい結果が約束されているというものではない。自然に発生するのを待つのではなく，インフォーマル学習を積極的に促すことも研修担当者の役割の一部であると考えて，何ができるか工夫してみることを勧めたい。

表 6-4　研修担当者がインフォーマル学習を活性化するためにできること（ロセット・ホフマン，2013）

①インフォーマル学習を見つける	組織内に現存しているグループや活動内容，用いている手段（自作ジョブエイド・ブログ・Wiki・知識ベース等），さらには活動の成果や効用，継続している理由などを調査する。
②インフォーマル学習から学ぶ	インフォーマルな学びの成果をとらえ，研修やKMSに組み込むべき（再利用可能な）内容を探す。研修担当者からのメッセージを伝える手段としても活用できないか？
③インフォーマル学習を高く評価する	活動の成果を認めて，その活動がやりやすくなるように援助する。研修の中にインフォーマル学習のリーダーを登用することもよいが，インフォーマルであることのよさを失わないように。
④インフォーマル学習を支援する	活動が発展するように支援する。導入研修で紹介する，グループ同士を結び付けて相乗効果を狙う，スペースを提供する，技術的にアップグレードして遠隔地を結ぶ活動を可能にするなど。
⑤役割を再定義する	研修担当者やインストラクタの役割を見直し，より多くの時間をインフォーマル学習の支援（コーチングなど）に割り当てる。学校教育で奪われてきた生来的な「知りたい・学びたい」という欲求を蘇らせる。

注：ロセット・ホフマン，2013，p.301-304 の本文を要約して表形式にまとめた。

学習とパフォーマンスのアーキテクチャ

　　ローゼンバーグ（Rosenberg, 2006）は，その著書『eラーニングを超えて』（邦訳未発刊）で，**研修にかける投資はわずか2～5%であり，残り（ほとんど）は職場での学習とその支援に向けられている**と指摘した。研修担当者が組織内で意義のある役割を担い続けたいと願うのであれば，従来の担当職務にとどまることなく，責任範囲を広げる努力をするように，と警鐘を鳴らした。ローゼンバーグはeラーニングを再定義し，「eラーニングとは豊かな学習環境を創造し届けるためのインターネット技術の利用であり，広範囲のインストラクションと情報のリソースとソリューションが含まれる。その目的は，個人と組織のパフォーマンスを高めることにある」（原著 p.72 を鈴木が訳出）とした。

　『eラーニングを超えて』は三部構成で執筆されている。第一部「eトレーニングを超えて」では，eラーニングはeトレーニング（研修）と同じではない。

eラーニングはとても重要なので，それを教育ソリューションに限定することはできない，と主張した。第二部「教室を超えて」では，研修は効果的だが，**もし研修が学習の唯一の手段であったなら，来る日も来る日もみんな教室で過ごすことになるだろう**と警鐘を鳴らした。続けて第三部「学習を超えて」では，学習することは偉大だが支援的でない組織文化に出会ったときには，必ず組織文化が勝利すると主張し，学習を成立させるためには学習だけをターゲットにしてはならないとした。

図6-3に，ローゼンバーグが描く**学習とパフォーマンスのアーキテクチャ**を示す。フォーマルな学習環境の中で，複数の教室型ソリューション（集合研修とオンライン研修）を組み合わせていたのがこれまでのブレンド型学習だとすれば，それだけで担えるのは組織での学び全体の2〜5％にすぎない（図6-3左）。これからは，賢い企業体を実現するために，フォーマルな学習環境とインフォーマルな職場環境（知識・支援型ソリューション）とをブレンドする**ほんもののブレンド型学習**の全体を設計する必要がある，とした。ここでも，香取

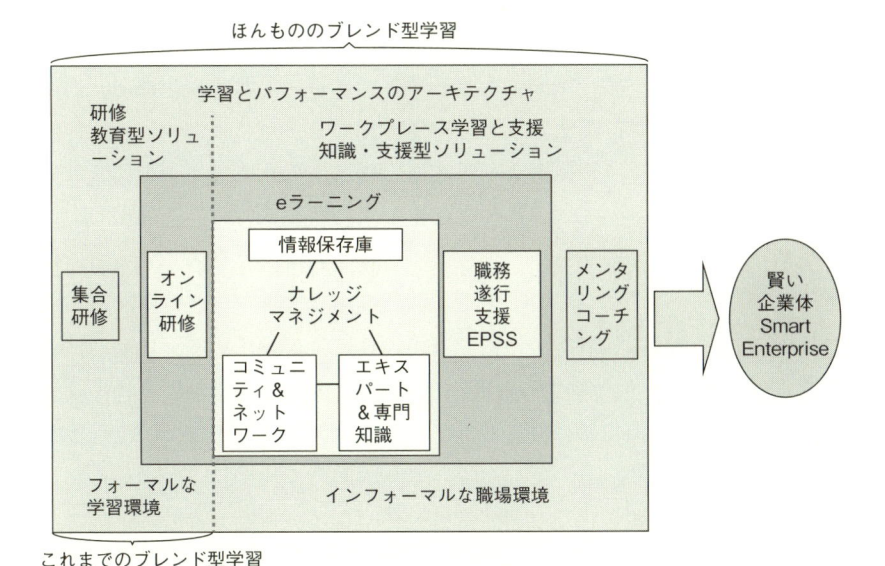

図6-3 学習とパフォーマンスのアーキテクチャ（Rosenberg, 2006）
注：Rosenberg, 2006, p.84 の図3-4を鈴木が訳出。

(2001) と同様に，オンライン研修だけでなく KMS や EPSS を含む広い意味のeラーニングが図の中核に描かれている。

　ローゼンバーグ（2013）は，最近の著作の中で「ナレッジマネジメントは，学習とパフォーマンスの周辺にあるたんにおもしろいだけのツールではない。それは，まさに中心に位置づけられるべきものである」（p.281）と強調した。そして，「適切な知識が適切なタイミングで適切な人に提供されることで，学習とパフォーマンスは向上する。これはビジネスをより機敏にし，市場での反応をよくさせる」（p.282）と述べている。ナレッジマネジメントが伝統的な研修プログラムを抜本的に変える側面として，オリジナルな情報源とのやりとりの効用をあげ，「現場で使うツールや文書を主たる学習教材として組み込むことを余儀なくされる。業務中に利用する知識リソースを研修中にも利用させることになるので，研修の真正性（authenticity）が格段に高まる」（p.281）ことを指摘している。

　本書では，研修はコストがかかる選択肢であるから，まずは他の方法を検討すべきであると主張してきた。ここで改めて上記の主張に照らすと，その主張が単なる**費用削減を目的とした消極的な選択ではない**ことは明らかだろう。時代はまさにスピード感を増して変化し続けている。これまでに通用した選択肢が今でも（あるいは，これからも）ベストであるとは言えない。時代の要請に応えるためには，より俊敏でより広範囲を網羅する選択肢を視野に入れる必要がある。そうすることでのみ，組織の中で果たす役割を維持・発展し続けられる。積極的に攻めの姿勢をもつことは，研修担当者の死活問題でもあると言えよう。

　日本の人材開発担当者の中にも，このことに気づいている人は存在する。例えば，香本（2003）は次のように述べている。「人の市場価値を高めるミッションを担う人材開発担当者は自ら社外に目を向けて，世間の常識と環境変化を認識していなければならないでしょう。それと同時に現場にも足を運んで，自分の目と耳と体で問題を感じとる感受性を養わなければなりません。つまり，その場その場のプロセスに関わりながら問題を発掘して，次にどのような手を打つかを考える『プロセスデザイナー』のスキルとマインドが要求されるわけです。**企画・立案した研修プログラムを外部講師を使ってスケジュール通りに実

● column

研修は少ない方がよい：BB&T 社の事例

　BB&T 社は，カリフォルニア州にある従業員3万2千人の財務・保険会社。2013年度の ASTD 優秀学習組織賞の第2位（6回目の受賞）に選ばれた理由は，研修を少なくするという工夫にあった。

　BB&T 社の企業内大学では，**すべての問題の解決策は研修だという偏狭な考え方を退けるというマインドセット**に切り替えた。大学の役割は従業員のパフォーマンスを向上させることにあるという CLO としては逆説的とも言える異端な思考法で，研修のための研修からの脱皮を図った。ギルバートの行動工学モデルと ISPI の HPT フレームワーク（本書第4章図4-1）を参照して2011年に Performance Architecture（PA）というイニシアチブを始動。知識・スキルを含む（でもそれに限らない）パフォーマンスコンサルティングを開始した。ある部門から新しい研修の要求があった時には，大学のカリキュラム設計隊の中にある小さな PA チームが多数の代替案からギャップ分析に基づいてソリューションを提案する。経営トップと相談の上，**研修を含まない計画を提示する**こともある。

　例えば，財形部門がパフォーマンス向上のために8つの異なるコンピテンシーについての新しい研修カリキュラムを新設・実施するように求めてきたときに，研修でパフォーマンスが向上するかどうかを調査する期間として90日を要求。その結果，研修をやってもパフォーマンスが向上する見込みがないという結論を提示した。つまり，すでにコアとなる知識は有している従業員に対してこれ以上の研修をしても，知識は深まってもそれがパフォーマンス向上にはつながらない，と指摘し，研修の選択肢を却下した。

　また，中小企業部門が中堅地区マネージャへの商業信用状（commercial credit）についての研修を求めてきたときには，PA チームが90人の借用人と40人の地区マネージャをインタビューして行動観察した結果，ベストプラクティスの共有とテコ入れなどの研修以外の方法で生産性を最大限にできると判断し，経営トップに12の提案を上程した。

　研修のための研修はやめようというマインドセット変換は長い道のりではあるが，「パフォーマンス欠如の原因がどこにあるのかを突き止める助けになりたい」と持ちかけると，研修を要求してきた部門の目の色が変わることを何度も経験している。

注：*T+D* 誌より

施するだけなら，ひょっとしたら責任感の強いアルバイトでも十分務まる仕事かもしれません。」（p.64-65）ローゼンバーグが警鐘を鳴らしたように，「責任感の強いアルバイトでも十分務まる仕事」しかやらない人や部門はやがて淘汰されることになるだろう。内外の動向にアンテナを張って視野を広げ，研修以外の選択肢を積極的に取り入れる研修担当者でありたいものだ。そのためには，この章で紹介したさまざまな選択肢を視野に入れて，組織全体の学び支援機能を設計できるようになることが求められている。

課題2 「研修企画提案書をつくる」

事例

　研修担当2年目の佐藤さんが所属する組織には，組織内の情報や書類を共有するためのシステムが導入されている。各自の研修受講歴もそこで閲覧することができるし，また受講申し込みの受付もできる。組織内の連絡は電子メールを使って行うことが多く，通達や案内などのメールも頻繁に行き交っている。そこそこICT環境が用意されている組織であると言えるが，研修との連動が積極的に図られてきた形跡はない。そんな組織で働く佐藤さんは，この章で書かれていたことをどう受け止めたのだろうか。彼女のつぶやきに耳を傾けてみよう。

＊＊＊＊＊

　研修以外の方法で学ぶ可能性を考えてみたことは今まで一度もなかった。研修を担当する者としてはどのように研修を成功させるかを考えるのが仕事だからそれも当然と言えば当然。でも，研修以外の方法で，実際には学んできたことも多い。新しい情報はメールで知ることが多いし，会議の招集もメール（会議が多くてうんざりしていたけど，希望者のみが参加するという会議のやり方があるのならぜひうちの組織でも取り入れて欲しい！）。研修アンケートだってこれまでのものにちょっと手を加えて再利用してきたので，全部最初からつくることに比べれば断然，時間の節約になっている。先輩から教わることも多いし，自分で失敗しながら学ぶこともそれ以上にあったりする。職場で学ぶ「ワークプレース学習」を自分もずいぶん経験してきたんだな，と思った。

　「企画・立案した研修プログラムを外部講師を使ってスケジュール通りに実施するだけなら，ひょっとしたら責任感の強いアルバイトでも十分務まる仕事」だと言われると耳が痛い。eラーニング教材にしても研修の一環として外部組織が作ったものを購入して使ってもらうことはやっているが，これも「他人が作った教材をそのまま使ってもらうだけなら，アルバイトでもできそう」だと言われてしまうのだろうか。でも，組織のために何か役に立とうという気持ちは持っている（せめて，給与をいただいている分だけでも……）。

　ここまで読んできて，何か工夫することができるんじゃないかという思いも強くなってきた。研修担当者は，研修をやることが仕事なのではなく，みんなの実力を

アップすることが目的で，その目的にマッチするような研修を企画するのが仕事。そうだとすれば，研修という手段にこだわらなくても，それ以外の使える方法は何でも組み合わせて実力アップの仕組みを考えればいい。そう考えれば，「研修は最後の選択肢」だとか「研修のための研修は止めよう」と言われても，動揺しないですむんじゃないかなぁ。研修を止めてもやることがなくなるわけじゃないので。

ローゼンバーグの図「学習とパフォーマンスのアーキテクチャ」には２種類の研修（対面とオンライン）とその他の職場での学習に使える要素が示されているので，全体を俯瞰して考えるときには役に立ちそう。でも一人の研修担当者の一存では手が出ないものも多い。うちの組織にはIT部門があるので，何か協力してもらおうと思えば根回しが必要。コーチングは受講者の上司の管轄だからそこまでは口を出しにくい。でもレベル３の評価を研修後にフォローするためにも上司の協力は必要だし，少し仲良くなることも必要かもしれない。でも，そんなことを言い出したら「お前，何を言ってるんだ！」と上司から叱られそうなので，密かにその思いを温めていようと思う。少なくとも，もう少し学ぶまでの間は……。

＊＊＊＊＊

組織の人材育成の現状と理想を書き出した結果は，次のようになった。

	現状（今はこうだ）	理想（本当はこうでありたい）
研修で学ぶ（対面・eラーニングでのフォーマル学習，研修機会の量や質やタイミング）	研修は外部講師に委託して対面集合形式でやることが多い。eラーニングは使っているが，コンプライアンス系の本書で言うところの「アリバイ型」に留まっている。	研修はあまり減らしたくないが，もっと喜ばれるものに変えていきたい。何が喜ばれるかを調べるところからスタートする必要がありそう。eラーニングももっとよいやり方があるのであればそれも勉強してみたい。実現度＝（60）％程度
情報で学ぶ（ナレッジマネジメントシステム，マニュアル集等へのアクセス）	KMSの利用は書類の電子化（レベル１）に留まっている。個人所有のファイルも多いので，みんなで共有するところまでは行っていないと思う。	会議の資料をあらかじめ配って，事前に意見を寄せるというアイディアは研修にも使えそう。基礎的な情報はあらかじめ調べてきてもらうか，こちらから事前情報として配布して読んできてもらうことも取り入れてもよいのではないか。実現度＝（40）％程度

経験して学ぶ（OJT，職場での学習機会，メンタリング，パフォーマンス支援システム）	OJTは行われているが，業務を終わらせることが優先であまり丁寧に教えてもらったという実感は持てないことが多い。カンニングペーパーを意図的に使うということもあまりうまくできていないと思う。	研修で学んでいることを終わってからいつでも参照できるようにKMSに入れておけばカンニングペーパーの代わりになるかもしれない。人の能力が育たないのがEPSSの落とし穴だとすれば使い方に気をつける必要がありそう。実現度＝（70）％程度
仲間から学ぶ（実践コミュニティ，インフォーマル学習）	休憩室での何気ない会話から情報を得ることはよくあるが，仕事につながらないむだ話の方が圧倒的に多い。息抜きの場で学習を意識するのは難しいだろう。	インフォーマル学習から学ぶ，を実現してみたい。組織内にはいろんな勉強会があるので，その成果をもっと広めるための仕掛けをつくることはできないだろうか？　他にもいろいろできそう。実現度＝（30）％程度

練習

1. 次の事例には，広い意味でのeラーニングの構成要素（研修で学ぶ・情報で学ぶ・経験で学ぶ・仲間から学ぶ）のうちどれが使われているか答えなさい。

構成要素	事例
	（あ）社長の訓示をeラーニングシステム上のビデオ映像で聞いた。
	（い）新製品の知識が十分かどうかをオンラインクイズで確認した。
	（う）掲示板（フォーラム）機能を使って，同僚たちと意見交換した。
	（え）モバイル端末で操作手順を参照しながら，修理作業を完了した。
	（お）過去の症例とその対応記録のデータを閲覧して参考にした。

2. 次の事例には，それぞれ対面研修以外の学習支援方法（オンライン研修・KMS・EPSS・インフォーマル学習・OJT/コーチング）のどの要素を取り入れたと考えられるか，研修に変化をもたらした原因となった要素として考えられるものを答えなさい。

導入した要素	事例
	A社では，研修前に基礎事項のクイズを全問正解するまで終えておくように義務づけたので，対面研修では応用レベルのスキル習得に集中できた。
	B病院では，稀にしか対応を必要としない疾病についての情報を必要な時にアクセス可能にしたため，処置を暗記させていた研修を止めて，情報へのアクセス方法を身につけさせる研修に変えることができた。
	C組織では，非公式な勉強会の活動成果を公式な研修における事例として取り上げることで，組織の実態によりよく合致した研修内容が実現できた。
	D大学では，ICT活用研修の時間短縮のためにICT機器に備え付ける操作説明書を充実させ，その場で操作手順がわかるようにした。
	E自治体では，研修後のフォローアップに受講者の所属部局管理職の協力が得られるようになったので，研修内容の職務での活用が進んだ。

3. 学習とパフォーマンスのアーキテクチャ（ローゼンバーグ）の図（図6-3）を参照しながら，あなたの組織では，それぞれの要素が現在どの程度使われているのか，また責任は誰が担っているのか，研修と連携するためには何が必要か，以下の表を使って考えてみよう。

要素			どの程度使われているか	責任は誰が担っているのか	研修と連携するためには何が必要か
対面研修					
eラーニング	オンライン研修				
	KMS	情報保存庫			
		コミュニティ・ネットワーク			
		エキスパート・専門知識			
	職務遂行支援システム（EPSS）				
コーチング・メンタリング					

第6章 研修以外の実現方法を検討する ― 147

4. あなたの組織について，人材育成の現状と理想を書き出してみよう。次の表を埋めて，研修で学ぶ・情報で学ぶ・経験して学ぶ・仲間から学ぶの4側面の現状をどうとらえ，それをどうしたいかを考えてみよう。

	現状（今はこうだ）	理想（本当はこうでありたい）
研修で学ぶ（対面・eラーニングでのフォーマル学習，研修機会の量や質やタイミング）		実現度＝（　　）％程度
情報で学ぶ（ナレッジマネジメントシステム，マニュアル集等へのアクセス）		実現度＝（　　）％程度
経験して学ぶ（OJT，職場での学習機会，メンタリング，パフォーマンス支援システム）		実現度＝（　　）％程度
仲間から学ぶ（実践コミュニティ，インフォーマル学習）		実現度＝（　　）％程度

注：実現度は，100％＝現状がすでにほぼ理想の形，50％＝理想的な部分が半分程度など，主観的でよい。

フィードバック

1. （あ）は情報，（い）は研修，（う）は仲間，（え）は経験，（お）は情報，だと言える。

   解説
   - （あ）：社長の訓示のために何時にどこに集合しろと言われるのは（年に1度ぐらいならばいいけど）効率のよい情報伝達手段とは言えない。eラーニングシステム上のビデオ映像にしておけば，その場に出席できなかった人も後で参照できるので便利（あまり後から聞こうという人はいないかもしれないけど……）。できれば要旨を文字にまとめて配布してもらいたいところだが，「生で聴くのがよいのだ」という思い込みもなかなか抜けない場合が多い（それならばせめて質問を受け付けて欲しいものだ）。eラーニング上の掲示板（フォーラム）機能を使って直接社長と意見を交換するのも効果的。
   - （い）：知識の確認にはオンラインクイズが便利。いつでもどこでも隙間時間にチェックできるし，その記録も残る。何度も挑戦できるし，更新も容易だ。一度作っておけば社員が何千人いようと採点する手間をかける心配もない。
   - （う）：eラーニング上の掲示板（フォーラム）機能は，幅広く使える。この例のように同僚たちと意見交換だけでなく，プロジェクトの進捗報告と上長からのアドバイスにも，インシデント報告とその対策にも，企画書などの原案共有と協同修正作業にも使える便利な機能である。
   - （え）：全部覚えるための研修をみっちりやるよりは，モバイル端末で操作手順を参照しながら，修理作業をやれればよいのであればとても助かるだろう。情報を必要なその時にアクセス可能にしておくこともeラーニングのメリットである。いつでもどこでも参照可能だし，新しいノウハウが蓄積されればそれを反映してアップデートするのも容易である。
   - （お）：病院であれ，他の組織であれ，過去の事例から学べる環境をつくっておくことは組織のナレッジを職務に活かすという点で有効である。成功例だけでなく失敗例（とその対策）を共有することは多くの人の多くの学び

につながるし，業務の質保証にもつながる。

2. A社は，オンライン研修，B病院は，KMS，C組織は，インフォーマル学習，D大学はEPSS，E自治体はOJT/コーチングで対面研修の様子が変わった事例。

解説

A社：eラーニングで使われている大半の学習管理システム（LMS）には，登録者個々が基礎事項のクイズを全問正解まで終えたかどうかの記録が自動的に保存される機能が備わっている。研修に集まってから講義を聞くよりは，事前に資料を配布して読んでくるようにする方がよいが，なかなか読んでもらえないことも想定される。資料を読めば答えられるクイズ（○×方式とか三択問題などの自動採点が可能なもの）を用意しておけば，やってきたかどうかの確認もできて便利。集まってきたら集まってやるのが効果的な個別手技実習やグループ応用課題にできるだけ早く着手する。

B病院：研修で取り上げたことがすぐ使えればよいが，活用するまでに長時間が経過すると，いざというときにはすでに忘れてしまっていることも多い。「ここをみれば処置が書いてある」というKMSをいつでも参照可能にしておくことで，いつ来るかわからない事態にも備えておくことができる。何でも覚えることをめざすのは効率が悪すぎる。

C組織：非公式の組織内の活動を研修の素材として取り入れることは外部講師に委託している研修では困難であるが，組織内の研修担当者には有効な作戦となる。自然発生的に取り組んでいるさまざまな活動を組織内で取り上げ，奨励する効果も期待できる。

D大学：必要な情報は使うその場に用意されているのが一番よい。研修をやるのであれば，その場で操作説明書を見ながら行うと効果的だし短時間ですむ。どうせ研修をやるのであれば操作方法よりは活用方法を扱い，その結果をKMSで共有するのがよい。

E自治体：所属部局の上長と合意した研修を行い，その成果を職場で活用できるように上長が支援するという体制が「役に立つ研修」を実現するための最も効果的な方法。上長の支援の成果を共有するためにはKMSのコミ

ュニティ・ネットワーク機能を使って，効果を上げた一言とか失敗談などを互いに学び合えるようにするのも効果的。

3. 佐藤さんの組織を調べたら，次のような結果となった。あなたの調査結果や考え方と比較してみよう。

要素			どの程度使われているか	責任は誰が担っているのか	研修と連携するためには何が必要か
対面研修			比重は高い	研修担当部門（講師は外注）	研修の内製化か発注書の詳細化が必要
eラーニング		オンライン研修（狭義のeラーニング）	オンライン研修コンプライアンス関係など限定的に活用	研修担当部門（教材は外注）	教材の内製ができるか調査が必要
	KMS	情報保存庫	個人所有と共有が混在している	IT部門	研修部門からの発信・共有は可能
		コミュニティ・ネットワーク	未使用（電子メールのみ）	IT部門	電子メール以外の機能を要調査
		エキスパート・専門知識	過去の書類が少しだけある	IT部門	知恵袋のような仕組みができるとよい
	職務遂行支援システム（EPSS）		こういう発想が今まではない	IT部門？	モバイルを使えると外回りにも便利？
コーチング・メンタリング			やっていることになっている	所属部門の管理者	ニーズ調査に行って関係構築から開始

4. あなたが作成した表を，佐藤さんの事例にある表（143〜144ページ）と比較してみよう。

第7章 教えないで学べる研修を設計する

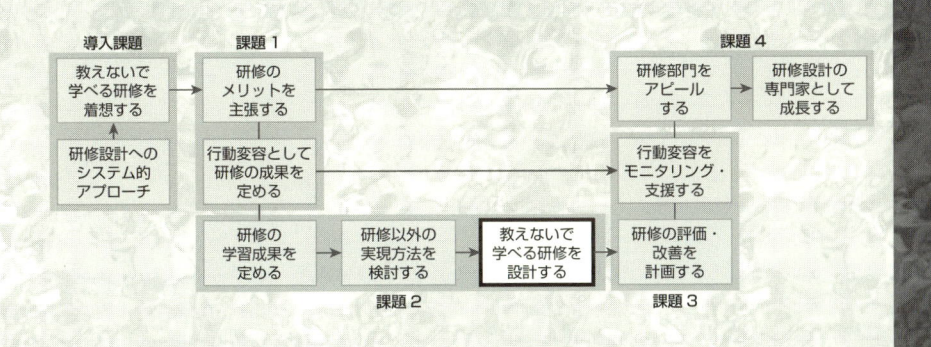

```
導入課題                課題1                                        課題4
┌─────────┐        ┌─────────┐                              ┌─────────┐    ┌─────────┐
│教えないで │        │研修の   │                              │研修部門を│    │研修設計の│
│学べる研修を│──────→│メリットを│─────────────────────────────→│アピール │    │専門家として│
│着想する  │        │主張する │                              │する     │    │成長する  │
└─────────┘        └─────────┘                              └─────────┘    └─────────┘
┌─────────┐        ┌─────────┐                              ┌─────────┐
│研修設計への│        │行動変容として│                              │行動変容を│
│システム的 │        │研修の成果を │─────────────────────────────→│モニタリング│
│アプローチ │        │定める    │                              │・支援する │
└─────────┘        └─────────┘                              └─────────┘
                   ┌─────────┐   ┌─────────┐   ┌─────────┐   ┌─────────┐
                   │研修の    │   │研修以外の│   │教えないで│   │研修の評価│
                   │学習成果を │──→│実現方法を│──→│学べる研修を│──→│・改善を  │
                   │定める    │   │検討する │   │設計する │   │計画する │
                   └─────────┘   └─────────┘   └─────────┘   └─────────┘
                                    課題2                         課題3
```

学習目標

1. ペダゴジーとアンドラゴジーの対比の観点から現存の研修事例を分析し，改善点が指摘できる。
2. 研修事例を取り上げ，そこに用いられている研修方法や取り入れられている学びの方式などを分析し，「教えない」研修を実現するためにできる改善案とその理由を説明できる。
3. 「教えない」研修の工夫を盛り込んだ研修企画提案書が作成できる。

背景

　この章では，研修以外の方法を踏まえて，研修デザインを考えてみよう。そのめざす方向は，「教えない」研修であり，その目的は，教えなくても**自分で学ぶ人を育てる**ことである。第2章では，研修を魅力的にして教えないでも自分で学ぶように導くために ARCS モデルを紹介した。また，研修だけに終わらせずに職場との接点を常に意識する研修の骨組みとして，ID の第一原理を紹介した。これらの他にも参考になる考え方はたくさんある。この章では，これまでのさまざまな研究知見やモデルを紹介し，表7-1に示す「教えない」研修実現への方法を提案する。

課題 2 「研修企画提案書をつくる」

表 7-1　教えない研修への提案

(A) 子ども扱いせずに大人の学びを支援するためのアンドラゴジーを採用する
(B) 研修ではなく自己啓発とOJTを能力開発の基礎と位置づける
(C) 集合研修でもバラバラな課題に取り組む時間を設ける
(D) 熟達化に応じて「教えない」割合を増やす
(E) 成長する学びに誘うきっかけとなる研修を考える

アンドラゴジー：学校式教育から大人の学び支援へ

　　　　　教えない研修の基本は，受講者を子ども扱いしないというアンドラゴジーの考え方にある。アンドラゴジー（成人学習学）とは，子どもの教育を中心に考えられてきた従来からの教育学（ペダゴジー）に対比させて，マルコム・ノールズによって1970年代に社会教育分野で提唱された考え方である。従来からの子ども向け教育学（ペダゴジー）と大人の学びを支援する成人学習学（アンドラゴジー）の対比を表7-2に示す。研修の設計と言えば，まず自分たちが学校で受けた教育を想像し，そのやり方を応用しようとしてしまいがちであるが，**大人向けの研修を子ども向けの授業のようにしてはいけない**。両者を比較して，これまで行ってきた（あるいは受けてきた）研修にどちらの要素が多かったかを検討してみるとよい。

　表7-3に，成人学習学からみた大人の学びを支援するための視点を4つにまとめる。この4つの視点も，これまで行ってきた（あるいは受けてきた）研修がどの程度「大人向け」のものだったかを点検する時に役立つだろう。また，現時点ではあまり大人だとは言いにくい（子どもっぽい）受講者（例えば，新入社員）を相手にしている場合には，どうやってその人たちを少しでも大人らしい学びができるように育てていくのかを考える上で，「こういう人になって欲しい」という目標像になるかもしれない。そして，「大人に育てる」という長期目標を見据えた時に，何をどう教えていくか（あるいは子ども向きな研修方法で始めて徐々に自己責任の要素を増やして本人に任せていくか）を考える戦略が重要になる。第5章で紹介したメタ認知や自己調整学習という考え方にも通じる視点である。

表7-2 ペダゴジーとアンドラゴジーの差異（森ら，1997）

ペダゴジー（伝統的教育学）	アンドラゴジー（成人学習学）
○学習は依存的である。 ○教師は，学習に関して，強い責任を持つよう社会から期待されている。 ○学習者（子ども）の経験は，（未成熟ゆえに）あまり価値を置かれない。 ○先行世代の専門家の経験は最も多く利用される。 ○教育の基本的技法は，伝達的方法（講義・教材の提示）である。 ○同年齢の者は，同じ内容を学ぶ必要がある。 ○カリキュラムは，標準的であり，画一的である。 ○教育とは，前期の通り整備され与えられたカリキュラム（教科内容）をこなし獲得するプロセスである。 ○その獲得する教育（教科）内容は，いま現在ではなく，もう少し後になって役立つものである。 ○カリキュラムは，教科の論理（古代から現代へ，単純から複雑へ）に従って組織化されている。 ○学習を方向づけるものは，教科中心（subject-centered）である。	○学習者の自己主導性（self-directedness）の増大。 ○豊かな学習資源としての経験の蓄積。 ○教育の基本的技法は経験的手法（実験，討論，問題解決事例学習，シミュレーション法，フィールド経験）。 ○学習者は自らの学習課題「知への欲求」を発見する。教育者（学習援助者）は，その発見を援助し，必要な道具・手法を提供する。 ○学習プログラムは，生活への応用へと組み立てられ，学習者の学習へのレディネスにそって順序づけられる。 ○学習者にとって教育とは，自分の可能性を十分開くような力の高まりを開発するプロセスである。 ○得られた知識や技能は，今日に続く明日をより効果的に生きるために応用される。 ○学習経験は能力開発（competency development）として組織化される。 ○学習の方向づけは，問題解決中心である。

注：森ら，1997，p.103-104 をもとに表形式にまとめた。

表7-3 成人学習理論：大人の学びを支援するための視点（リー・オーエンズ，2003）

適切性	成人学習者は，学ぶ主題や情報と，その知識を使用する現実世界との間の直接的な関係を知っている。
積極性	成人学習者は，受動的にただ座ってインストラクタの講義を見たり聴いたりするよりは，むしろ能動的に学習に参加する。
自主性	成人学習者は，どこで何をどのように学習するのが自分にとって最もよいか，自分自身でわかっている。
個別化	成人学習者は，学習のプライバシーを必要とし，また，個人の事情に合わせ自分の速さで学べるよう，自分で調整できる指導を必要とする。

注：リー・オーエンズ，2003，p.38 の表7-1 を再掲。

日本における企業内研修，あるいは大学生を相手にする高等教育の方法論は，これまで成人学習学の観点からあまり検討されてこなかった。我々が知っている教え方は「学校で習ったやり方」であり，それが企業内研修や高等教育においても転用されてきたと言える。成人にとって，その方法論は効果的でも魅力的でもないばかりか，自立した学び手としての存在であることを否定され，インストラクタに頼り切る性癖を助長し，ひいては，個の資質（一人ひとりに異なるもの）を最大限に伸ばす機会を逸していたとすれば，これほどの社会的損失はない。「教えない」研修が主体的な学び手を前提として，よりフレキシブルな学習環境（すなわち，うまくいく可能性もだめになる可能性も内包しているところ）を提供することをめざすのであれば，成人学習学の原則を踏まえる必要があろう。表7-4に，成人が効果的に学習を行う学習環境に求められる7つの原理をあげておく。「教えない」でも学べる研修のために構築されている学習環境，あるいはそこで用いられている個々の教材が，これらの原理にかなっているかどうかをチェックすることから始めて，アイディアを出してみるとよいだろう。

表7-4　成人学習のための7つの原理（成人学習学，ノールズによる）（日本生涯教育学会編，1990）

1. 学習者が自分が受容され尊重されていると感じられ，主体的に参加を誘発するような「雰囲気」(climate)づくり
2. 学習者自身が学習計画の企画立案に参画し，指導者と対等の責任を共有できるような学習プログラム「相互的計画化」(mutual planning)の導入
3. 学習者自身が自己の学習ニーズを「自己診断」(self-diagnosis)し，達成への内発的動機づけを高めること
4. 学習者自身が学習活動を計画実施し，学習速度をコントロールできること
5. 学習目標を達成するために学習者自身が学習形態や学習資源を見つけること
6. 教師は，一人ひとりの学習者が計画を達成するように支持的な役割を果たすこと
7. 学習者自身が，自分自身の学習の結果を評価し，学習目標と学習結果とのギャップを再診断すること。またこの診断結果を次のステップへつなげること

column

学習者中心の設計で組織全体の体系的変化を
～ライゲルース教授からのメッセージ～

情報社会がより深く発展していくにつれ，学習システムを個々の学習者のニーズに合わせることが，よりいっそう重要になります。人はそれぞれ異なった速さで学び，学習に対するニーズも異なっている，ということは全ての教師が合意しています。それなのに，殆どの教育で固定された内容を固定された時間内で教えています。私たちのシステムは学習支援のためにデザインされているというよりは，選別するためにデザインされていると言えます。誰もが学習に同じ時間かけるよう強制するならば，習得できる人もいればできない人もいます。時間を一定にすると，出来にばらつきが出るのは当然のことです。

全員に学習してもらいたいのなら，どの学習者も完全習得レベルに到達するまで必要な時間をかけられるようにしなければなりません。工業社会の教授・学習法とは根本的に異なったパラダイムが求められています。情報社会の個人・社会・企業が必要とする条件を満たすためにID理論が取るべき道は，学習者中心の教授法です。学習者を中心とした教授法に焦点を当ててください。学習者ニーズにカスタマイズする教授法を探してください。

これまでの教育にテクノロジーを統合する手法が多くの論議を呼んでいますが，テクノロジーの統合ではなく，テクノロジーによる教育の変形を検討すべきです。テクノロジーを使って教室で起きていること自体を変えるのです。変形させることで，それぞれの学習者が必要としていることに合わせ，それぞれの学習者が自分の最大の速度で進んでいけるようにします。そうすれば，すべての学習者が秘めている可能性を最大限に活かせるように支援できます。

私たちは学校や研修機関のシステム全体を変える必要があります。学年，授業時間，学期などの固定した時間を中心として運営される今のやり方に代えて，学習時間を学習者に合わせられるように教育システムの構造全体を変えなければなりません。公立学校であろうが，高等教育であろうが，企業の研修であろうが，構造全体を変形させて，学習者中心のアプローチを見つけていかなければなりません。

注：鈴木，2006, p.121を再掲した。

自己啓発とOJTを主軸として研修を考える

研修にはさまざまな方法が存在する。「教えない」研修を実現するためには，どのような方法をどういう場合に選択する，あるいは組み合わせるのがよいのだろうか。表7-5に井上（2003）がまとめた人材力強化の研修戦略7種類を示す。研修担当者がまずイメージするのは，①講習会型だろうが，その他にも，会議やプロジェクト，あるいは通常はOff-JT（研修）と区別してとらえられるOJTも，④フィールド型として含まれている。キャリアカウンセリングなどは⑤相談型であり，⑦社外派遣も人材力強化戦略の選択肢として扱われている。⑥規律型が含まれているのは，そういう時代があったという情報と

表 7-5 人材力強化の研修戦略（井上，2003）

タイプ	方法	特徴
① 講習会型	講習会方式，講演会方式，セミナー方式，シンポジウム方式，パーティー方式	講師の話を聴講し，質疑応答・意見交換。2～3時間
② 会議型	提案会議方式，企画会議方式，戦略会議方式，問題解決方式	参加者が問題を発見，整理，評価し，新しいアイディアを練り上げて問題解決策や新規戦略等を提案していく
③ 参画型	プロジェクト・チーム方式，経営参画方式，研究会方式	日常業務以外の特別チームに参画。管理職や専門職の育成に適している
④ フィールド型	カウンターパート方式，フィールドワーク方式，ジョブローテーション方式，ハンドオンオペレーション方式，到達目標割当方式，改善運動方式	職場の第一線で実践的に指導・訓練していくOJT型の研修。手とり足とりの指導，ノウハウの伝授
⑤ 相談型	カウンセリング方式，コンサルティング方式	参加者に対する個別指導
⑥ 規律型	ディシプリン方式，オリエンテーション方式，モチベーション方式，マナー方式，モラールアップ方式	気合いを入れる訓練
⑦ 社外派遣型	ツアー方式，出向方式，社外スクーリング方式，通信教育方式	外部プログラムを受講させる

注：井上，2003，p.62-68 を表形式にまとめた。

して興味深い（今日でも必要な場面はあるのだろうか？）。これまでの研修の固定観念を少し広げて，**さまざまな選択肢の中から最善の方法を採用する**ことを心がけたいものである。これまでに行ってきた（あるいは受けてきた）研修はどのタイプに属するものだっただろうか？　あまり行ってこなかったタイプを採用する余地はないだろうか？

　表 7-6 には，別の視点で梶原（2001）がまとめた企業内教育に使われている教育訓練技法の体系を示す。ここでも 7 つに分類されているが，目的別に分類されているので，何をめざした研修かによって，それぞれ適した技法を選ぶ際の参考になろう。梶原（2001）は，この表で示す教育訓練技法の種別を語る前

表 7-6 企業内教育に使用される教育訓練技法の体系（梶原，2001）

基本的能力開発方法		自己啓発支援
		OJT（On the Job Training）
	目的	適した技法
教育訓練技法	(1) 知識・事実の習得	講義法，デモンストレーション，見学，eラーニング
	(2) 技能の習得	実習，シミュレータ訓練，AV教育，CAI教育，eラーニング
	(3) 態度変容・意識改革	討議法，ロールプレーイング，プレイバックシアター，TA（交流分析），オリエンテーリング，ゲーム，行動科学・その他の研究成果を応用した手法－STなど
	(4) 問題解決力・意思決定力向上	ケーススタディ，ケースメソッド，インシデントプロセス，課題研究法，KJ法，ビジネスゲーム，インバスケット，その他問題解決能力開発のための技法
	(5) 創造性開発	ブレーンストーミング，NM法，イメージトレーニング，TKJ法
	(6) 組織活性化・職場活性化	コミュニケーションをよくするための技法，ファミリィトレーニング
	(7) フォローアップ	リーダー養成のための技法，eラーニング，マンツーマン教育

注：梶原，2001のp.194の図表7-2を表形式に再構成した。

段として，**自己啓発とOJT**を「教育技法ではないが，基本的な能力開発の方法」（p.194）と位置づけている。同書で紹介されている東芝の人材開発方針（次のコラム参照）と通じる考え方であり，OJTや自己啓発で実現できない（あるいはそれを支援するために行う）教育訓練の選択に資するために用意されたものである。自己啓発とOJTを主軸に据えるという考え方は，「教えない研修」を標榜する本書の優先順位に類似したものであるとみなすことができる。

> ● column
>
> ### 東芝の人材開発方針
>
> 　東芝は，1970年代には早くもその経営理念に「社員に自己実現の場を与えその資質を最大限に発揮させる」を掲げ，人材開発を「職場の中での仕事を通じて，人材の発見・活用・育成を行い，企業力の伸長に貢献し，社員の生きがいに寄与すること」と定義していた。当時の人材開発の基本方針として，以下の十か条が掲げられていた。
>
> 〈基本方針〉
> ①人材開発の本筋はOJTにある
> ②人材開発の基礎は自己啓発にある
> ③人材開発の最終責任はライン各層の管理者特に直接上司にある
> ④スタッフは所管の職能に関し，ラインの人材開発を支援する
> ⑤Off・JTは，その結果を必ず職場で活用できるようにする
> ⑥人材開発と組織開発を結びつける
> ⑦人材開発と人事管理の結びつきを強める
> ⑧人材開発（英才教育）は個人別に，計画的に継続して行う
> ⑨人材開発は個々人の特性に応じ個別に行う
> ⑩能力開発の機会は全員が享受する
>
> 　本筋がOJTで基礎が自己啓発，その横にOff-JTがある，という位置づけが素晴らしい。レベル3での責任を持つ現場（ライン）とそれをサポートする人材育成部門（スタッフ）との役割分担や連携もよく考えられていた。現在でもそのまま通用する基本方針だと思うが，どう扱われているのだろうか。
>
> 注：梶原，2001, p.224による

バラバラな課題に取り組む時間を設ける

　表7-7に，集合研修とOJTと自己学習のうちのどれをいつ選択すべきかのチェックリストを紹介する。集合研修以外の方法が最適である場合には，その方法を中心に検討するとよい。また，集合研修が最適である場合には，OJTや自己学習にどのようにつなげていくか，その可能性を模索するとよい。集合研修と一口に言っても，インストラクタ主導の一斉指導ばかりがその実施方法ではない。同じ日程で同じ場所に集まったとしても，個々の受講者がそれぞれのニーズに応じてバラバラな課題に取り組む時間を設けることも可能である。インストラクタは，権威的な情報提供者ではなく，必要に応じた助言を提供する支援役に徹する（情報は受講者が自分で獲得させる）ことで，徐々に自律的な学びを進められるように側面から支援するような集合研修を設計してみたいものである。

表7-7 研修手段選択のためのチェックリスト（Piskurich, 2006）

使うべき手段	使うべきとき
集合研修	□インストラクタや他の受講者とのやりとりが重要な場合 □インストラクタがディスカッションを導くことで学習が深まる場合 □即答が必要な質問が出そうな場合 □受講者数に見合うだけのファシリテータ（支援者）が得られる場合 □受講者が職場を長期間離れることが可能な場合 □逆にファシリテータが受講者の職場を訪問できる場合 □個別化が不要な場合 □研修成果をより確実に上げたい場合
OJT	□スキルをマスターするのに現実の環境が必要な場合 □研修時間が限定されている場合 □デザインにあてる時間が限定されている場合 □移動できない装置が関係している場合 □研修受講者の動機づけが低い場合 □学習すべき課題が頻繁に変わる場合 □有能な集合教育インストラクタが得られない場合 □職務手順を研修の一環として学ばせる必要がある場合 □監視下での練習が多く必要な場合 □受講者数が少ない場合
自己学習	□研修会場が広範囲に及んで多数点在している場合 □インストラクタやファシリテータが不足している場合 □離職率が高い場合 □研修が「ジャスト・イン・タイム」に提供される必要がある場合 □研修が均一である必要がある場合 □研修内容がある程度は安定している場合 □一人またはごく少数の内容専門家しか研修内容を知らない場合 □研修が頻繁に繰り返される場合 □旅費を削減したい場合 □交代制で多くの研修を実施する必要がある場合 □研修プログラムを準備する時間が適切にある場合

注：Piskurich, 2006, p.94-95 のチェックリストの一部を鈴木が訳出。

自学自習を支援する研修：日本ユニシスの事例

　日本の企業で過去からの積み上げをたいせつにして今日の研修サービス提供に役立てている代表的な組織に，㈱日本ユニシスがある。日本ユニシスは，設立当初からコンピュータを売るためには顧客に導入時教育が必要，というニーズもあって教育部門を創設し，それ以来，プログラム学習教材とそれをコンピュータに載せたCAI教材，インターネット経由で教材を届けるWBT教材など，教育メディア利用進展の系譜をすべて経験してきた。しかも，当初からの遺産を現在に生かし，eラーニング時代になってようやく注目されてきた**自学自習を支援する研修のあり方**も当初から追究していた。

　2002年4月に分社した㈱日本ユニシス・ラーニングでは，長年の伝統を持つ教育専門部門が独立し，自学自習センターの伝統を引き継いだ。そこでは，WBTの最新教材に加えて，プログラム学習時代に制作された紙ベースの自学自習教材も，まだ現役選手として活躍している姿を見ることができた。「新入社員教育などのニーズが高まる上半期は，100台以上もパソコンを並べて，大規模に運用しているんですよ」との説明を受けた小さい一室には，アドバイザが一人常駐するための机1つと，パソコンが10数台，それに書庫いっぱいに並べられた紙ベースの教材が配置されていた。2003年8月のお盆が過ぎた，雨模様の日の訪問だった。もう10年以上も前に見た懐かしい光景である。

　研修といえば，インストラクタの説明を受けるもの。そういう常識と闘いながら，**研修とは自分で進めるもの，私どもは研修の材料をしっかりデザインしてそれを提供する**。サポートが欲しい顧客，あるいは研修時間のブロックを確保して，研修に専念したい顧客向けには，自学自習室を予約してもらい，自分の好きな時間帯に，自分の好きなペースで自分で選んだ内容の学習を進めてもらうという方式を堅持していた。初めての顧客からは「自分で学べと言われて，しかもお金を取るのか。教えてはくれないのか」というネガティブな反応もあったが，一方で「能率よく研修が進むし，**自分で責任を取らせる態度を育てるのにもちょうどよい**」とこの方式を肯定的にとらえ，長年継続して新入社員を送り込んでくる会社からの支持もあるという。受講者からは，「私は常にできる方だったから，研修といえば退屈することが多かった。今回も，**退屈するだろうと思ってきたが，初日からマイペースでどんどん学習を進めることができて，あっという間に時間が過ぎたと感じるほど充実していた**。」と喜ばれることもあるという。

　自学自習室の灯が消えることはない，と願いたい。自学自習室でのアドバイザ経験が，eラーニング時代のコーチングやメンタリングにも生かされるだろう。同行した学生たちも，試しで使わせてもらった「C言語入門」のWBT教材にのめり込んで，「いきなりこんなにたくさんの問題を解かせるのですか。実力がばれちゃうなぁ……」と，事前テストに驚いていた。

注：鈴木，2004，p.4-14による

熟達化に応じて「教えない」割合を増やす

　　新人が組織の一員となり，徐々に職務に精通していく過程をモデル化した研究としては，エリクソンによる熟達化の研究がよく知られている（金井・楠見，2012）。エリクソンは，熟達化における高いレベルの知識やスキルの獲得のためには，およそ10年にわたる練習や経験が必要である（いわゆる10年ルール）とし，表7-8に示す4段階に熟達化をモデル化した。次の段階に移行する際に，キャリアプラトーと呼ばれる壁が存在し，それを乗り越えられないとそこで熟達化は止まってしまい，次の段階に進めないとした。

　図7-1は，パフォーマンス習熟度が効果的な学習方略に与える影響を整理し

表7-8　熟達化の4段階（エリクソンによる）（金井・楠見，2012）

段階	年数	特徴
① 初心者	1年目	指導を受けている，見習い段階。言葉による指導よりも実体験が重要。仕事の一般的手順やルールのような手続き的知識を学習→**手続き的熟達化**＝最初はミスも多いが次第に状況が見えるようになり手際よく仕事ができるようになる
② 一人前	3-4年で到達	定型的な仕事ならば，速く，正確に，自動化されたスキルによって実行できる＝**定型的熟達化**。新奇な状況での対処はできない。アルバイトなど多くの人はこの段階に留まる（キャリアプラトー）か辞めてしまう
③ 中堅者	6-10年で到達	状況に応じて規則が適用できる。文脈を超えた類似性認識（類推）が可能になる＝**適応的熟達化**。仕事に関する手続き的知識を構造化することで全体像を把握でき，スキルの使い方が柔軟になる。40歳半ばのキャリアプラトーにより熟達化がこの段階に留まる人が多い
④ 熟達者		膨大な質の高い経験を通して特別なスキルや知識からなる実践知を獲得。高いレベルの完璧なパフォーマンスを効率よく正確に発揮し，事態の予測や状況の直感的分析と判断が正確＝**創造的熟達化**。さらにその一部が新たな技を創造できる「達人，名人」になる

注：金井・楠見，2012, p.35-38を表形式にまとめた。

習熟度のレベル

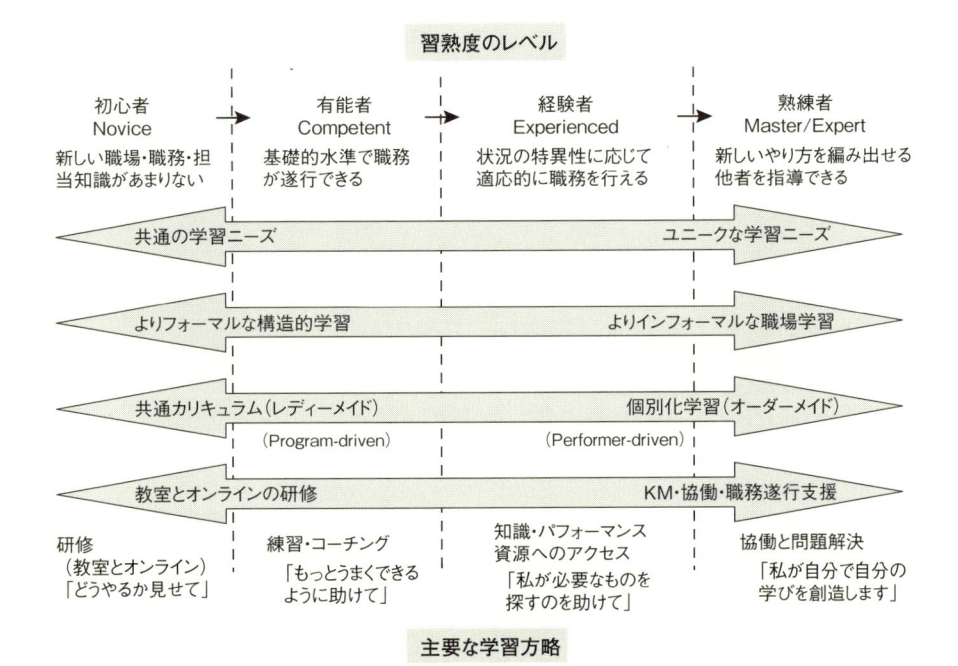

初心者 Novice	有能者 Competent	経験者 Experienced	熟練者 Master/Expert
新しい職場・職務・担当知識があまりない	基礎的水準で職務が遂行できる	状況の特異性に応じて適応的に職務を行える	新しいやり方を編み出せる他者を指導できる

共通の学習ニーズ ⇔ ユニークな学習ニーズ

よりフォーマルな構造的学習 ⇔ よりインフォーマルな職場学習

共通カリキュラム(レディーメイド) ⇔ 個別化学習(オーダーメイド)
(Program-driven) (Performer-driven)

教室とオンラインの研修 ⇔ KM・協働・職務遂行支援

| 研修（教室とオンライン）「どうやるか見せて」 | 練習・コーチング「もっとうまくできるように助けて」 | 知識・パフォーマンス資源へのアクセス「私が必要なものを探すのを助けて」 | 協働と問題解決「私が自分で自分の学びを創造します」 |

主要な学習方略

図7-1　パフォーマンス習熟度が学習方略に与える影響（Rosenberg, 2006）
注：Rosenberg, 2006, p.94 の図 3.5 を鈴木が訳出。

たものである（Rosenberg, 2006）。初心者が仕事を身につけ，経験を重ねてやがて熟練者と呼ばれるようになっていくそれぞれの段階で，学びの主たる作戦は異なる。習熟度や経験の段階にふさわしい学びの形態を活用することが求められよう。新人が来るべきリーダーとして組織をけん引していくようになるためには，研修担当者は手を抜かなければならない。しかし，手を抜いても，要求レベルを下げてはいけない。下げないどころか，自己責任の度合いを徐々に高めていく。そうしないと人は育たないだろうし，研修担当者の仕事はその結果に責任を持つことである，と考えて欲しいものである。

成長する学びに誘う研修を考える

　　吉田（2006）は，日本におけるほとんどの組織では「学び」が不在であるために，さまざまな問題が引き起こされていると指摘した。従来の学びと言えば，ただ講師の話を聞かされる「やらされるだけ」「役に立たない」「楽しくない」「身につかない」研修のみだとし，組織の中に効率的で成長できる学びを生み出すことができる22の方法を「一人でできる学び」6つ，「二人でできる学び」5つ，「チームでできる学び」5つ，「組織でできる学び」6つの4種類に整理した。その概略を表7-9に示す。これらのオプションを考えることで，これまでの研修のイメージが変わり，自分と自分の組織に合った学び方が必ず見つかる，としている。

　自分自身では，どの種類の学びをどんな方法でやってきただろうか？　研修担当者としては，これまでの研修に変えて（あるいは加えて）どんな学びの仕掛けを創造することができるだろうか？　このような多彩な学びの方法を体験したことがない人に対して，研修でそれに出会う機会を与え，最初は必須課題としてやってもらう。その経験を通じて「これは私の学び方として使える」という成功体験を持ってもらい，やがては自主的にその学び方を取り入れて継続してもらう。組織の中の学びを成立させることが研修設計者の役割だと考えると，自分の守備範囲が広がり，「教えない研修」で**学びを活性化する仕組みを整える**ことが楽しくなると思うが，どうだろうか？　まずは他人に勧める前に，自分が多様な学びを自分で体験してみることから始めるのがよいだろう。

表7-9 効率的で成長できる学びを生み出す22の方法（吉田, 2006）

名称	それは何か，どういう効果があるか	やり方のヒント
●一人でできる学び 目的：自分自身の成長のために学び，成果を周囲と共有して広げる		
1. ジャーナル(日誌)	書き手が自分の体験していることについて，個人的な反応，疑問，気持ち，考え，知識などを記録するもの：振り返り，分析し，自分の言葉で表すことで意味を持たせて自分のものにする	①体験の要約，②分析（どう思ったのかも含む。第三者的視点），③教訓（学んだこと），④計画（今後に役立つこと）の4段階で書くとよい
2. シャドーイング	先輩の後を1日～数日間ひたすら同行させてもらって観察しながら学ぶ方法（販売部門では長年行われてきた）：素人の目で観察しインタビューすることで互いに学ぶ機会となる	①準備（背景知識の確認とねらいの明確化），②観察（事実を克明に記録）＋インタビュー，③振り返り（観察を踏まえてアクションプランをつくる）の順に進める
3. インタビュー	相手が何を考えているのかを聞き出すこと（それとなく行う＋質問項目を考えて行う）：質問されることで自分の気持ちに気づく効用もある	①準備（聞きたいことを5～6項目に絞る），②インタビュー（柔軟に対応：個別またはグループ），③結果の分析と共有の順に進める
4. 自己開発計画	上長と相談しながら自分の年間目標と評価基準を設定し，実現のための方法を決めて実行する。人事評価と研修を計画に連動させて意味あるものにする	自分のニーズを把握し，協力者をみつけ，SMARTな目標を設定する。継続的なサポートとフィードバックが欠かせない
5. 読書	常に新しい情報を大量に仕入れるために「読書ノート」をつけながら読むこと。プロになりプロであり続けるために不可欠	内容の要約を数行で書く，評価的なことも書く，好きな言葉や文章を引用する，疑問点や全体の振り返りを書く，読書サークルやWebで発信する（書評コーナー）
6. サバティカル（研究休暇）	1か月～1年間の「充電休暇」：日常の忙しさから解放されて英気を養うことに加えて，新しい考え方やアプローチを獲得できる	自己申告制にして，計画に基づいた報告書をまとめる

名称	それは何か，どういう効果があるか	やり方のヒント
● 二人でできる学び 目的：パートナーを設定し，互いに客観的・分析的・批判的かつ温かく前向きに学ぶ		
7. メールの交換	特定の相手とアイディアの交換のために定期的にメールを出し合う：非同期ゆえに都合がよい隙間時間に対応可能	最初は多くを期待せず，フィードバックはこまめに肯定的に行う。波長が合う相手であれば続ける
8. 相互コーチング	あらかじめ合意した観点で相手の観察を相互に続けて記録をもとに話し合う。対等な信頼関係のもとに行い評価ではなくサポートを得る	自分自身を分析的・客観的にみる視点に気づく。認めてもらうことのたいせつさに気づく
9. メンタリング	直接の上長でない先輩（メンター）が経験の浅い人（メンティー）に対して自らモデルを示す形で指導・サポートする。両者にコミュニケーション改善，新たなネットワーク構築，チームプレーヤーになれるなどメリットが多い	組織レベルの関与，メンターの募集と研修，メンティーの募集とマッチング，継続的なモニタリングとサポート
10. ジョブ・シェアリング	二人で二人分の仕事を分担し合って行う（雇用機会創出目的のワークシェアリングとは異なる）。協力して相互に学び合う姿勢から互いの強みが吸収できる	組織レベルで導入し挑戦したいペアを募る，数か月間の試用期間を経て評価し継続するかどうかを本人の意思に従って決める
11. 週刊ジャーナル	部下に向けて自分の1週間を振り返り，これから迎える1週間の計画や抱負などを書いて発信する。部下に質問や投げかけをしてそれに応えることで「交換」ジャーナルになり相互コミュニケーションがはかどる	自分（上司）がもがいて悩んでいること，その中でも情報を収集し学んでいることを伝えて接点をつくる。反応にはフィードバックしたり共有して継続させる

課題2 「研修企画提案書をつくる」

名称	それは何か，どういう効果があるか	やり方のヒント
●チームでできる学び 目的：人数のパワーを活用し，多様な知識や考え方や視点が行き交うことで楽しさ・組織の活性化につなげる		
12. アクション・ラーニング	各自のプロジェクトを抱えている参加者5～6人程度が定期的に（月1度程度，半年から1年間続けて）集まり，それぞれの報告に対して質問をすることで学び合い，刺激し合う活動。真剣に聞き問いかける姿勢と質問力が身につく。助言を反映した結果を持ち寄ることで学び合う力がつく	最初はファシリテータを置いてグループプロセスを促進する。毎回1人につき報告30分＋質問30分程度の時間を確保し（5人ならば合計5時間），最後に全体を振り返りの時間をもつ
13. チーム改善計画	年度始めに各自が設定した課題や可能性が近い者3～5名がチームを組んで改善・解決や実現に向けて協力して取り組む。仕事の改善と研修の一石二鳥をねらう	チームを編成して実行計画を立てる。2週間に1回程度のミーティングを持ち実施状況は日誌などで公開する。年度末に評価し，必要に応じて継続の有無を決める
14. メーリングリスト	専用のアドレスにメールを送信することで登録メンバー全員にメールが送信されるサービス。メンバー間のコミュニケーションを円滑・効率化し，多様な知識・知恵・視点や克服すべき課題を共有化する	顧客以外のメーリングリストでは互いに言いたいことが言えるようにまず顔を合わせて関係を構築する。メールのエチケットを守るように必要に応じてフォロー役をおく
15. アクション・リサーチ	プロジェクトの実行と並行してデータを収集・分析し（成功した場合も失敗した場合も）何を改善すればさらによくなるかを提案する。だめになる前に修正する，次回以降のプロジェクトに教訓を生かす，常に改善するサイクルを構築できる	専門の調査会社に委託せずに内輪で調べられるデータを使う。目標達成度だけでなく担当者の学びや意識改革も対象とする。どんなデータをいつ収集してどう分析するかをあらかじめ計画しておく。問題になりそうなことを予測しておく。常に振り返り必要に応じて柔軟に対処する（見直す）。簡潔にまとめる（A4判2枚以内）
16. 会議	単なる伝達・報告の会議を脱して，座り方を変えて全体討議とグループ討議を使い分け，記録係が全員に見える記録を取りながら進行することなどにより学べる会議にする。アイディアを出し合ったり，意思決定をしたり，学び合う場にできる	傍観者を作らず役割を分担する。アジェンダを資料とともに数日前に渡しておく。「話す」ことよりも「書く」ことを中心にする。成功例や学んだことを紹介する時間を設ける。メーリングリストで会議の一部を代用する

名称	それは何か，どういう効果があるか	やり方のヒント
● 組織でできる学び 目的：まじめに本質的なことを話し合うことと現状を見つめ直して具体的な改善策を一緒に考え出すことをたいせつにして組織に「学びのサイクル」を植え付ける			
17. 変化の担い手の養成	職場に変化を起こすために必要な環境を自分たちでつくり出すためのスキルを学ぶ研修プログラム。部門をまたがる代表15〜25人程度が月1回丸1日ずつ最低でも1年間取り組む。エンパワーメント（権威委譲）プロセスで一人ではできないことを可能にする	メンバー同士が知り合う合宿研修会でスタートし，参加者が仕事で抱えている問題をテーマに取り上げ，研修期間が終了してもメンバーがチームとして機能することをめざす
18. 哲学クラブ	プロとしての仕事を進める上で必要な情報交換を通常の会議などのような効率性や結果を度外視して行うまじめで本気に話し合う定例会	リーダーはおとなしく，愚痴は飲み会にとっておく。社内の上下関係を持ち込まない
19. お役立ち情報紙（ニュースレター）	形式的な社内報に変えて，全員参加型で読者に役立つ情報を意識して発信する定期刊行物。仕事に関係する「掘り出し物」情報が中心で，ユーモアも歓迎される。互いに理解し関係を築くことができる	発信希望者はタイトルと簡単な説得的内容と名前と連絡先を編集担当者に送る。編集担当者はメーリングリストまたはメールマガジンの形で毎週決まった曜日に発行する
20. ワークショップ	体験を重視し，学んだことや気づいたことを振り返って共有する参加者が主役の学習法で，ファシリテータが進行・雰囲気づくり・人間関係づくりを担う。言いたいことが言え，聞きたいことが聞けることの快感や発見や出会いの喜びがある「自分が揺さぶられる機会」	まずよいワークショップに参加してそれを体験する。関連の書籍を読む。参加して終わりにしないでフォローアップする
21. オフサイト・ミーティング	オンサイト（社内）を離れて遠隔地で泊りがけで組織の問題点や今後の方向性について真剣に話し合う年に1〜2回程度の特別設定会議。リトリートとも呼ぶ。参加者の人間関係をよくし，環境を変えて発想を変えてブレークスルーをねらう	大枠のスケジュールだけを決めて柔軟に進行する。リクリエーション・リラックスの時間も組み込む。新しい変化の出発点と位置づけてフォローアップする
22. 他社訪問	おぼろげながら描いていることをすでに実現している他社を訪問することで，イメージを鮮明化して実現のためのノウハウを学び取る	見に行くに値する事例を情報収集する。目標を設定してそれに応じた同行者を選ぶ。質問リストをあらかじめ訪問先に送る。事前の勉強会と訪問後の振り返り・報告会を計画しておく

注：吉田（2006）の本文から抽出して表形式にまとめた。

研修企画提案書をつくる

　　　　　　ここまでの学びをまとめる意味で,「教えない」研修の趣旨を最大限に生かした研修企画の提案書を作成してみよう。書式は何でもかまわないが,次の項目を盛り込むことを勧めたい。書き上げたら,課題2の要件を満たしているかどうかをチェックしよう。誰かの相互チェックを受けて改善点を指摘してもらうのも効果的な作戦になるだろう。

(1) 研修の上位目標（職場での行動変容）（第4章）

　これは第4章で考えた職場での行動変容として期待されていることを確認することである。そもそもこの研修はどのようなニーズに基づいて依頼されたものなのか,研修発注書を読み込んで,研修が終わった受講者が職場に戻った時に何を期待されているのかを記述する。その際,典型的な事例を示し,行動Aが行動Bに変化するという具体的イメージを添えるのが望ましい。

(2) 研修の目標と評価方法（第5章）

　第5章で明らかにした研修の出口時点での成果を明示するために,修了判定をどのような方法で行い,どのレベルに達成したら合格と判定するのか,その計画を記述する。研修の上位目標に照らした場合に,妥当な目標になっていると思う理由を述べ,またその目標であればこの評価方法が望ましいと考える理由に言及するとよい。さらに,評価については代替案（あるいはこれまでに行われてきた方法）と比べて,それぞれの長所・短所を比較すると,「なぜこのやり方で評価を行う必然性があるのか」が伝わりやすくなるだろう。

(3) 研修以外に何をやるか（第6章）

　第6章で検討した研修以外の方法について,何をどのように実施するかを提案する。研修以外の方法を組み入れる妥当性を説明するために,それらの要素を組み入れることで何が達成したいのか（意図）,また研修の効率化にどのようにつながるのか（期待される効果）についても言及するとよいだろう。

(4) 研修前にやること（第7章）

研修前の準備として何を求めるのかを記述し，それぞれの理由や予想される効果を簡潔に述べておく。研修前にやることとしては，どのような事前課題を出すのか，その提出方法と期限，研修受講者本人だけでなく，上長や職場に期待することは何か，あるいは，eラーニングの受講を研修参加の前提にするのであればそのことについても明記する。

(5) 研修の組み立て（第7章）

研修の大まかな流れについて記述する。記述の詳細度は，受講者に示す程度とし，その流れはIDの第一原理に基づくのがよい。また，自己調整学習の要素としては何を取り入れていて，それが長期的な人材育成にどうつながることを意図しているのかなど，研修方法を採用した意図に言及するのがよい。ここでも，代替案（あるいはこれまでに行われてきた方法）と比べて，提案する研修方法の長所・短所を比較すると，「なぜこのやり方で研修を行う必然性があるのか」が伝わりやすくなるだろう。研修の最後にはアクションプランを策定する時間を設けて，それをフォローアップに活用すること（あるいは次回の研修までの事前準備とすること）を告げておくとよい。

(6) 研修後にやること（第4章）

研修後にどのタイミングでどのようなフォローアップをやるのかを提案する。その際，研修担当者が行うことと職場での上長が行うことを区別し，研修担当者は上長による指導監督を補助する役割に徹するのがよい。つまり，研修修了後に上長に何を期待するのか，それを実現するために研修担当者はどのような支援をするのかを提起しておく。

事例

研修担当2年目の佐藤さんは，前の章で研修以外にもさまざまな方法があることに接し，自分の仕事を以前より広くとらえようとしはじめていた。この章では第2章で学んだIDモデル以外にもいろんな考え方があることに接して，いささか混乱気味である。佐藤さんは，この章で書かれていたこと

をどう受け止めたのだろうか，彼女のつぶやきに耳を傾けてみよう．

＊＊＊＊＊

　なるほど大人向けの教育学がアンドラゴジーで，学校式とは違うのね．子ども扱いしたくない，という気持ちは私にもある．でも，あまり大人のように自分事として自分の学びをとらえているとは思えない人たちが多いのも事実．それは，研修がやらされ感一杯だからなのかもしれない．人事からは，せっかく仲間に加わった新人たちを「丁寧に扱え．辞めさせるな」というプレッシャーもある．新規採用にもかなりの経費を投入しているんだから，すぐに辞められても困るのはわかる．だけど，あまり甘やかし続けるわけにもいかない．「組織の将来を担っていく人を育てる」という気持ちは今後もたいせつにしていこう．

　「教えない研修」を実現するための提案の一つずつはわかったけど，うちではすぐには実現できそうもないものも多いと感じた．でも，自己責任が担えるような人に徐々に育てていくという長期計画は，やっぱり必要だと思う．予習をさせるとか，徐々にサポートを減らしていくとか，たくさんの学びの形を紹介するために研修に組み込むとか，いろんなアドバイスがあった．なかでも「集まってもバラバラな課題に取り組む」というのは，時間は確保するけど「あとは自分たちでやってね」という突き放し感が爽快ですね．そうでもしないと自分事としてとらえてくれないということなのかな．私が子どもの頃に通っていた公文式を思い出した．せっかく集まったんだからみんながバラバラな個別学習を黙ってずっとやっているというのも「集まったら集まった時にしかできないことをやる」という第2章でのアドバイスに逆行するようにも思うけど，自主性が身につくまでの過渡期には必要な戦略なのかもしれない．これからの研修を考えるときに，読み返していこうと思えるアイディアをいっぱいもらった気がする．まだまだ咀嚼しきれていないことが多いけど，研修を受注する立場になったつもりで，研修企画提案書を書いてみることにしよう．

＊＊＊＊＊

　研修担当2年目の佐藤さんは，研修発注書に基づいてここまでに考えた研修のアイディアを次のようにまとめた．この程度の（あるいはそれ以上の）企画を提案してくる外部委託先がいることを願いつつ……

佐藤さんが想定したコーチング入門研修企画提案書（例）

項目			内容
基本情報	研修名		コーチング入門
	研修対象者		20名程度の新任管理職（手挙げ制） 新人研修受講後の研修はほとんどない 注：現在，管理職就任後の手挙げ式であるが，将来的には，管理職就任のための必須条件の一つにしていきたいとの希望あり。
	研修講師		コーチング資格○○を有する弊社専属講師を派遣
	研修担当者		事前事後調査の企画・実施担当可能な弊社専属ラーニングデザイナ資格保有者が担当
	研修期間		事前調査1日・事前学習1週間・研修3日 （別途見積）3か月後の事後調査
研修の上位目標	研修を必要とする理由		特に問題事例はないが，事前調査で現況を把握する新任管理職には必要不可欠との位置づけ　※発注書より
	期待する事業成果指標と評価主体		①財務面：返品率・利益率・顧客満足度・販売実績指標は委託元により調査 ②顧客面：部下指導の改善・接客態度の向上は事後調査可能（別途見積） ③業務プロセス面：業務プロセスのむだと低下・部局内の協力体制の向上・商品開発力の向上については事後調査可能（別途見積） ④学習と成長面：コーチング技法の習得状況は研修終了時に評価，職場での利用状況は事後調査可能（別途見積） ※発注書に対応した指標を用いた
	研修を通して期待する職場での行動変容の例		例：部下指導に際して行うべき積極的傾聴のスキルが身につく。相手の主張に真っ向から反対せずに自分の主張を伝えるアサーションができるようになる。※発注書より その他の行動変容例については，事前調査でリストアップする
研修の目標とその評価方法	発注要件	習得向上期待能力	初めて部下を持った状況で必要になるコーチングスキルとその背景知識
		取扱希望事項	積極的傾聴，アサーション，その他一般的に必要とされている事項，アクションプランの作成
		既存資源	係長心得
	研修教材（ご提案）		「管理者向けコーチング入門」（弊社テキスト）
	知識面	研修目標（案）	部下に対するコーチングスキルとは何か，またその背景となる考え方は何かを説明できる。
		評価方法（案）	弊社テキストに準拠した選択式問題50問を利用（eラーニングシステムによる自動採点可能で将来の拡張にも対応）

研修の目標とその評価方法	スキル面	研修目標（案）	部下に対するコーチング場面（仮想）で，適切な行動をとることができる。
		評価方法（案）	（A）仮想コーチング場面のビデオを見て適切な行動について自分の考えを書き出す一斉テスト5場面と（B）ロールプレイ1場面実演の自己評価・他者評価（チェックリスト方式）を組み合わせて評価。 注：(A)でさまざまな実際場面での知識の応用力を確認し，(B)では実行力と評価力を確認することで，職場での活用が「できる」と思えるような研修をめざします。場面数は増加可能。
	態度面	研修目標（案）	本研修で学んだコーチングスキルを部下指導の場面で応用していこうという気持ちを醸成する。
		評価方法（案）	受講者アンケートに職場での活用意思項目を組み入れる。 アクションプランの作成（具体的な行動計画として活用意思が見られるかをチェック）と研修後のフォローアップで実行状況を確認する。
研修以外で行うこと	個別学習支援		弊社テキストを事前配付して，予習に役立ててもらいます。 注：eラーニングでのテキスト配信（ビデオ付）や確認問題を実施することも可能（別途ご相談になります）
	事前調査		弊社担当者がご指定の職場に伺い，研修で用いる事例を聴取する事前調査を行います。あわせて，受講者それぞれが事前に取り組むレポート課題をご提案します（以下参照）。 注：eラーニング（掲示板）での事前課題提出システムの提供も可能（別途ご相談になります）
	事後調査		弊社担当者がご指定の職場に伺い，フォローアップ調査のためのインタビューを実施します（別見積を参照ください）。 あわせて，受講後の事業指標②～④（上記）に関わるアンケート調査や受講者による事後報告課題（以下参照）の組み込みをご提案します。 注：「部下指導のお悩み喫茶室」（仮称）のようなナレッジマネジメントシステムの構築も可能（別途ご相談になります）
研修で受講者が行うこと	研修前	個別学習	係長心得と弊社テキストを研修前までに読んで持参する。
		事前調査	研修参加までに部下指導で直面した問題を省察してエピソードを3つ以上収集し，事前に電子メールで提出してもらう（自分自身の経験だけでなく周囲からのヒアリングでもOK）。
	研修中	1日目	□予習課題の確認テスト（弊社テキスト準拠選択式問題50問） □確認テストの解説と質疑応答 □事前調査結果の共有（グループごと→全体で共有） □問題分析演習1（部下指導仮想場面のビデオを視聴し，グループで討議，弊社テキストを必要に応じて参照しながら解決策を合議し，その理由を整理する。その後グループ間で共有，講師による質疑応答） ■ロールプレイ演習（ペア）：積極的傾聴1（ペアになって交代で特定のスキルを演習する。部下役をすることで部下の気持ちに寄り添えるようになることを期待するもの） □問題分析演習2（コーチングの別場面で繰り返す：同上） ■ロールプレイ演習（ペア）：アサーション1（同上）

研修で受講者が行うこと	研修中	2日目

研修で受講者が行うこと	研修中	2日目	□予習課題の再テスト（初日不合格者と希望者のみ） □問題分析演習3（コーチングの別場面で繰り返す） ■ロールプレイ演習（ペア）：積極的傾聴2 □問題分析演習4（コーチングの別場面で繰り返す） ■ロールプレイ演習（ペア）：アサーション2 ■ロールプレイ予行演習（自己評価・他者評価付）（最終日の試験と同じ状況での演習：全員の前で交代でロールプレイし，全員がその行為をチェックリストで評価する。他者評価の結果をフィードバックして自己評価と比較させる） □問題分析テスト予行練習（ビデオ視聴による筆記試験：本番に用いないビデオを用いて練習し，グループ内で答案を共有して検討する時間を設ける）
		3日目	□知識テスト（全員：選択式50問） □問題分析テスト（ビデオ視聴による筆記試験：自由記述5問） ■ロールプレイ試験（自己評価・他者評価付） ■アクションプラン作成（職場に戻ってからの行動計画を立案する。フォローアップに役立てるとともに，事後報告の基盤とする） □アンケート調査（全員：選択式＋自由記述式）
	研修後	事後報告	研修中に作成するアクションプランに基づく事後報告を所定の期日までに研修事務局に提出する（行動化の確認）。
提案の趣旨			業務場面での行動変容に直結する可能性が高い研修方法として，グループごとの問題分析演習とペアのロールプレイ演習を主体とした研修でスキル面のレベルアップを主眼とすることを提案します。研修を事前調査の共有から開始することで，職場に戻った時に直面する現実的な問題を意識して受講できる導入とすることをめざします。基礎知識については，その理解を確認するテストを行う（再受験可能とします）こととしますが，配布する弊社テキストは職場においても参照可能であることから，合格基準は低めに設定してよいと思われます。また，弊社テキストを解説する講義を実施する方法よりは事前学習に委ね，問題分析演習の中でそのつど必要に応じてそれを辞書代わりに参照・解説するのが効果的でかつ効率がよい方法です。その分の時間を応用的な演習を繰り返すことに充てることで，受講者が自信を持って職場に戻ってもらうことを重視します。 　研修の3日間は，連続して行う方法でも実施可能ですが，可能であれば，それぞれ間を空けて実施し，その間に職場でどのような行動変化を実行したかを省察・共有する場面を組み込むとより効果的です。 　現在の手挙げ方式を発展させて，昇格前の悉皆研修とする際には，本提案にも記載したeラーニング等のシステムを組み込んで行うことで，より効果的でかつ大人数に対応できる研修へと発展させることが可能です。その際には，基礎知識のテストは何度でも受講可能になりますので，研修参加前に合格しておくこととし，事前調査課題や研修後の事例も掲示板で受講者同士共有できるようにするとより効果が高まります。

その他の要望事項に対する対応	●個々の受講者が具体的に何がどこまでできるようになったのかについて把握してその結果を報告して欲しい。 　→知識・スキル・態度面の受講成果については，受講者ごとに分析した結果を業務完了報告書にてご報告します。 ●フォローアップ活動としてのインタビューは予算総額外で別見積もりが欲しい。 　→別途見積書を用意しました。あわせて，高額なインタビュー調査の代替案として，アンケート調査並びに受講者本人による事後報告書の提出についても提案しました。 ●コーチング以外に取り上げるべき項目を別途提案して欲しい。 　　→別途提案書を用意しました。

練習

1. 次の研修事例の改善について，アンドラゴジーの観点のうちの適切性・積極性・自主性・個別化のどの点が変化しそうかを指摘しなさい。

変化・影響	事例
	（あ）全員同じやり方で行っていた研修に選択肢をより多く用意して，マイペースでマイテイストな学びができるように幅を持たせた。
	（い）ブレストの練習をする研修で，一般的なテーマを与えてアイディアを出し合うことよりは，職場で実際に問題になっていることをテーマにして実施することにした。
	（う）トラブルシューティング研修で，講師の経験談を聞く部分を割愛して，自分たちの経験談をグループごとに共有する時間にした。
	（え）リーダーシップ研修で，基礎情報を与える前にテーマだけ示して何を知っているか，どんな場面で役立つかなどを出し合うグループ討議を設けた。

2. 次の研修事例を改善するためには，本章で主張しているAからFのアイディアのうちのどれを取り入れる可能性がありそうか，記号で提案し，その理由を簡単に述べなさい（複数選択可）。

   A　子ども扱いせずに大人の学びを支援するアンドラゴジーを採用する
   B　研修ではなく自己啓発とOJTを能力開発の基礎と位置づける
   C　集合研修でもバラバラな課題に取り組む時間を設ける
   D　熟達化に応じて「教えない」割合を増やす
   E　成長する学びに誘うきっかけとなる研修を考える

採用可能なアイディア	事例（改善前）
	（あ）自主性に任せておいたのでは何もやらないだろうから，せめて強制的に勉強させる時間を確保してはどうか？
	（い）受講者が研修担当者より年長者で，扱いにくくて困っている。彼女らの豊富な経験を活かす手はないだろうか？

	（う）研修時間の長さが足りずにいつも十分なグループ討議ができないという不満を解消できないだろうか？
	（え）受講者の基礎知識や職務経験がバラバラなので，どこに焦点をあてて研修を進めればよいだろうか？
	（お）経営トップが戦略を説明したいので全員集合させろというが，移動時間の確保が大変でどうしたらよいだろうか？

3. 自分の身近にある研修の事例（例えば，導入課題で取り上げた「研修の現状」）について，そこに用いられている研修方法や取り入れられている学びの方式などを次の視点で分析し，「教えない」研修を実現するためにできる改善案とその理由を整理してみよう。

視点	改善案と理由
アンドラゴジー的要素を組み込む	
自己啓発とOJTを主軸として研修を考える	
バラバラな課題に取り組む時間を設ける	
熟達化に応じて「教えない」割合を増やす	
成長する学びに誘う研修を考える	
その他の工夫	

4. これまでの学びの成果を盛り込んで，「教えない」研修を実現するための研修企画提案書を作成してみよう。書式は任意のものとし，**課題2に必要な事項**（102ページ）を満たしているかどうか確認すること。

フィードバック

1. 変化しそうな点は，順に，（あ）＝個別化，（い）＝適切性，（う）＝自主性・積極性，（え）＝自主性・積極性

   この例のように，ペダゴジー的な子ども扱いからアンドラゴジー的な大人扱いに研修を変化させるためにいろんな工夫ができる。何ができるか自分なりのアイディアを考えてみよう。

2. 解説

   （あ）：Aと言いたいが，いきなり大人扱いしただけでは何もやらないことが想定されるので，より具体的にはCがお勧め。一か所に集めるものの，全員同じ研修を「受ける」のではなく，自習の時間にする。勉強の内容は自由に設定してもらい，拘束時間が終わったら，何を勉強したかレポートを提出してもらう。それだけで自主性が少しは身につくかもしれない。BもDもEも効果的であり，いつまでも子ども扱いし続けないことが肝要。そういう意味では，長期戦を覚悟するとよい。

   （い）：Dが参考になるだろう。何か新しいことをこちらから教えるという発想は捨てて，日常の業務改善案や若手を現場でどう育てるかを議論してもらう場にするのがお勧め。もちろんそれを「研修」という名称で行えばよい。経験をフルに生かしてみんなのためになるような仕事のやり方を考えてもらう。それがベテランにふさわしい人材開発テーマである。

   （う）：Cを取り入れてはどうだろうか。グループ討議はグループのメンバーだけ集まればできるので，研修の予習課題にすることもできるが，まずはグループ討議ができる状態かどうかを知るためにも研修時間内にやってもらう。グループ討議ができることが確認できたら，グループ討議の結果を報告し合って共有するだけの研修をめざして改善したい。それも掲示板を使えば，実は集まらなくてもできることなので，徐々に一斉研修への依存度を低くしていくのがよい。

   （え）：まず，Bを原則とする方針を確認し，準備不足な状態でも研修に参加してよいという悪しき伝統を捨ててもらう。自己責任で事前課題を行い，研

修のスタート地点を揃えることへの協力を呼びかける。予習に協力的でなければ集合研修の冒頭にCを入れて揃えるか、ショック療法として開始時チェック（前提テストに相当する基礎の確認＝事前課題をやってくれば解けるレベル）からいきなり始めるのもよい。しかしその前に、研修の内容によっては、「研修」でなく「情報伝達」で十分かもしれないので、その点も要確認。バラバラで困っている内容であれば、自己学習用テキスト＋確認クイズを装備したeラーニング教材に切り替えて、自分ができないところを選択して自習してもらう方が効率的。むしろ、バラバラな知識や経験があるからこそ、その差異を生かした討議ができると考えられる題材であれば、集合研修の意義がそこに見出せるかもしれない。その場合、失敗事例を持ち寄るとか、職場ごとの知恵を共有する場にするための事前課題を設定するのが効果的。

（お）：もちろんBで、「研修」にこだわる必要はない。それぞれの職場でビデオメッセージ（あるいはパンフレットの記事）を読めばすむこと。直接全員伝えたい、という気持ちもわかるが、「ビデオでも社長のオーラはよく伝わります」とか「ビデオであれば営業所単位で最も効果的なタイミングで視聴することができます」という説得工作を試みよう。「ビデオを見たら職場単位でアクションプランを立案・提出すること」、あるいは「ビデオを見たら全員が意見を提出すること」を必須にすれば納得してもらえるかもしれない。もしどうしても集まるというのであれば、前もって訓示の内容については情報提供しておいて、職場ごとの意見交換もすませてから、意見共有と活動計画立案を目的に全員集合という流れにしたい。もちろんその場合には、集まってしかできないこと（すなわち懇親会）を企画することも忘れないようにしたい。

3. 佐藤さんは以下のように分析した。こんな感じでできているかどうか確認してみよう。

視点	改善案と理由
アンドラゴジー的要素を組み込む	コーチング入門は研修講師が上手な方なのでうまく引っ張って行ってくれている一方で，受講者が自分のやり方を工夫する余地はあまりないように思える。外注先のやり方に口をはさむわけにもいかないので，終了後のフォローアップ活動で「大人扱い」する要素を入れることを考える。外注先を変更する際には，自分のこととしてとらえて主体的に動くような要素を入れてもらうように頼んでみようと思う。
自己啓発とOJTを主軸として研修を考える	自分で取り組むためには研修で学んだことを職場で活かしやすくするための工夫が必要。研修テキストを持ち帰っていつでも自己啓発にも使ってもらえるようにするとか，上長の協力を得て職場でのフォローアップを行うとか，工夫の余地はありそう。
熟達化に応じて「教えない」割合を増やす	新任管理職は熟達化で言えば「中堅」にあたるけど，管理職としては初めての経験で戸惑う場面も多い初心者かもしれない。「状況の特異性に応じて適応的に職務を行える」という経験者のレベルの支援をめざすのであれば，自ら参照できる資源へのアクセスがしやすいように情報環境を整えたり，新任者同士で学び合えるネットワークを作って側面から手助けするのがふさわしいと考えられる。基礎知識の習得よりも応用できるレベルをめざすのはやはり妥当だと言えるだろう。
バラバラな課題に取り組む時間を設ける	研修の時間の一部を使って「あとは自分たちでやってね」という時間を確保することはできそう。基礎知識テストの点数が思わしくない人は苦手な項目に集中して勉強できるようになるし，グループごとにいろいろな情報源を使って参考資料を集めてくる自由度があってもよいかもしれない。
成長する学びに誘う研修を考える	一人でできる学びの中では部下とのやりとりを記録する「ジャーナルをつける」とか，自分で書店に行き適当な本を見つけて「読書」するのがよさそう。それを課題として研修に位置づけてもいいかもしれない。二人でできる学びでは「相互コーチング」。研修中にもペアを決めて互いのやり方にコメントをつけ合う関係をつくれるし，あるいは事後にも学びが続くようにペアを活用するようにアドバイスすることも可能。チームでできる学びの「アクション・ラーニング」も組織でできる学びの「ニュースレター」も中堅者には歓迎されるかもしれない。

その他の工夫	今までは手挙げ式で限られた人数が対象だった研修だが，これを全員に広げるためには研修の効率化も視野に入れないとリソース不足になりそう。そのためにもできるだけ大人扱いして実施側の負担を減らしていく工夫が求められる。また，昇任要件の一つとするためには修了判定が明確で妥当なものでないとクレームのもとになる恐れもあるので，それに備えておく必要もある。

4. 佐藤さんの事例で佐藤さんが想定した「教えない」研修を実現するための研修企画提案書（171～174ページ）と比較してみよう。また，以下のチェックリストがどの程度満たされているかも確認し，加筆・修正できる点が見つかれば直してみるとよい。

表7-10　研修企画提案書チェックリスト

上位目標との関連性
- ☐ 研修の上位目標（職場での行動変容）として期待されていることを確認したか？
- ☐ 典型的な事例（行動Aが行動Bに変化する）で具体的イメージを添えたか？

学習目標と評価方法
- ☐ 「研修発注書」に書かれた研修の学習目標と評価方法を批判的に吟味したか？
- ☐ 学習目標と評価方法に必要な修正を提案したか？
- ☐ 職場での問題解決に直結する高次の知的技能が含まれているか？
- ☐ 研修の合否を判断する評価方法はむだな暗記を強いない妥当なものか？
- ☐ 修了判定の方法と合格判定レベルの計画を記述したか？
- ☐ 研修の上位目標に照らして妥当な目標になっていると思う理由を述べたか？
- ☐ 学習目標に対して提案した評価方法が望ましいと考える理由に言及したか？
- ☐ 評価の代替案（これまでの方法等）と比べて長所・短所を比較するなど、「なぜこのやり方で評価を行う必然性があるのか」が伝わりやすいか？

研修以外にやること
- ☐ 研修以外の方法で「研修発注書」にある職場での問題解決を検討したか？
- ☐ 可能な限り研修以外の方法を組み合わせて提案したか？
- ☐ 研修以外の方法について、何をどのように実施するかを提案したか？
- ☐ 研修以外の方法を組み入れる妥当性（意図や期待される効果）を説明したか？

研修前にやること
- ☐ 研修前準備として求めること（事前課題の内容・提出方法・期限等）を記述したか？
- ☐ それぞれの理由や予想される効果を簡潔に述べたか？
- ☐ 研修受講者本人だけでなく、上長や職場に期待することは何かを述べたか？

研修中にやること・研修の組み立て
- ☐ 研修の5W1Hが具体的ですぐに実行可能なレベルか？
- ☐ 研修の大まかな流れ（受講者に示す程度）について記述したか？
- ☐ 研修の流れはIDの第一原理に基づいたものか？
- ☐ TOTEモデルやARCSモデル等のIDの研究成果を踏まえているか？
- ☐ 提案内容は、「教えない研修」を基調としたものか？
- ☐ 自己調整学習にも言及して提案の根拠が述べられているか？
- ☐ 採用した研修方法の意図に言及したか？
- ☐ 代替案（これまでの方法等）と比べて、提案する研修方法の長所・短所を比較するなど、「なぜこのやり方で研修を行う必然性があるのか」が伝わりやすいか？
- ☐ 研修の最後にはアクションプランを策定する時間を設けたか？
- ☐ アクションプランをフォローアップに活用すること（あるいは次回研修までの事前準備とすること）を告げる計画か？

研修後にやること
- ☐ フォローアップ調査の妥当性と実施可能性が高い計画の提案を含んだか？
- ☐ 研修後にどのタイミングでどのようなフォローアップをやるのかを提案したか？
- ☐ 研修担当者が行うフォローアップと職場での上長が行うこととを区別したか？

その他
- ☐ 「発注書」の記載内容にもれなく対応したか？
- ☐ 図表を用いてできるだけ簡潔に要点が伝わるように工夫してあるか？

課題3 「研修評価計画書をつくる」

　課題3では，これまでの課題を受けて「研修評価計画書」を作成しよう。この課題は，研修を実施する前に「研修企画提案書」に基づいた評価をどう具体化するかを計画し，その妥当性を確認するものであり，そのために必要なスキルは，本書第8・9章に述べられている。これまでの課題と同様に，第8章に進む前のこの時点で一度チャレンジして現在の実力を診断するか，あるいは，この時点ではこういう課題に答えられるようになるために第8・9章があるということを確認するのみにして先に進むかの判断は，読者に委ねる。

第8章・第9章で学ぶこと！

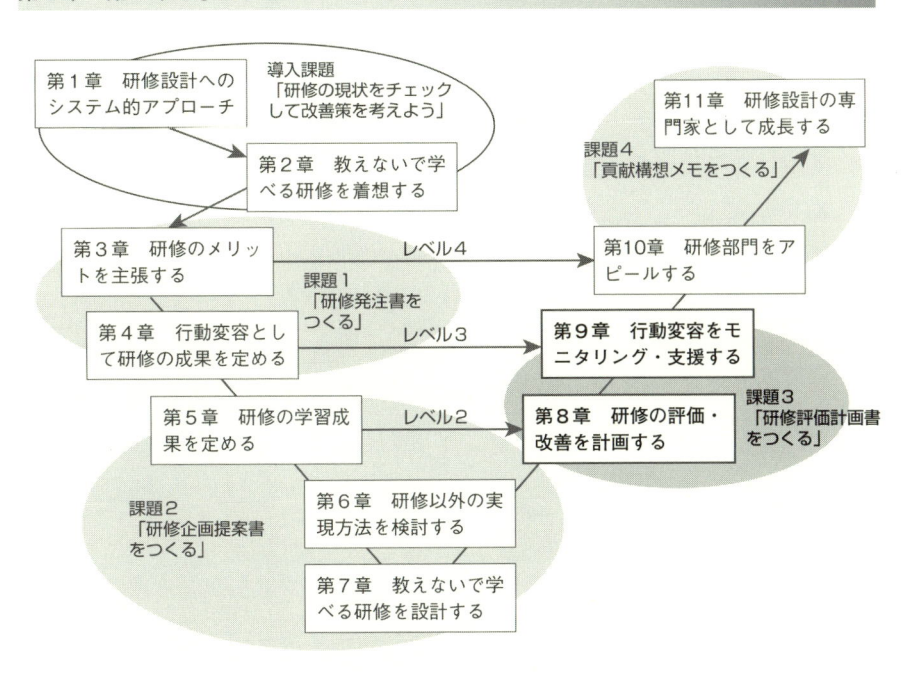

```
第1章 研修設計へのシステム的アプローチ
導入課題「研修の現状をチェックして改善策を考えよう」
第2章 教えないで学べる研修を着想する
第3章 研修のメリットを主張する
課題1「研修発注書をつくる」
第4章 行動変容として研修の成果を定める
第5章 研修の学習成果を定める
課題2「研修企画提案書をつくる」
第6章 研修以外の実現方法を検討する
第7章 教えないで学べる研修を設計する
レベル4 → 第10章 研修部門をアピールする
レベル3 → 第9章 行動変容をモニタリング・支援する
レベル2 → 第8章 研修の評価・改善を計画する
第11章 研修設計の専門家として成長する
課題4「貢献構想メモをつくる」
課題3「研修評価計画書をつくる」
```

指示：研修部門の上長（あるいはそれに相当する人物）に提出することを想定し，研修評価計画書を作成しなさい。次のすべてを含むこと。

1. 「研修企画提案書」とその妥当性評価についてのヒアリング実施報告
2. 研修評価についての具体的計画とそのヒアリング結果報告
3. 添付資料
   - 資料1　「研修企画提案書（改訂版）」
   - 資料2　学習成果の評価（案）（改訂版）
   - 資料3　受講者アンケート（案）（改訂版）
   - 資料4　研修後の行動変容モニタリング・支援計画（案）（改訂版）
   - 資料5　その他必要な書類

詳細指示：

(1) 妥当性評価（実施報告）：課題2で取り上げた事例について作成した「研修企画提案書」についてのヒアリングを行い，その結果を報告すること。ヒアリングは以下の手順で行うこと。

　ヒアリングの手順：

　① ヒアリング前に，あらかじめ表7-10のチェックリストを用いて「研修企画提案書」の妥当性をチェックし，発注者の立場から必要だと思う加筆・訂正を行う。

　② 研修受講予定者が所属する組織について詳しい人（例えば，受講者の上司）1名以上の協力を求め，表8-1の項目を参考にして対面でヒアリングを実施する。その際，表8-1の項目以外で聞きたいことをあらかじめ書き出して準備し，その他にもヒアリング中に確認したくなった項目を追加しながら行う。その他の自由な意見を聴取した結果も合わせて報告する。

　③ ヒアリングの結果，「研修企画提案書」をさらに修正する必要があると判断した場合には，修正版を作成し，添付する。変更点とその理由を明らかに付記しておくこと。

(2) **研修評価についての具体的計画**：課題2で作成した「研修企画提案書」に基づいて，研修評価の計画を具体化して以下に掲げる3つの計画（案）を作成し，それぞれについてのヒアリングを実施してその結果を報告すること．

　　計画1　学習成果の評価（案）
　　計画2　受講者アンケート（案）
　　計画3　研修後の行動変容モニタリング・支援計画（案）

ヒアリングの手順：

　　「研修企画提案書」並びに研修評価についての具体的計画（上記の3つの案）の妥当性をチェックできる人（例えば，IDの専門家，研修担当部門の先輩，あるいは本書で学習中の人）1名以上の協力を求めて以下の手順でヒアリングを対面で実施する．

① 表8-2の項目を参考にして，「研修企画提案書」についてのヒアリングを実施する．準備方法と報告内容は（1）①に準じる．

　　その際，必要に応じて「研修発注書」（課題1）や表7-10のチェックリストを用いて行った自己評価の結果も共有し，アドバイスが得られたらそれについても合わせて報告する．

② 学習成果の評価（案），受講者アンケート（案），および研修後の行動変容モニタリング・支援計画（案）についてのヒアリングを実施し，アドバイスを聴取する．

③ ヒアリングの結果，評価についての具体的計画（案）3点並びに「研修企画提案書」をさらに修正する必要があると判断した場合には，それぞれの修正版を作成し，添付する．変更点とその理由を明らかに付記しておくこと．

第8章 研修の評価・改善を計画する

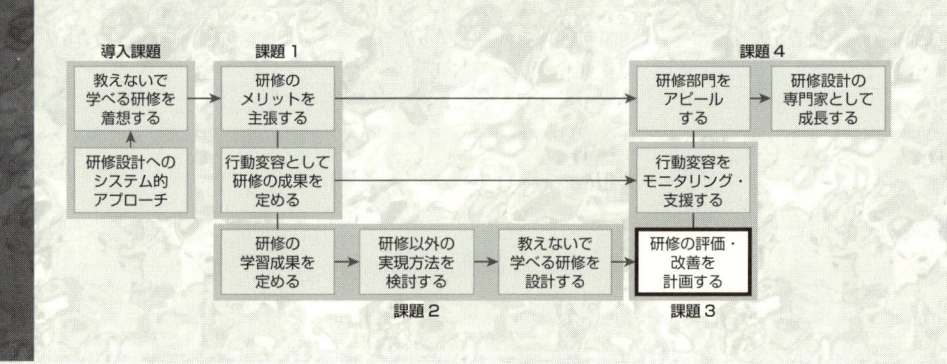

```
導入課題          課題1                                              課題4
┌──────────┐   ┌──────────┐                              ┌──────────┐   ┌──────────┐
│教えないで│   │研修の    │                              │研修部門を│   │研修設計の│
│学べる研修を│→│メリットを│─────────────────────────────→│アピール  │   │専門家として│
│着想する  │   │主張する  │                              │する      │   │成長する  │
└──────────┘   └──────────┘                              └──────────┘   └──────────┘
     ↓              ↓                                         ↑
┌──────────┐   ┌──────────┐                              ┌──────────┐
│研修設計への│  │行動変容として│                          │行動変容を│
│システム的  │  │研修の成果を│──────────────────────────→│モニタリング・│
│アプローチ  │  │定める    │                              │支援する  │
└──────────┘   └──────────┘                              └──────────┘
                    ↓                                         ↑
                ┌──────────┐   ┌──────────┐   ┌──────────┐   ┌──────────┐
                │研修の    │   │研修以外の│   │教えないで│   │研修の評価・│
                │学習成果を│→ │実現方法を│→ │学べる研修を│→│改善を    │
                │定める    │   │検討する  │   │設計する  │   │計画する  │
                └──────────┘   └──────────┘   └──────────┘   └──────────┘
                                    課題2                         課題3
```

学習目標

1. 研修計画の妥当性評価について,専門家レビューが実施できる。
2. 研修成果の評価をどのように行うか,研修がめざした学習目標に即して計画を具体化できる。
3. 研修の評価と改善に役立つ受講者アンケートを作成できる。

背景

　　この章では,研修の評価と改善について考えてみよう。「教えない」研修をめざすと言っても,それは研修の成果を評価しないということではない。口から泡を飛ばして懸命に教えないのは,その方がむしろ学びが確実になるからであり,自分で学べる人に育てるためにあえて「教えない」という選択肢を選んだからである。できるだけ短時間で労力をかけずに研修の成果を出す「効率」という観点は,学習成果がきちんと得られている(=効果的である)という前提がなければ成立しない。研修の成果が得られなければ,単なる手抜きになってしまう。「教えない」研修だからこそ,しっかりと学びの成果を確認することが重要なのである。それができれば,「教えない」研修でもしっかり学んでいることが主張できる。

IDでは，システム的アプローチを採用しているので，最初から完璧をめざさずに徐々によくしていく技法が確立されている。小さくはじめて直しながら進むために設計者が自分で行う評価を**形成的評価**（formative evaluation）と呼び，市販されている完成品利用の継続か中断かを第三者として決めるための**総括的評価**（summative evaluation）とは区別する。形成的評価の際に最も重要視するのは，予定通りの学習成果が得られたか（レベル2）の評価である。その他にも，受講者にとってどういう印象を与えたのかの反応（レベル1）を調べてよりよい学習経験を提供するために役立てたり，あるいは研修を職場で活用するレベル3の評価も組み入れて多方面からの評価を行う。評価を重視するのは，設計した成果がしっかり実現して効果を上げているかを確かめるためであり，また不十分な点やさらによくできる点を見つけて改善に役立てるためである。

　第5章で確認したとおりに何のために行う研修かが明確に定められていれば，それが達成されたかどうかを評価することはそう難しくはない。予定通りの成果が得られていなければ，研修を修了したとは認めていないはずであるが，どうだろうか？　この章では，研修を実施する準備の一環として，研修企画提案書の妥当性を評価し，研修成果の評価を具体的に計画していく。

研修計画の妥当性を評価する

　　　　　研修の評価は研修が終わってから行うとは限らない。「教えない」程度をどのくらいにする場合でも，研修の計画がある程度形になったところで，さまざまな**専門家レビューを受ける**とよい。「このような研修を計画してみたのですが，意見をもらえませんか？」と聞いてみるだけのことである。何か役立つ意見がもらえればそれを反映して計画を修正すればよいし，「これでいいんじゃない」と言われるだけでも「やる前にあらかじめ意見を聞いてくれた」という事実をつくることで支持者を増やすという重要な意味を持たせる。

　レビューしてもらう相手としては，まず，部下を研修に送り出してくれる**受講者の上長**。研修の概要についての意見を聞き，上長と「握っておく」。このプロセスを踏むことで部下がどういう研修を受けてくるかを把握してもらい，研

修の成果を職場で役立ててもらう支援を取りつけておく。表8-1に上長のレビューを受けるときに聞いておくべき項目をまとめた。上長にはニーズ分析で職場での問題をすでに聞き取ってあるのならば，研修の修了時に合否を判断する手段や基準をどう考えているかを説明し，その妥当性を確認してもらう。「ここまで身につけて帰すので，あとはよろしく頼みます」というメッセージを込めて，上長視点で納得のいくレベル2の成果かどうかを確認しておくとよい。

　研修方法についてのチェックは，**ID専門家**に受けるのがよい。ID専門家が周囲にいない場合は（そういう場合がほとんどだろうと思うが），本書で述べられている考え方やID理論（例えば，IDの第一原理）に照らして自分でチェックを行うとよい。研修を担当している同僚との相互チェックも効果的である。表8-2にIDの観点から研修計画のチェックをする時に確認すべき項目をあげる。これを用いれば，自分自身でも，あるいは同僚との相互チェックでも，ID専門家の視点で妥当な評価を行う手助けになるだろう。

学習成果の評価計画を具体化する（レベル2）

　学習成果の評価は，あらかじめ研修のゴールとして掲げた学習目標に受講者それぞれが到達したかどうかで判断する。学習目標については，どんな行動をどのような評価条件で行い，どのような合格基準を満たすべきかを明確に記述し，それを受講者に伝えてある（第5章参照）。それがそのまま評価方法になり，合否が決まる。TOTEモデルに従って事前テストを行い「何がどの程度不足しているか」を明らかにしてから研修を開始した場合であれば，学習成果の評価はすでに研修開始時から行われている。学習成果の評価は，開始時に不足していたことがその後研修を進めるなかで解消されたのかどうかをそのつど，確かめるだけでよい。

　十分に不足が解消されたのであれば目標達成とみなして合格とし，そうでなければ「何がどの程度不足しているか」をもう一度明らかにして再度チャレンジしてもらう。それを繰り返せばいつかは全員が合格するだろう，と期待する。いや，基準に達しない場合にはいつまでも付き合う（それまでは修了と認定しない）ことを覚悟することになるのである。学習成果の評価と言っても，それ

表8-1 上長のレビューを受けるときに聞いておくべき項目

- ☐ **研修の合否の判断基準は妥当だと思いますか？**
  やさしすぎる（それじゃぁ使い物にならない）・妥当・難しすぎる（そこまでは不要）
- ☐ **例示・練習・合否判定に使っている事例はそれぞれ妥当だと思いますか？**
  特殊すぎる（あまり遭遇しないケース）・妥当・簡単過ぎる（対応策をもう知っている）
- ☐ **この研修で職場の問題が解消しそうですか？**
  解決しそう・解決につながる可能性はある・何とも言えない・あまり見込めない
- ☐ **フォローアップ調査は誰がいつ頃実施しますか？**
  受講者の自己申告→上長→研修担当部門　　研修後（　　）か月
- ☐ **その他にお気づきの点がありましたら教えてください。**
  (　　　　　　　　　　　　　　　　　　　　　　　　　　　　　　　　　　　)

表8-2 ID専門家の視点から確認すべき項目

- ☐ **研修の合否の判断基準は明確か？**
  明確・不明確（明確化へのヒントは？）
- ☐ **例示・練習・合否判定に使っている事例はそれぞれ職場で起こりそうなことか？**
  職場で起きた事例を採用・起きそうな事例を創作・一般的なテキストから借用
- ☐ **事前課題は集まってからの時間を有効に使うために必要かつ十分なものか？**
  職場の事前調査・基礎知識の事前学習・事前学習の確認テスト・事前学習がない
  必要なもの・不要なもの・十分・不十分
- ☐ **研修の冒頭で，研修の目的を職場での現実的な課題に紐づけているか？**
  ニーズ分析の結果を紹介する・参加者が事例を持ち寄る・不明・紐づけていない
- ☐ **受講者の経験や関連知識を総動員させているか？**
  解決策を示す前にグループ討議する・個別に考えをまとめる・配慮が不足
- ☐ **原理原則を示すだけでなくよい事例を見せているか？**
  事例を複数提示する・なぜよいかの理由を議論する・原理原則は事例解釈で登場する
- ☐ **研修の中で練習の機会を十分与えているか？**
  異なる事例をグループ討議する・個別に考えをまとめる・事例同士を比較する
- ☐ **職場での応用を奨励しているか？**
  アクションプランを個別に立てる・グループで紹介し合う・グループで合意する
- ☐ **フォローアップ調査は計画済みか？**
  上長から了解を得ている・了解はこれから・計画もこれから
- ☐ **研修が不要になる自己主導学習者に導く要素が研修に入っているか？**
  調査する事前課題がある・個人ワークのやり方は選択可能・学び合いの要素がある
- ☐ **その他にお気づきの点がありましたら教えてください。**
  (　　　　　　　　　　　　　　　　　　　　　　　　　　　　　　　　　　　)

● column

認知的ウォークスルー～研修進行表から学習の手引きへ～

研修を行う前に，どこでどのような情報を提供し，どこでどのような指示を出し，どういう資材を使って学びの成果を「見える化」するかを一通りリハーサルすることを，**認知的ウォークスルー**という。実際に（物理的に）行うのではなく，行ったつもりになって頭の中で（認知的に）通してやってみることを意味する。研修を外注先が実施するケースでは不要であるが，自分たちで内製する際には有力な準備方法である。

認知的ウォークスルーには，台本が必要になる。**研修進行表**（誰がいつ何をやるかの作業分担を書いた紙）があればよい（なければリハーサルをしながらメモを作っていくことを勧めたい）。台本となる研修進行表をもとにリハーサルをやってみて，必要に応じて修正を加えておく。例えば，この資料は最初に配るのではなく，作業直前に配付したほうがよい，あるいはグループワークで使うペンや付箋はあらかじめ机の上に置いておくほうがよい，など。リハーサルをやると初めて気づくこともけっこう多い。

研修進行表が一度できてしまうと，それを研修実施マニュアルとして共有することができる。研修を設計した本人が不在でも，**本人の意図したとおりに研修が実施できること**を目標にする。ここまでくれば，研修実施マニュアルを受講者が個人で，あるいはグループで参照しながら自分たちだけで研修を進められる学習進行表にも展開することも可能になる。いわゆる，**自己学習・グループ学習の手引き**である。集合研修に集まる前に，「この手引きを参照しながらここまで進めてきてください」という予習を支援する道具として使えれば，実施方法の幅も広がるし，自律性を高める一助ともなるだろう。

もし事情が許せば，研修実施前に研修受講者レベルの人を数名協力者に迎えて，研修の試験的な運用を行い，必要に応じて改訂を加えておくと安心できる。このプロセスは個別学習型教材の設計では **1対1の形成的評価**（鈴木，2002の第8・9章参照）と呼ばれ，その技法は洗練されている。研修を受けたことがない人と一緒に1対1で認知的ウォークスルーを行い，思った通りに研修が進行するかどうか（さらに学びが成立するかどうか）を確認する。その体験を一緒に振り返って，改善点がある場合は修正を加えるという方法である。

は必ずしも何も見ないで時間制限付きで暗記してきたことを解答用紙に書くという形式でペーパーテストを行うだけとは限らない。むしろ，言語情報の学習目標をめざさずに，「何でも見てよい」という評価条件を設定して応用力（知的技能）を試すような研修では，その成果を確認する手段として**持ち込みなしの筆記テストはふさわしくない**。学習目標を棚上げにして従来通りの筆記テストを行って研修の成果を評価するのではなく，学習目標のタイプに応じた妥当な評価方法を採用する必要がある（第5章の表5-2参照）。

多肢選択式筆記テストで可能なこと

一方で，持ち込みなしの筆記テストと言っても丸暗記のあてずっぽうで答えてまぐれ当たりを願うという通常のイメージを超える評価も可能である．表8-3に，**状況設定問題**の例を示す．問題の形式としては，状況設定の説明文があり，その次のその状況について3問の4～5択問題がある．問1・2は択一問題で，問3は複数選択式問題（この場合2つ）である．多肢選択問題でも暗記で答えられるとは限らない．この問題の場合，状況を読んで，その原因は何かを特定し（問1），相談内容に対して適切な対応を考えさせており（問

表8-3　状況設定問題の例（第100回看護師国家試験から転用）

状況設定：Aさん（35歳，女性）は，夫と7歳の息子，2歳の娘と4人で暮らしている．ある日，震度6強の地震が起こり，Aさんの家は半壊した．Aさんは，倒れてきた家具の下敷きになるところだったが，何とか免れ，家族は全員かすり傷程度の怪我で済んだ．被災後，家族は避難所である小学校で生活をしている．

問1：被災して1週間が過ぎた．避難所に派遣された看護師にAさんは，「地震の当日は不安が強く，突然怖くなりドキドキしました．考えがまとまらず，夢を見ているような感覚でした．翌日からはだいぶ落ち着き，日々楽になっている感じがします」と話した．Aさんの状態でもっとも考えられるのはどれか．
　①心気症　　②身体化障害　　③強迫性障害　　④心的外傷後ストレス反応

問2：Aさんから，「また地震の日のような状態に成ってしまうことが不安です．大丈夫でしょうか」と看護師に相談があった．Aさんへの看護師の対応で適切なのはどれか．
　①「すぐに受診をした方がよいと思います」
　②「つらい体験は早く忘れるようにしましょう」
　③「誰にでもよいので積極的に自分の体験を話してください」
　④「気分転換にご主人と一緒に家の片付けなどしてはいかがでしょう」
　⑤「強いストレスを体験したときは誰もがなりうる正常な反応です」

問3：Aさんから，「7歳の息子がおねしょをするようになりました．落ち着きがなくなり，まとわりついてきます．2歳の娘の世話で精一杯なのに，息子に対してどう接したらよいでしょう」と看護師に相談があった．Aさんへの看護師の対応で適切なのはどれか．2つ選べ．
　①「兄である自覚をもたせるようにしましょう」
　②「スキンシップを多くとるようにしましょう」
　③「息子さんの状態は気にしない方がいいですよ」
　④「なるべく一人で行動させるなど，自立を促すようにしましょう」
　⑤「『怖かったね，でももう大丈夫』など，安心させる言葉をかけてください」

2・3），いずれも応用力（知的技能）を問うものとなっている。

　この問題形式は，あらゆる職務での応用力を問うときに活用できる。例えば，営業力についても，顧客とのある場面を状況設定し，その顧客のセリフを受けてどんな状況かを問い，また対応の候補からどれが適切かを選択させるような問題を作成することができるだろう。多肢選択式の筆記テストは，誤答となる選択肢を考えるときに最も労力を使う必要があるが，その反面，一度できてしまえば採点は楽であり，またeラーニングシステム上に設置すれば自動採点や複数回実施も容易に実現できるというメリットもある。

　複数選択式もまた，有効である。問3の複数選択式問題では，正しいものを全部選択しなければ正解とみなされない場合には，実質上選択肢の数だけ正誤問題が配置されているのと同じ難易度になる。よって，択一問題では「まぐれ当たり」の可能性は5肢選択問題では5分の1（20％）である一方，5肢の複数選択式では2分の1の5乗（32分の1，すなわち3.1％）にまで減少する。また，あてずっぽうの行為を防ぐために，択一方式でも複数選択方式でも「誤答を選択した場合は減点する」という減点法を採用することも可能である。その場合には，「不明な場合は無理に選択しないこと」と注記するか，「⑥わからない」を設けておき，それを選択すれば減点しないというルールを設定することもできる（事前テスト等には有効な方策となる）。

　表8-4に多肢選択問題のもう一つの活用方法を示す。経営理念を社員に浸透させるための手法として佐藤・秋山（2012）が提案している「ビジョン検定」で使われた問いの一つである。この問題に客観的な正解が存在するわけではないが，選択肢を一つずつ吟味するプロセスを通じて，まずはどういう会社にしたいと経営トップが考えているのかを社員に伝えるツールとして多肢選択式問

表8-4　選択肢に語らせる多肢選択問題（ビジョン検定より）（佐藤・秋山，2012，p.39）

イー・コミュニケーションズがめざす企業イメージとして，もっとも近いものは以下のうちどれでしょうか？
　①DeNAやGREEのような爆発力と成長力がある企業
　②ソフトバンクのような時代を変革する企業
　③その世界では誰もが尊敬し，かつ成長している企業

表 8-5　解説に語らせる多肢選択問題（ビジョン検定より）（佐藤・秋山，2012，p.136）

仕事をもっと楽しむためには，企業からの受託ではなく，自分たちのオリジナル商品だけをやっているのがよいと思うのですが，なぜ受託を受け続けるのでしょうか？　その最大の理由は次のうちのどれでしょうか。

① 面白いことをやり続けるだけでは，収益面で安定しないので，少々面白くなくても受託をやらなければならない。
② 企業からの受託は，相手の高い要望をクリアするために学ぶことも多く，さらに社会的な影響力が大きい仕事ができるメリットがある。
③ 我々とともに働くことで，日々楽しくないビジネス生活をしている企業人たちに，仕事を楽しむ方法を伝授していくことが経営理念の実践につながる。

解説：正直なところで，1の要素がないわけではありません。しかし，我々がこれまでに生み出してきたアイデアや技術は，その多くが受託ビジネスにおいて企業側からの高い要望をいかにクリアするかというところで知恵を絞ったことによって生み出されたものです。また，3も正解としてもよいですが，現段階では2の理由のほうが強いと思います。

題を活用することができる。つまり，わが社にとっての正解は現時点では③である，と考えていることを，①や②も遠い目標としてはよいが，当面めざす姿ではないという比較対象として「不正解」の選択肢として意図的に設定する方法である。この手法は，表8-5に示すように，問題の選択肢として何を選ぶかだけではなく，**その問題の解説文に何を表現するかによっても更なる展開が可能**な点も興味深い。本書でも，各章に配置したさまざまな練習問題の解説で「どういう意図でこの問題を設定したのか」を含めて述べてきたが，解説は使い方次第で威力を発揮する学びの機会となる点にも着目して欲しい。社長訓示などの説教形式で浸透を図られることが多い経営理念でも，クイズ形式にして，選択肢を工夫し，解説を工夫することで楽しむことができると同時に，深い思考へと誘う契機とすることができるのである。

評価方法の経済性（効率）という視点

評価はなるべく実務に近い形で行うのが妥当性を担保するためのルールである。一方で，評価に必要となるコスト面も考慮する必要がある。評価方法には一般に，**妥当であればあるほど手間暇や時間がかかるというトレー**

ドオフが存在する。職場での職務行動がどうかについては長期間観察していれば答えは出るだろうが，研修における学習効果を評価して合否を判断する場合には，あまり手間暇をかけるわけにもいかない。「これができれば職務でも大丈夫だろう」という見込みを含めて，できるだけ効率が高いむだのない評価方法を選択するという面も忘れてはならない。

例えば，営業力研修において，客先で効果的なやりとりができるようになることは重要な学習成果の一つである。プレゼンテーションは型通りで大丈夫だとしても，的確な質疑応答や相手の出方に応じた説明などのアウトプットには，その場の状況判断に応じた対応が必要であり，高度な運動技能の習得が研修の目標となる。したがって，研修ではロールプレイをさせてチェックリストで重要な観点を評価するのが妥当な評価方法であり，よく用いられている。しかし，この方法には手間暇がかかるという難点がある。

ロールプレイで首尾よく対応できるためには，その前に「Aという状況では何を言えばよいか」の知識があるかどうかがその基礎にあり，知識を調べるのであれば筆記テストで十分妥当性が確保できる。とくにベテランはアウトプットの力はある（つまりそれが主たる学習課題ではない）とすれば，すでに身についているアウトプットの力を新しい状況でどのように使いこなすかを考えさせることに特化して訓練した方が効率的だと言えよう。新人時代には徹底的にアウトプットに時間をかけて研修することが不可欠であったとしても，ベテランになれば，アウトプットの力は十分にあると仮定できる。そうであれば，知的な応用力を高めれば，それが直接的にアウトプットの向上につながると想定できるかもしれない。この場合には，ロールプレイをやらなくても，筆記テストで状況を与えて，「あなたならばこの質問にどう答えるか」を書いてもらうことで評価の代用ができると考えられよう。

医療者研修における高機能シミュレータを用いた研修でも同様なことがしばしば見受けられる。シミュレータで仮想的に再現する問題状況に置かれたときにどう振る舞えばよいのかについて，**頭で理解していないのに研修コストがかかるシミュレータを用いた研修をやるのはむだが多い**し，時間がかかるから数もこなせない（へたをすると見ているだけに終始してしまう人も出てしまう）。状況設定問題のようなシナリオを提示して，どう対応すべきかを紙に書かせる

研修をまずは積み重ね，頭では理解できていることを確認する段階を経てから手間暇かかるシミュレータを用いた研修にレベルアップする方が効率的である。そう考えれば，紙と鉛筆による筆記試験（あるいはeラーニング上の選択問題）も，使い方次第で妥当な学習成果の評価手段となる。何度でも繰り返しチャレンジして，わからないところは解説を読んだりテキストに戻って確認し，習得度を高めていくことができるようになる。

　複数の緊急度や重要度が異なり，要する作業時間もまちまちな書類を一度に渡されて，この仕事をさばく力がどれぐらいあるか制限時間内に実際に行わせることで評価する手法である**インバスケット法**も注目すべき手法の一つである（鳥原，2011）。ここでの学習課題は，個々の作業を効率よく仕上げることだけでなく，それぞれの業務の緊急度や重要度を見定めて，制限時間内でできるだけ多くの仕事をさばくように並べる判断力も問われている。多くの業種でホワイトカラーとして働く人には多かれ少なかれ求められている高度な知的技能であり，その評価方法が確立されていることは朗報であろう。

　いずれの場合にも，研修で学ぶ成果は個々バラバラに確認するよりは，現実の文脈に近い状況設定の中で活用できるかを確認することが重要である。これを実際の職務の中で行っていくのがOJTということになるのだろうが，それでは周囲に迷惑がかかるし研修効率も高くない。研修という場では現実を凝縮した形で再現し，その中で職務で役立つ学びを集中して体験させる。その出口の評価としては，「これができれば職務でも大丈夫だろう」という見込みにしかすぎないので，その見込みが正しいかどうかは，レベル3の評価からのフィードバックを受けて再吟味・再構築していくことになる。

受講者アンケートを作成する（レベル1）

　最後に，受講者アンケートを具体化する。これはレベル1の評価（反応）にあたる。アンケートは研修での自分の学習成果を振り返り，それを職場に戻ってからどう活かすかの計画を立てた後で行うのがよい。受講者は，**研修のできばえを評価するために受講したわけではない**。自分たちの実力を高めることを目的にして受講した。したがって，まず自分の成長を確認し，今後の計

画を立ててから（本来の目的をすませてから），次に「さらにこの研修をよくするためのアイディア」を聞き取るのが筋である。また，自分で努力もせず，研修成果を達成しなかった人に研修を評価してもらってもあまり意味はない。途中で放棄する人に対しては，アンケートに頼らず個別にヒアリングして，その理由を聞いておくのがよいだろう。そうすることで，今後の研修改善へのヒントが得られる可能性は高い。

受講者アンケートは表8-6に示すように，多段階尺度で意思表示する選択項目と自由記述項目から構成する。多段階尺度の前半は，反対の言葉を対にしてどちらにどの程度近い感覚かを選択してもらう形式（意味微分法という）で，ARCSモデルの各側面を聞いたものである。その他にも確認したい形容詞対があれば加えるとよい。後半は，ある意見に対する同意の程度を4段階で選択してもらう形式で，研修の成果として確認して欲しい項目を列挙してある（アンケートで改めて聞かれることで，その点について再度考えるきっかけになる省察効果も計算している）。**肯定的か否定的かの選択を強制するために**「わからない」「どちらとも言えない」などの中間点を設けていないが，中間点はあってもよい（中間点を設ける場合は，集計の際には否定側の数に参入するのが原則）。自由記述式の項目には，単に空欄を設けて意見を聞くのではなく，「〇個以上書いて欲しい」と誘うことで**何か書いてもらう可能性を高める工夫**をしてある。アンケート回収時に空欄がめだてば，「ぜひ何か書いて欲しい」と差し戻すぐらいの真剣さも場合によっては（特に組織内での構成員対象の研修であれば）示してもよいのかもしれない。自由記述にこそ，ホンネが書かれる可能性が高く，改善へのヒントとしても有用な場合が多い。

アンケート回収時（あるいは回収後）に，記入結果をもとに個別のヒアリングを併用することも効果的である。とくに，否定的な回答については，その理由を聞き取っておくことは研修の改善に役立つ情報となる。聞き取りながらその理由をアンケート用紙にメモしておくのがよい。客観的な情報を第三者的に集めて報告書を執筆する際に使う目的だけでなく，研修をよりよくするために受講者一人ひとりの感想や意見に真摯に耳を傾けて，何かヒントを得ようとしているという**研修担当者の姿勢を受講者に伝える**。このことも，受講者アンケートを行う際に重要なメッセージとなることも忘れないようにしたい。

表 8-6　受講者アンケート項目の例

　本研修についての印象を教えてください。また，今後の改善に資するために意見をお願いします。

1. この研修について，次の形容詞のどちらにどのぐらい近い印象を持ちましたか？
   自分の気持ちに一番近い番号に，1行に1つずつ○を付けてください。

   A：退屈した　　　　　　　　 —1・2・3・4・5・6・7—　興味深かった
   R：やりがいがなかった　　　 —1・2・3・4・5・6・7—　やりがいがあった
   C：自信が持てなかった　　　 —1・2・3・4・5・6・7—　自信が持てた
   S：参加したことを後悔した　 —1・2・3・4・5・6・7—　参加してよかった

2. 次の意見をどの程度支持しますか？　自分の気持ちに一番近いものを選んでください。
   「このような研修を今後も続けて欲しい」
   　　　　　：まったく思わない・思わない・そう思う・とてもそう思う
   「同僚や後輩に勧めたい」
   　　　　　：まったく思わない・思わない・そう思う・とてもそう思う
   「本研修でめざした目標それぞれについて，自分の身についた」
   　　目標 1（xxx）：まったく思わない・思わない・そう思う・とてもそう思う
   　　目標 2（yyy）：まったく思わない・思わない・そう思う・とてもそう思う
   　　目標 x　　　　：まったく思わない・思わない・そう思う・とてもそう思う
   「今後，本テーマに関連する情報をどう調べればよいかがわかった」
   　　　　　：まったく思わない・思わない・そう思う・とてもそう思う
   「今後，類似した問題に直面した時の解決の手がかりがつかめた」
   　　　　　：まったく思わない・思わない・そう思う・とてもそう思う
   「これから職場で使えそうな有用なアクションプランが作成できた」
   　　　　　：まったく思わない・思わない・そう思う・とてもそう思う
   「職場に戻ったら本研修で得た成果を活用するつもりだ」
   　　　　　：まったく思わない・思わない・そう思う・とてもそう思う

3. 本研修について，よかったと思う点を2つ以上書いてください。
   1)
   2)

4. 本研修について，今後は改善できると思う点を2つ以上書いてください（可能ならばどうすればよいかのアイディアもお願いします）
   1)
   2)

5. その他受講者として感じたことや思ったことを何でもお書きください。
   1)
   2)

6. 記入者氏名：　　　　　　　　　　　　所属：

事例

研修担当2年目の佐藤さんは、いよいよ評価だと身構えていた。でも一方で、評価ということへの見方もずいぶん変わってきたようだ。佐藤さんは、この章で書かれていたことをどう受け止めたのだろうか。彼女のつぶやきに耳を傾けてみよう。

＊＊＊＊＊

いよいよ研修の評価をするときがやってきた。評価と聞くと緊張が走るのはこれまでの過去の苦い経験からかもしれない。でも、いきなり評価はもうすでに始まっている、というから驚き。そう言えば、研修を実施するときには、どうやって評価するかの計画はすでにできていたはず。それを淡々とやるだけのことなのね。

研修をやる前に研修の計画について評価を受けるというのも新鮮。上長の決済のような位置づけなのかと考えれば、普段もやっていることと同じ。でも自分の上長じゃなくて、受講者の現場の上司なのよね、違うのは。現場の上司としっかり事前に話し合っておけば、研修を受けてからのフォローもやりやすいし、理にかなっているとは思う。でも大変そう、実際にやるのは。私の身の回りにはIDの専門家と言える人はいないから、その点は、自分でチェックすることになりそう。徐々に相談できる相手を確保していきたいものですね。

学習成果の評価は、暗記させることを研修でめざさないんだから評価が暗記問題になっていたのでは釣り合いが取れないのは確かにその通り。でも選択問題でも作り方によっては「えいやー」で選んで運で勝負、という作戦もきかなくなるのね。なるほど。社長の思いを伝えるための「これじゃないんです」という選択肢を用意するというのも面白い。引っ掛け問題とか悪い印象しかなかった選択方式も、使い方次第では有効なのかもしれない。見直した、というと変だけど、どの道具も賢く使えば使い物になるってわけね。評価のコストという観点も忘れないようにしておこう。

「受講者は、研修のできばえを評価するために受講したわけではない。自分たちの実力を高めることを目的にして受講した。」当たり前のことだけど、受講者アンケートに答えてもらって、研修の評価が高いことを言い残してもらわないと困るということだけしか考えてなかったことに改めて気づかされた。まずは、研修の成果

がしっかり達成されたかどうかを伝えて，不足があればそれを補って，さらに職場に戻ってからやることもしっかり計画してもらう。それができてからアンケートに答えてもらう，という順序には納得でした。「自由記述欄に何も書いてないですけど，何か書いてくださいませんか？」と私にも言うことができるだろうか？ それだけ真剣なんだということが伝われば，きっと何か書いてくれるようになるんだろう。まずはその真剣さを伝える努力から始めなければ，ということですね！

練習

1. 研修計画の評価についての次の質問のうち，受講者の上長に聞くべきこととID専門家に聞くべきことを仕分けしなさい．適切なものに○を付けること（複数選択可）．

上長・ID専門家	（あ）研修の合否の判断基準は妥当だと思いますか？
上長・ID専門家	（い）例示・練習・合否判定に使っている事例はそれぞれ妥当だと思いますか？
上長・ID専門家	（う）この研修で職場の問題が解消しそうだと思いますか？
上長・ID専門家	（え）フォローアップ調査は誰がいつ頃実施しますか？
上長・ID専門家	（お）事前課題は必要かつ十分なものだと思いますか？
上長・ID専門家	（か）研修の中で練習の機会を十分与えていると思いますか？

2. 次の研修成果の評価事例について，評価方法の妥当性と経済性（効率）の観点から適切なものと適切でないものを仕分けし，その理由を簡潔に述べなさい．

    事例1：ベテラン営業担当者が新製品で説明すべきことに対応できているかどうかをロールプレイで評価した．
    　適切・不適切
    　理由：＿＿＿＿＿＿＿＿＿＿＿＿＿＿＿＿＿＿＿＿＿＿＿＿

    事例2：新人営業担当者の販売スキルを高める研修で，その効果を筆記試験で評価した．
    　適切・不適切
    　理由：＿＿＿＿＿＿＿＿＿＿＿＿＿＿＿＿＿＿＿＿＿＿＿＿

事例3：看護師の職務上の応用力を確認するために，与えられた状況でどのように患者に問いかけたらよいかを問う選択肢5つの多肢選択問題を出題した。
適切・不適切
理由：＿＿＿＿＿＿＿＿＿＿＿＿＿＿＿＿＿＿＿＿＿＿＿＿＿＿＿＿＿

事例4：経営トップが考えている経営理念が社員にどの程度浸透しているかを評価するために，持ち込みなしの筆記試験を実施して経営理念を一字一句書かせた。
適切・不適切
理由：＿＿＿＿＿＿＿＿＿＿＿＿＿＿＿＿＿＿＿＿＿＿＿＿＿＿＿＿＿

事例5：経営トップが考えている経営理念が社員にどの程度浸透しているかを評価するために，筆記試験を行い，経営理念の概略と自分の職務上の行動がどのようにリンクしているかを自由記述式でまとめさせた。
適切・不適切
理由：＿＿＿＿＿＿＿＿＿＿＿＿＿＿＿＿＿＿＿＿＿＿＿＿＿＿＿＿＿

3．あなたが取り上げている研修の評価をどのように行うか，研修の学習目標に即して具体化しなさい。また，研修の評価と改善に役立つ受講者アンケートを作成しなさい。

フィードバック

1. 上長に聞くべき項目は，（あ）（い）（う）（え）
   ID専門家に聞くべき項目は，（あ）（い）（う）（お）（か）
   （あ）・（い）・（う）は両方に聞くべき項目。
   解説：研修の合否判断や活用予定の事例がそれぞれ，現場での問題を反映しているものかどうかは上長から，研修設計上妥当なものかどうかはID専門家からの意見を参考にすることができる。研修計画と職場でのニーズがマッチしているかどうかも両方からの意見をもらっておくとよい。
   　一方で，（え）のフォローアップの計画については，上長とあらかじめ握っておくために有効な問いである。ID専門家からは，実施時期や役割分担が決まっていればその妥当性についてのアドバイスをもらうことは可能であるが，それを聞く前に，まずは決めておくことが先決であろう（この問いは，それを決めるためのものと解釈するのが妥当）。
   　他方で，（お）・（か）のような研修の中身についてはその妥当性を上長に聞かれても困るだけであろう。事前課題や研修における練習量はそれが妥当かどうかをID的な見地から確認し，その後，研修を効果的にするためにこのような事前課題を出すから（研修時間がこれぐらいかかるけど）承知しておいて欲しい，と上長に確認するとよい（これらの問いは，妥当性を確認するためのものと解釈するのが妥当）。
   　課題3で受講者の上長にヒアリングする準備として，表8-1の他に何か聞いておくべきことはないか，リストを作成してみよう。その際，上長に聞くこととIDの専門家に聞くべきこととの区別を意識することが肝要である。

2. 解説
   事例1：不適切。ベテランは話術などの運動技能はすでに身につけていると考えられるので，新製品の売り込みポイントがわかればロールプレイで実演できるかどうかを確認する必要は必ずしもなく，筆記テストなどで代用可能と考えるのが経済面でよい。むろん，ロールプレイは確実な評価方法なので，「ここぞ」という注力商品対策であれば採用する場合もあるため，「適切」だ

という答えは妥当性の側面を強調していれば誤りとは言えないが，手間暇かかる評価方法は本当に必要かどうかを確認して省力化をめざすのがよい。

事例2：不適切。事例1とまったく逆の理由で，新人営業マンには話術などの運動技能が身についたかどうかを確認することに重点を置いた評価方法を考えるべきであり，筆記試験ではその可否を判断できない。頭でわかっていたとしても実際にそれが行動に反映できるかどうかを確認するために，実技試験を行うのが妥当なケース。効率の悪さは仕方ないと考えるべき。

事例3：適切。表8-3で紹介した「状況設定問題」を使えば，場面に応じた判断力などの応用レベルの知的技能も評価することができる。選択式に比べて自由記述式にすれば，ヒントとなる情報は少なくなり，またまぐれ当たりの確率も減るので，より妥当な評価方法とはなるが，採点の経済性は低くなる。実際の場面で適切な行動ができるかどうかはこの手法では判断できない（物理的なシミュレーション環境などが必要となる）が，その適切な行動の基礎になる知的技能（頭で判断できる力）の評価は可能である。筆記試験でできても現場ではできないかもしれないという点で十分条件ではないが，この業務の核となるスキルは応対の実技（運動技能）ではなく，何に着目してそこから何を読み取って行動を選ぶかというメンタルな応用力（知的技能）であるとみなせば，主たる必要条件としての妥当性は確保できる。

事例4：不適切。社是を朝会で復唱したり，社歌をみんなで歌ったりしても，一体感は醸し出すことができたとしても，経営理念は浸透しない。それと同様に，一字一句暗記したからと言って，理念が理解できたかどうかは妥当に評価できない。よって，妥当な評価とは言えない。

事例5：不適切。事例4と比べた場合，経営理念を行動化するとはどういうことかの理解を測定しているという点で，評価の妥当性は確保されていると言えるが，経済面での問題が残る。選択肢を使うことによって，経営理念を反映していない行動の事例（すなわち好ましくないがよく見られる例）を合わせて提示することができるので，多肢選択問題の方が妥当性を損ねずに経済性を高める方式だと言える。

3. 学習成果の評価計画

　表7-10の研修企画提案書チェックリストの「学習目標と評価方法」に沿って，学習成果の評価計画が具体化できたか，以下の点を再度チェックしてみよう。

☐「研修企画提案書」に書かれた評価方法を批判的に吟味・修正したか？
☐ 職場での問題解決に直結する高次の知的技能が含まれているか？
☐ 研修の合否を判断する評価方法はむだな暗記を強いない妥当なものか？
☐ 修了判定の方法と合格判定レベルの計画を記述したか？
☐ 研修の上位目標に照らして妥当な目標になっているか？
☐ 学習目標に対して提案した評価方法は妥当性の観点で望ましいか？
☐ 学習目標に対して提案した評価方法は経済性（効率）の観点で望ましいか？
☐ 経済性に優れた多肢選択式問題の可能性を最大限に追求し活用しているか？
☐「なぜこのやり方で評価を行う必然性があるのか」は納得できるものか？

受講者アンケート：表8-6で掲げたような項目があなたの状況に合わせて取捨選択されているかどうかを確認すること。聞いてみたいことはストレートに聞く項目をつくるのが一番。レベル1（反応）のアンケートの中にもレベル2（学習）の主観的な評価項目を忍び込ませるのがよい。あなたの作成したアンケートにもそういう項目が入っているかどうかも確認しよう。

第9章 行動変容をモニタリング・支援する

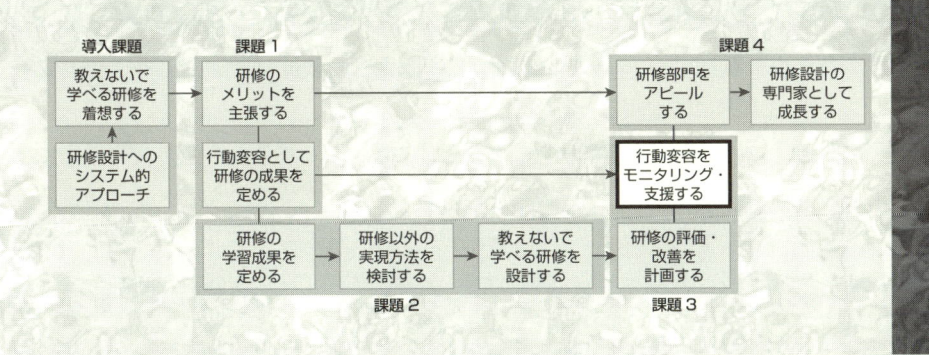

```
導入課題          課題1                                          課題4
┌─────────┐    ┌─────────┐                              ┌─────────┐   ┌─────────┐
│教えないで│    │研修の   │                              │研修部門を│   │研修設計の│
│学べる研修を│  │メリットを│                              │アピール │   │専門家として│
│着想する │    │主張する │                              │する     │   │成長する │
└─────────┘    └─────────┘                              └─────────┘   └─────────┘
┌─────────┐    ┌─────────┐                              ┌─────────┐
│研修設計への│  │行動変容として│                          │行動変容を│
│システム的│    │研修の成果を│                            │モニタリング・│
│アプローチ│    │定める   │                              │支援する │
└─────────┘    └─────────┘                              └─────────┘
               ┌─────────┐  ┌─────────┐  ┌─────────┐   ┌─────────┐
               │研修の   │  │研修以外の│  │教えないで│   │研修の評価・│
               │学習成果を│  │実現方法を│  │学べる研修を│ │改善を   │
               │定める   │  │検討する │  │設計する │   │計画する │
               └─────────┘  └─────────┘  └─────────┘   └─────────┘
                             課題2                      課題3
```

学習目標

1. 研修後の行動変容をフォローアップ調査するモニタリングを計画できる。
2. 受講者の行動変容を支援する上司（職場環境）かどうかを見きわめて，支援のための対策を考えることができる。

背景

　この章では，研修後の行動変容をどのようにモニタリングし，支援するかを考えてみよう。「ID 美学の第一原理」（鈴木・根本, 2011）を提唱したパリッシュによれば，学習経験の中で最も質が高いものは**美学的経験**（Aesthetic experience）である。それは，「日常的な経験とは一線を画す，楽しめて忘れられない，時として人生を変えるような影響力を持つ洗練されたもの」で，「直接的で展開があり，予期し得ないが終焉の高まりに向けて積極的な関与がある」（前掲書，表7より引用）という。例えば，筆者が ARCS モデルに出会ったのはもうだいぶ前であるが，それ以来，見聞する研修の魅力を考える際には必ず，「これは自信（C）の構築に失敗している」とか，「最後に満足感（S）がよく演出できている好例だ」のように ARCS モデルの色眼鏡を通して見てしまうよう

になった。まさに，「人生を変えるような影響力を持つ洗練された学び」であったと言える。皆さんにも，忘れられない学びの瞬間がそれぞれあると思うが，どうだろうか？　本書でのこれまでの学びの中にも忘れられない「目からうろこが落ちた」瞬間がいくつかあったとすれば筆者としてはこの上もなくうれしいことである。

　一方で，いざ自分で研修を設計する時に，そんな魔法のような研修を毎回現実のものとすることはとても困難であることも，事実であろう。研修で学んだことを使う機会がなければ忘れるのは当然である（だから本書で学んだことは是非活用する機会を設けてくださいね）。その研修が，美学的経験と呼べるような不可逆的な強い影響力を持つものであれば忘れることはできない。しかし通常は，何らかの工夫を講じないと，一度学んだことはすぐに忘れるし，また学びが行動変容につながっていかない。それが普通であるからこそ（美学的経験と呼べるものはめったにないからこそ），行動変容をモニタリングし，支援することが求められるのである。さて，どのような工夫をすることで，学びを行動変容につなげていけるだろうか？

アンケートやインタビューによる行動変容の調査

　カークパトリック（Kirkpatrick, 1998）は，行動変容を評価する際には，表9-1にあげる注意点を守ることを推奨している。ここでも，評価は研修（あるいはその他の解決方法）を実施する前にも行い，前後の変化（差分）を比較することが重要であることが確認できる（項目3）。表9-2には，同じくカークパトリックが提案したフォローアップインタビュー項目例をあげる。これらを参考にして，どのような時期にどのような方法で行動変容のフォローアップ調査を行うかを決めていくとよい。

表9-1 行動評価のガイドライン (Kirkpatrick, 1998)

ガイドライン	判断基準など
1. 可能な場合には，比較対象（統制群）を置く	比較対象（次に研修対象者となる人）も同時に調査して差異を検討する。小規模組織には向かない
2. 行動の変容に必要な時間を考慮する	研修内容に応じて行動変容に必要な時間（数か月〜半年かそれ以上）が経過してから調査する
3. 可能な場合には，研修の前後で評価する	研修前調査はベースラインとして研修効果の確認に有効。時間や経費などでそれが不可能な場合には，研修後に研修前後の差異を振り返ってもらうことも可能
4. 以下のうち1種類以上をインタビューかアンケート調査する：研修受講者，受講者の直属の上司，受講者の部下，その他受講者の行動を直接観察することが多い人	頻繁に行動観察できるという点では上司以外，情報の信頼性からは認めたくない気持ちや上司への気遣いもあるので複数の対象を選ぶのがよい。部下を対象とする場合は事前に受講者自身の許可を得ること
5. 全数調査かサンプリング調査を行う	受講者全員をもれなく対象とした調査が現実的でない場合には，ランダム抽出か，「最も行動が変わらなさそうな人」を抽出した調査を行う
6. 適切な回数だけ調査を繰り返す	行動変容を起こす時期の違いや一度変容したが元に戻る場合を考慮して，2〜3回行うのがよい（例：2〜3か月後＋その半年後＋さらに3〜6か月後）
7. 調査コストと調査の見返りを考慮する	調査コスト（スタッフの時間と回答者の時間，あるいは外部評価者を雇用する費用）に見合った調査成果があるかどうかで判断。重要な行動変容や研修が継続している場合等にはコストも妥当とみなす

注：Kirkpatrick, 1998, p.48-58 の第6章「行動の変容」の本文を鈴木が要約して訳出。

行動変容を促し・継続させる職場と上司

　　カークパトリック（Kirkpatrick, 1998）は，レベル3での行動変容のために必要な条件として，次の4つをあげている。
1. その人が変化したいという願望を持っていること
2. その人が何をどうやったらよいのかを知っていること
3. その人が正しい雰囲気の職場で働いていること
4. その人が変化することに対する報酬があること

表 9-2　フォローアップインタビュー項目例（Kirkpatrick, 1998）

調査員は，研修で変えるように勧められた行動に焦点を当てて研修参加者をインタビューする。調査員は，調査の目的が研修の今後の改善にあることを十分に説明し，そのためには研修の結果として職場での行動パターンがどの程度変わったかを確認することが必要であることを理解してもらう。あまり変化がみられていないようであれば，なぜそうなのかの理由を知りたいので，調査結果は匿名扱いであり正直に隠し立てせずに答えてもらうように依頼する。

1. 研修で教わり，使うように促された行動はどのようなことでしたか？

2. 研修終了時には，仕事での行動をそう変えてみたいとどの程度感じていましたか？
　____とても強く感じていた　　____強く感じていた　　____あまり感じていなかった
コメント：

3. 研修終了時には，その行動変容の準備がどの程度できていましたか？
　____とてもよくできていた　　　____よくできていた
　____あまりできていなかった　　____できていなかった

4. もし教えてもらい使うように促された行動のいくつかが実際には行われていないのならば，その理由として次のうちどれがあてはまりますか？

	どの程度あてはまりますか？		
	とてもあてはまる	ややあてはまる	全くあてはまらない
1. 私の状況には役に立たなかったから			
2. 上司が変化を嫌ったから			
3. 時間がなかったから			
4. 試みたが，うまくいかなかったから			
5. その他の理由			

5. あなたは将来，どの程度この行動を変えたいと計画していますか？
　____とても強く　　____少しは　　____全く

6. この研修をよりよいものにするために何か提案はありますか？

注：Kirkpatrick, 1998, p.53 を鈴木が訳出。

このうち，1.と2.は研修プログラムで達成できるとしているが，実態はどうだろうか？　行きたくもない研修に来てしまった受講者は，「変化したいという願望を持っている」とは限らない。第2章で扱った学習意欲の問題であるが，意欲があれば教えなくても学んでくれるだろう。しかし，学ぶ意欲がなければ，ARCSモデルを参照してアプローチしていき，研修が終わるまでには「変化したいという願望を持っている」状態にしておく（つまり，態度変容を目標の一つとして意識する）必要がある。2.については，研修の効果が予定通り得られていれば，「何をどうやったらよいのかわからないまま職場に戻る」という事態は避けられるはずだ。職場に戻ったときに，学んだことを活用したいと思うかどうかは別の問題であるが，少なくとも「やれ」と言われればできる状態にして戻してあげるためには知識とスキルの習得が必要である。これは研修の効果（レベル2）の問題だと言える。

　では，3.はどうだろうか？　カークパトリックは，職場の雰囲気は，3.は直属の上司次第であり，上司の雰囲気は表9-3に示す抑止的から要求的までの5段階で説明できるとしている。4.の報酬は内発的なもの（例えば，行動変容の結果得られる満足感やプライド，あるいは達成）も外発的なもの（例えば，上司からの称賛や，仲間からの認知，あるいは昇給やボーナスなどの金銭的報酬）も，あるいはその両者の場合もある。いずれにせよ，あらかじめ職場の雰囲気を把握し，受講者が研修で学んだ行動を応用しようとした時にどうなりそうかを予測しておくことは有意義である。

　中立的あるいはそれ未満の雰囲気で行動を変化させようとすれば，研修の成果が職場で活かされないだけでなく，受講者の不満が募るというマイナスの効果も覚悟しなければならない。それを防ぐためには，第4章で述べたようにニーズ分析を行うなかで，研修の企画段階から上司を巻き込んでおくことが重要である。職場での行動変容を実現するための支援策は，研修を始める前からの仕込みと研修修了後のモニタリングの両面から計画するとよい。

210 ── 課題3 「研修評価計画書をつくる」

表9-3　レベル3の行動変容を支える上司の雰囲気（Kirkpatrick, 1998）

雰囲気の5段階	特徴
1. 抑止的 （Preventing）	研修プログラムで学んできたことの活用を上司が禁止している。その上司の行動は経営トップが確立した職場全体の文化に影響されているかもしれないし，上司のリーダーシップのスタイルと相容れないタイプの行動なのかもしれない。
2. やる気をそぐ （Discouraging）	上司は「やってはいけない」とは直接的には言わないが，研修受講者が行動を変えることを上司が快く思っていないことは確実に伝えられている。また，研修で教えられた行動を上司自身は行おうとしていないので，部下も行動を変容する気をそがれてしまう。
3. 中立的 （Neutral）	部下が研修を受けてきたという事実を上司は無視していて，業務は通常通り行われている。もし部下が行動を変えたいと思うのであれば，職務が今まで通りに完了する限りにおいて，上司は何も言わない。しかし，もし行動変容の結果として否定的な事態が発生した場合には，上司は「やる気をそぐ」あるいは抑止的な状態に変化するかもしれない。
4. 奨励的 （Encouraging）	上司は，受講者が学んだ成果を職務に活用することを奨励している。理想的には，部下と研修について受講前に話し合っており，研修が終わったらすぐに，成果をどのように応用するかを議論する機会を持つと明言している。上司は，「君が何を学んできたかに興味がある。その学びを仕事に適用するために私に何ができるか知りたい」と言っている。
5. 要求的 （Requiring）	部下が何を学んできたかを上司は把握していて，それを確実に仕事に転用させたいと思っている。部下がそのことを承知していることについての契約を交わしている場合もある。契約は研修終了時に交わされ，その写しが上司にも届いていることもある。行動の変容は，その契約が履行されるだけのことだと上司は考えている。

注：Kirkpatrick, 1998, p.21-22を鈴木が訳出して表形式にまとめた。

職場が肯定的学習環境かどうかを見きわめる

　職場が学習環境としてどの程度肯定的なものかを見きわめる30の指標を表9-4に紹介する。これは，『すべての学習は自己主導である』というタイトルの本の著者であるトビンがまとめたものである。日本のさまざまな種類の組織に属する方々に「どの程度あてはまりますか？」と聞いてみると，半分もあてはまらないというケースが多い。さて，読者の皆さんが属する組織で常識となっているものはいくつあるだろうか？　ちょっとした工夫でこれなら

ばできそうだと思えるものはないだろうか？　また，ここにリストされていない項目で，「うちはこの点で学びを支援している環境だ」と言えることが他にもないだろうか？　研修担当者の努力と工夫によって，少しでも組織がより肯定的な学習環境に変貌することを期待したい．

表 9-4　職場が肯定的学習環境かどうか見きわめるための 30 の指標（Tobin, 2000）

□ 1. アイディアに対して公式，非公式な反応がある．
□ 2. 提言が歓迎される．
□ 3. 失敗が教育とみなされる．
□ 4. 会社が業務関連の購読費・参加費等を払う．
□ 5. 検閲・派閥などがない．
□ 6. 社員が経営部のアイデアに反対できる．
□ 7. フォーカスグループのような集まりが奨励される．
□ 8. ブレインストーミングが一般的である．
□ 9. OJT が使われている．
□ 10. 適切な場面で研修が奨励される．
□ 11. 上司も部下が学習している内容を学習する．
□ 12. コーチングが一般的である．
□ 13. 学習はイベントではなくプロセスである．
□ 14. 360 度の調査（上司，部下，同僚を含むすべての関係者からの聴取）が行なわれる．
□ 15. 能力の評価が恐れられず，社員の学習や成長に関連づけられている．
□ 16. 部局をこえたチームワークが一般的である．
□ 17. タスクフォースがさまざまな地位・場所・部局の社員からなる．
□ 18. すべての社員が会社の概要をプレゼンテーションできる．
□ 19. 社員が仕事を拡大し，顧客や取引業者の業務について学ぶことが奨励される．
□ 20. キャリアパスが部局・事業単位・地理の枠を越えて開かれている．
□ 21. 社員がお互いに話し合い，問題を解決することが奨励されている．
□ 22. すべての部局・レベルで会社が学習ガイドを発行している．
□ 23. 会社が図書館やインターネット設備を備えている．
□ 24. jobshadowing（上司の影となり終日同行・観察すること）が奨励される．
□ 25. 飲食持ち込み可のセミナーが定期的に開催される．
□ 26. 重役が社員と話すために時間を割いている．
□ 27. すべての職位レベルでメンターのプログラムがある．
□ 28. 自分の専門に関して社外で活動することが奨励され報酬が出される．
□ 29. 社員が常によりよい実践を求めている．
□ 30. 社員がミーティングを楽しみにしている．

原注：Plan Soft 社（会議・イベント用ソリューション提案会社）の Mike Kunkle が作成した 15 の指標に Tobin が 15 項目付け足した．
注：Tobin, 2000, p.26-27 の Table2-1 を西渕・鈴木が訳出．

● column

研修終了後の追跡調査事例

　筆者ら（鈴木ら，2006）は，2003年秋に衛星通信を使った全国双方向遠隔集中セミナーを実施した。「e ラーニングファンダメンタル（eLF2003）」と命名し，大学院科目2単位相当の ID の基礎を e ラーニング設計の文脈で教えることを目的とした無料セミナーで，全国から129名の参加者を得て行った（補正修了率は85％）。準備に約1年かけて事前学習用のテキストを作成し，章末問題への回答を掲示板に書き込む事前学習期間1か月を経て，集中講義を3日間で実施し，終了後2週間以内に最終レポートの提出を求めた。いわば昨今話題の「反転授業」形式である（ただし，事前の情報提供はビデオではなくテキストであった）。個別学習をあらかじめ課し，受講者ごとに内容が異なるように工夫された各章末問題への回答も事前にネット上の掲示板で共有し，それをもとに質疑中心の集中講義を行うという工夫を凝らした。

　講座終了半年後に予告なしの Web アンケート（追跡調査）を実施した。メールで回答を依頼したところ，その回収率は修了者81％に対して未修了者14％であった。研修内容29項目のそれぞれについて，どの程度覚えているか（記憶度），受講後の仕事にどの程度役立っているか（有益度）を3段階で聞いた（レベル2に相当）。また，受講後の行動変容（11項目）については，図9-1に掲げるような結果を得た（レベル3に相当）。この追跡調査をもとに多くの行動変容があったことを学術論文として報告し，本試行が受講者を中心として ID を普及させることにある程度貢献したことの裏づけとすることができた。

　行動変容11項目については，研修目的を反映して「こういう行動をセミナー終了後にとってもらいたい」という設計時の願いを文章化して作成した。同時に，研修終了時の最終レポート課題の一つであった，集中講義からの収穫ベスト3（自由記述式）に寄せられた意見を参考に作成した項目を加えた（その他の課題としては，e ラーニング事例の6視点分析と改善案の提案ならびにインストラクショナルデザイナーとしての職務遂行能力向上度自己評価があった）。集中講義からの収穫ベスト3には，ID 理論の基盤・全体像による裏づけを得られたこと（79件）や集中講義方法そのものに ID が応用されていたこと（41件），インストラクショナルデザイナーとしてのキャリアパスの発見（31件）あるいは「激しく楽しく」学べた体験（29件）に加えて，人的ネットワーク・コミュニティが構築できたこと（26件）や今後の業務への手がかりが得られたこと（19件），あるいは主体的学習の意義・教育の現状への危惧を感じたこと（11件）などの意見が寄せられていた。まず自由記述式で意見を求めて，その意見についてどう思うかを全員に聞くためにアンケート項目に採用するという手法も有効であった。

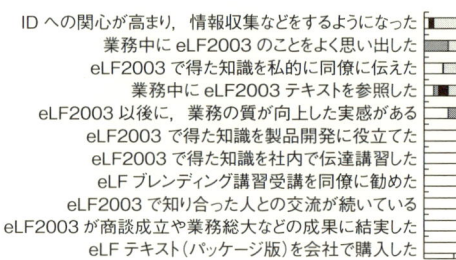

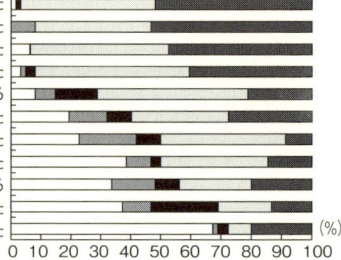

図9-1　eLF2003 受講後の行動変容（追跡調査結果）（鈴木ら，2006）
注：鈴木ら，2006，図3を再掲。回答した修了者79名のうち大学生・大学院生を除いた62名。

行動変容を確認するまで終わらない研修

　　　　　行動変容を支援するための方法の中で最も単純で効果が高いのは，**行動変容を確認するまで研修を終わらせないこと**である。美学的経験でない限り，一度研修をしたぐらいで次の日から職場での行動が変化することを期待すること自体に無理がある。そうだとしたら，はじめから1回2時間のみの研修は引き受けない方がよい。それですべての問題が解決することを期待してもらっては困るからである。しかし，1回2時間でも時間をおいてそれを何度も繰り返せば，職場での行動にそれなりの影響を与えられるかもしれない。そうだとしたら，最初から複数回にわたるシリーズものの研修を設計するのがよい。

　何回やるのかって聞かれたら，「行動が変わるまでやります」と答える。これが一番確実な方法である。この場合には，単発の研修<u>後</u>の行動変容を支援するというよりは，複数回にわたる研修<u>中</u>に行動変容を支援するということになる。職場での行動変容が確認できたら，その人は次の研修には来なくてもよいとする。TOTEモデル的な発想としては，何も不思議はない考え方である（もう慣れてきましたか？）。

　第2章で登場したメリルが提唱する「IDの第一原理」（本章の背景で登場したパリッシュのものは「ID**美学**の第一原理」で別のもの）では，最初から「統合」が織り込み済みである。現場に戻って実践してその結果を振り返る事後課題を提出してもらえれば，その時初めて修了認定をします，というアプローチである。本書第4章で提案したように，研修の最後にアクションプランを作成してもらい，それに基づいてフォローアップ調査をするのも効果的な方法である。なぜならば，アクションが計画通りに行われていればそれで職場行動の変容を確認したことになるし，不十分であればさらなる支援対策を講じることができるからである。

　早川（2012）は，ある営業部の新任チームマネージャ研修の改革に取り組んだ事例を報告している。「2日間の研修では，同期とゆっくりしてこい」と送り出していた上司と「多くの企業が導入し，研修の評判もよい」という宣伝文句に踊らされて発注していた営業研修部の両方を巻き込んで改革を始動。現状分析から新任チームマネージャに求められる具体的な職務行動として8領域18行

動指標を定め，6か月間にわたるさまざまなタイプの研修と職場でのコーチングを企画・実現した。6か月の研修を終了した後は，現場でさらに6か月間の実践を通して学びを深め，任用1年経過時点で18行動指標を評価し，OKとなればチームマネージャとして活躍，NGの場合は残りの6か月間で強化した支援体制のもとに学びを継続させる。任用1年半経過時点で再評価し，未達成者はチームマネージャを解任するという流れとした。まさに，よい意味で「寄ってたかって」みんなで育て上げるシステムを構築した好例である。ここまですれば，行動変容を支援できている，と言えると思うが，どういう感想を持たれただろうか？

事例

研修担当2年目の佐藤さんは，この章を読んで，自分の職務範囲がまたさらに広がるのを感じていた。でも職場での行動変容がないと自分の仕事が完結しないとも思うようになった。佐藤さんは，この章で書かれていたことをどう受け止めたのだろうか，彼女のつぶやきに耳を傾けてみよう。

＊＊＊＊＊

職場に戻ってからのことは職場の責任範囲だと思っていたけど，研修担当者としてもできることがあるようね。表9−3の職場の雰囲気で言えば，うちの組織ではさすがに上司が研修で学んだことを使わせないとかよく思っていないという1や2の段階ではないと思う。まぁ何か変なことをしない限りでは見守ってくれているという点では3の段階かなぁ。受講者の上司と直接話したことはこれまでなかったけど，「どうですか，しっかりやってますか？ 研修で学んだことは使えてますか？」と聞きに行くだけでも上司ともよい関係がつくれるかもしれない。4とか5の段階になって，上司が研修で学んだことをいつも気にしてくれるとか，必ず使えとか言ってくれれば，行動変容もきっと加速されるでしょうね。それだけ役に立つ内容の研修をやらなければならないと思えばこっちも気が引き締まる。ニーズ分析がそれだけたいせつってことですね。

フォローアップを確実にやるためにはそれまでは研修を終わりとみなさない，という手も有望かもしれない。いわゆる「おあずけ」ですね。でも認定証の威力がそ

れだけ備わっていなければ，効果はなさそう。それよりも，しつこいくらいにフォローアップをするということをはじめから計画に入れておけばよいということね。「調査コストと調査の見返りを考慮する」ことが大事だということだから，外部の人に依頼するのではなく，私が自分でやることを考えたほうがよさそう。「最も行動が変わらなさそうな人」を抽出して調査を行うというアイディアも面白い。あの人が変わってくれれば残りの人は大丈夫と言えそうな人に着目して調べれば，手間が省けそう。メールとかでWebアンケートを呼びかけて，それに答えてくれない人には催促のメールを送ったり，職場を回って声をかけたりすることならば私にもできそうだし……。でも，何と言ってもそれを知らずして研修の効果を堂々と主張できないという気がしてきたわ。ちょっと影響受けすぎかしら……。

　それにしても早川さんの報告（213〜214ページ）にある会社の事例はすごすぎませんか？　1年半も「寄ってたかって」育ててくれるのもすごいけど，だめだったらチームマネージャ解任というところまで覚悟しているという。これはきっと外資系ね。そうじゃないとそこまでちゃんとは握れないと思う。うちの組織にも階層別研修ってあるけど，昇格したら受けるという順序だから，満足した研修成果が得られたら昇格という順序とは逆だし，研修後の仮免許期間があるわけでもない。この制度が認められるためには，設定された18の行動指標が本当の意味でマネージャに不可欠なリストになっているんだと思う。だってそれができないと解任されるんですからね。一人の一生が決まってしまう判断をするというのも大変な仕事でしょうね，きっと。とうてい私にはできそうもないけど，これは現場の上司の仕事としてはある意味当然のことなのかもしれないわ。

練習

1. 研修後の行動変容をフォローアップした次の事例について，それぞれ表9-1に掲げるカークパトリックのアドバイスに合致しているかどうかを答えなさい。

合致している・合致していない	（あ）研修対象者がマネージャ20名の傾聴力強化研修だったので，統制群を設けずに全員一斉に研修を行い，全員をフォローアップ調査の対象としてアンケート調査した。
合致している・合致していない	（い）発売直前の新製品についての営業担当者向け研修だったので，発売直後（研修日から3週間後）にフォローアップ調査を実施した。
合致している・合致していない	（う）研修対象者が大人数で初めての内容だったので，部局ごとに実施時期をずらして研修を実施し，改良を重ねた。フォローアップ調査では未実施の部局も対象として研修前のベースラインデータとした。
合致している・合致していない	（え）厚労省の定めにより定期的に実施している研修で，行動変容が観察できる時期が特定できないため，月例レポート項目に組み込んで該当事例の有無とその対応結果について毎月報告を求めた。
合致している・合致していない	（お）組織戦略上，とても重要な行動変容を意図した研修だったので，研修企画時に協力を求めたコンサルにフォローアップ調査の方法もあらかじめ提案してもらい，それに従って全数調査をした。

2. あなたの担当する研修の受講者（あるいはあなた自身）が属する職場の雰囲気はどの程度支援的なものだろうか，表9-3の5段階のどこにあたるかを判定し，考えうる対策を述べなさい。

3. 表9-4にある30の指標であなたが検討している研修の受講者が現在所属している職場がどの程度「肯定的学習環境」と言えるかどうかをチェックしなさい。次の表を参考に整理してみよう。

満たしていると思う項目（○をつける）
1・2・3・4・5・6・7・8・9・10 11・12・13・14・15・16・17・18・19・20 21・22・23・24・25・26・27・28・29・30
満たすため・よりよくするために何かできそうだと思う項目

番号	できそうだと思うこと（アイディア）

上記を記入して気づいたこと（メモ）

4. あなたが検討中の研修について，研修後の行動変容をフォローアップ調査するモニタリングを計画しなさい．いつだれがだれを対象に何をやるかをリストし，それぞれに何を調べて何を聞くかの質問項目を書き出してみよう．

研修後のフォローアップ調査（モニタリング計画）

項目	いつ，だれが，だれを対象に，何をやるか	何を調べるか（調査項目） 何を聞くか（質問項目）
1		
2		
3		

フィードバック

1. （あ）から（お）すべてがアドバイスに合致している事例と言える。

   解説：（あ）研修対象者が 20 名と少ないので統制群を設けずに全員一斉に研修を行うのは妥当。全員をフォローアップ調査の対象としたのもよいし，インタビューに比べて実施コストがかからないアンケート調査を選択したのも妥当。アンケート調査で問題が発見された場合には，追加的にヒアリングをする二段構えが望ましい。

   （い）研修内容に応じて行動変容に必要な時間が経過してから調査することが肝要なので，数か月～半年かそれ以上経たなければやってはいけないということではない。この場合，発売直後に行動が観察される必要があるので，発売直後にフォローしたのは妥当。

   （う）大人数で初めての研修なので，ずらして実施して改良を重ねるのは妥当（最初の部局には申し訳ないが，早い時期にできるメリットを選択するところを募集すればよい）。フォローアップ調査時に未実施の部局も対象とすれば，その部局にとっては研修前のベースラインデータになるので，Web 調査などの方法が工夫できて手間が同じであれば有効な方法。ただし，最初の部局のベースラインデータは収集できていないので，事前事後の比較ができるのは 2 回目以降だけになる（しかし，だからやってはいけないということではない）。

   （え）行動変容が観察できる時期が特定できないときは複数回のフォローを計画するべきであり，月例レポート項目に組み込むのは妥当。

   （お）コストは ROI の観点から元を取ることを考える必要があるが，組織戦略上，とても重要な行動変容を意図した研修であればそれなりのコストをかけてもしっかりとしたフォローアップ調査をするのが妥当。企画時にフォローアップの方法まで提案してもらうのはとてもよい。

2. 受講者の上司が奨励的，あるいは要求的であれば苦労はないだろうが，ネガティブであることがわかっていた場合には，何らかの対策を講じておくのが賢明である（中立的だとしても，何かが起きればすぐにネガティブになる

のだから対策は必要)。いずれにせよ，職場での行動変容を実現するための支援策は，研修を始める前からの仕込みと研修修了後のモニタリングの両面から計画するという原則に従って，あなたが考えた対策が両面をカバーしているかどうか，確認するとよいだろう。

3. 「満たしている」と一言で言っても，さまざまな満たし方があるだろう。例えば「9．OJTが使われている」で，「使われている」ことは確かでも，それがどの程度効果的なものかは千差万別だろうし，改善の余地は残されているだろう。○をつけた項目についても，何かできることはないか，より効果的にする方策を考えてみるとよいだろう。OJTが使われていると回答した場合でも，「9．部局ごとの月間目標を反映した共通チェックリストを作成して，OJTに統一性をもたせる」などのアイディアを思いつくかもしれない。

4. 佐藤さんの研修では，研修後のフォローアップ調査を以下のように計画した。あなたが考えたモニタリング計画と比べて，参考になる点があれば，それも取り入れてみよう。

研修後のフォローアップ調査（モニタリング計画）

項目	いつ，だれが，だれを対象に，何をやるか	何を調べるか（調査項目） 何を聞くか（質問項目）
1	受講者本人がアクションプランを設定した時期に行動変容を自己点検して研修担当部門に報告レポートを提出する	何をやったか　予定通りやれたか アクションプランで，次の点検時期までに修正すべき点は何か 省察から何を学んだか
2	研修担当者が3か月後に受講者の上長全員を対象にしたアンケート調査を実施する	受講者は研修で学んだことを実行したか 上長はその機会を与えたか，奨励的であったか，行動化を促す面談機会を持ったか 研修に対する意見・要望 研修担当部門によるフォローアップについての意見・要望
3	外部機関が6か月後に受講者とその上長から10人ずつを無作為抽出してインタビュー調査を実施する	表9-2に準拠してヒアリングする ヒアリング結果をまとめて今後の研修の改善を提案する

課題4 「貢献構想メモをつくる」

　課題4では，これまでの課題で取り組んだ一つの具体的な研修を離れて，研修担当部門と研修担当者としてのあなた自身の今後を見据えた「貢献構想メモ」を作成しよう。この課題は，研修担当部門・者が組織全体に貢献するために，これから何をめざしてどうやってそれを達成するかを考えるものであり，そのために必要なスキルは，本書第10・11章に述べられている。これまでの課題と同様に，この時点で一度チャレンジして現在の実力を診断するか，「チラ見」して先に第10・11章を学ぶかの判断は，読者に委ねる。

第10章・第11章で学ぶこと！

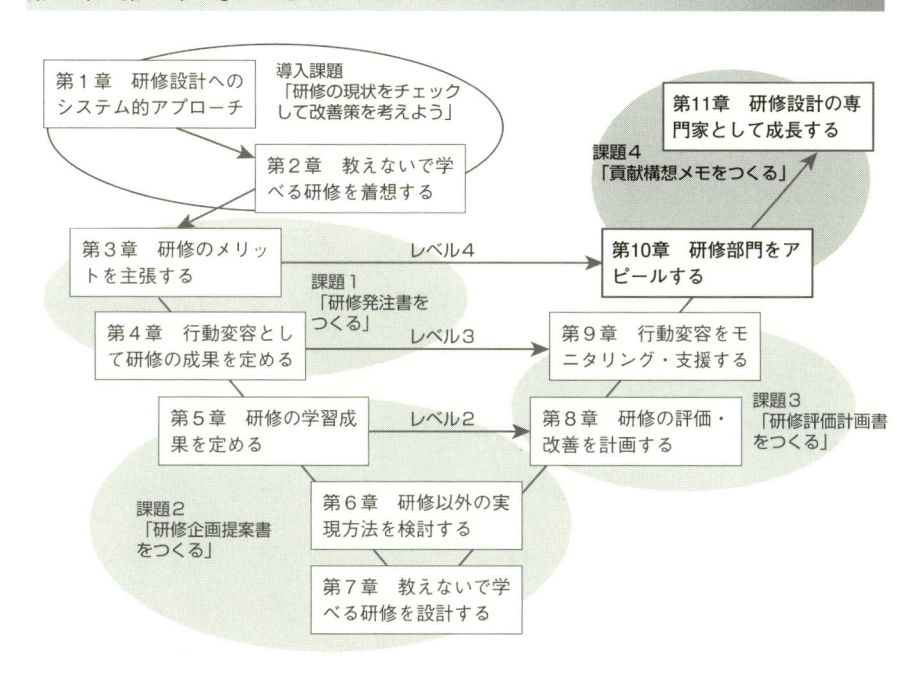

```
            導入課題
第1章 研修設計への    「研修の現状をチェック
システム的アプローチ   して改善策を考えよう」
                                              第11章 研修設計の専
                                              門家として成長する
        第2章 教えないで学
        べる研修を着想する                 課題4
                                          「貢献構想メモをつくる」

第3章 研修のメリッ     レベル4
トを主張する                        第10章 研修部門をア
                課題1              ピールする
                「研修発注書を
        第4章 行動変容と  つくる」
        して研修の成果を定める  レベル3
                                    第9章 行動変容をモ
                                    ニタリング・支援する
        第5章 研修の学習成   レベル2
        果を定める                 第8章 研修の評価・  課題3
                                   改善を計画する     「研修評価計画書
  課題2                                             をつくる」
  「研修企画提案書   第6章 研修以外の実
  をつくる」       現方法を検討する

        第7章 教えないで学
        べる研修を設計する
```

指示：研修担当部門が組織全体に貢献できるようになり，あなた個人が研修担当者としての専門性を高めることができるようになるためのアクションプラン（活動計画）を「貢献構想メモ」としてまとめなさい。この「メモ」は，研修部門長（経営トップ）にすぐに提出する公式文書としてではなく，そのアイディアを整理するために用意するものとする。次の要件を満たすこと。

1. 研修担当部門がこれまで果たしてきた役割と期待されていること，今後担うべき役割についての見解と，それを実現するために何をすべきかについてのアイディアとその根拠が含まれていること。
2. 担当者個人の職能開発についてのアクションプランとその根拠が含まれていること。

第10章 研修部門をアピールする

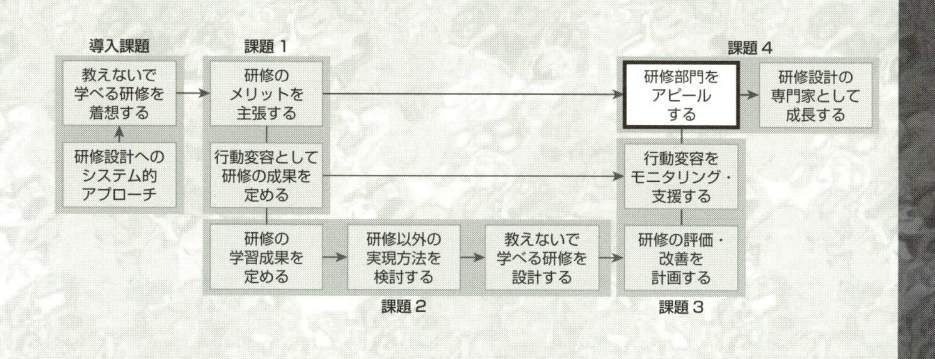

```
導入課題              課題1                                           課題4
┌─────────┐    ┌─────────┐                              ┌─────────┐    ┌─────────┐
│教えないで│    │ 研修の  │                              │研修部門を│    │研修設計の│
│学べる研修│    │ メリットを│─────────────────────────────→│ アピール │    │専門家として│
│を着想する│    │ 主張する │                              │  する   │    │ 成長する │
└─────────┘    └─────────┘                              └─────────┘    └─────────┘
┌─────────┐    ┌─────────┐                              ┌─────────┐
│研修設計へ│    │行動変容と│                              │行動変容を│
│のシステム│    │して研修の│─────────────────────────────→│モニタリング│
│的アプロー│    │成果を定め│                              │・支援する│
│   チ    │    │   る    │                              └─────────┘
└─────────┘    └─────────┘
               ┌─────────┐  ┌─────────┐  ┌─────────┐   ┌─────────┐
               │ 研修の  │  │研修以外の│  │教えないで│   │研修の評価│
               │ 学習成果 │  │実現方法を│  │学べる研修│   │・改善を │
               │を定める │  │検討する │  │を設計する│   │計画する │
               └─────────┘  └─────────┘  └─────────┘   └─────────┘
                              課題2                       課題3
```

学習目標

1. 資金調達3モデルを用いて研修部門の現状を分析し,長所と短所を説明できる。
2. 人材開発バリューチェーンを用いて,研修部門が組織に果たす役割を説明できる。
3. 能力開発の自己責任原則の観点から,組織と構成員との関係の現状を分析し,現状を改善するための今後の施策を提案できる。
4. 組織文化の競合価値観フレームワークを用いて,組織の特徴を分析し,それを踏まえた研修のあり方を提案できる。

背景

　　この章では,研修部門を同僚や組織の内でアピールし,貢献度を高めていくためにはどうしたらよいかを考えてみよう。ウルリッチは,クリステンセン・R.(2008)の『戦略人事マネジャー』に推薦の言葉を寄せ,過去30年にわたって人材(HR)マネジメント専門家によって問われ続けてきたこととして,

- HRが自らが作り出している価値を数値として示し,自分たちが存在していることを正当化できているか？

- HRが貢献すべきラインマネージャの目から見て存在価値があるのか？
- 管理部門としての歴史と伝統を超えて，真の意味で戦略部門になれるのか？

の3つの問いをあげ，**事務処理部門から変革促進部門への脱皮**の必要性を訴えた。歴史的にみてHR業務の焦点であった標準化された定型業務（給与管理，福利厚生，会社の行事の調整，従業員契約の交渉，人事計画，法的遵守の確認，研修教室の監視等）はICT化されて従業員自身によって行われるか，あるいはアウトソーシングされるようになり，HR部門の役割は，戦略的で変革のための仕事の効果を高めることにシフトしたと指摘している。世界経済の下で，顧客はこれまでにない幅広い選択肢を持ち，製品やサービスの設計や提供方法にも技術革新によって新しいルールがもたらされ，経営トップは情報のユビキタス化に伴い新しい競争に適応する必要性を感じるようになった。組織の実力を戦略的意図に合致させ，俊敏にビジネスを展開させるために従業員を巻き込み，垣根を乗り越えてアイディアを素早く動かす必要がある。これらの変化に貢献することがHR部門に対する新しい役割期待である。伝統的な管理機能ではなく，戦略的価値を創造することにこそHR専門家の新しい課題があると述べた。過去25年に及んで世界規模の調査（ウルリッチら，2014）を続けているHR研究者の言葉には無視できない重さがある。

翻ってわが国での経験が豊富な香本（2003）も，「人材開発担当者は教育・研修プログラムを企画・立案・実施することだけを仕事と考えるのではなく，（中略）ダイナミックかつフットワーク軽く行動することが必要だ」(p.62)と指摘する。「さまざまな教育・研修メニューを揃えてそれを実施していくことは確かに重要な仕事ですが，そういった研修メニューは問題解決に向けた一つのツールにすぎません。職場の問題解決は，オフ・ザ・ジョブの教育・研修だけでできるものではない」(p.63)とし，**人材開発担当者は現在の日本企業再生のカギを握る存在**であるとする。「個人のキャリアを支援する『キャリアカウンセラー』のマインドとスキルを持ちながら，組織に対して『プロセスデザイナー（風土改革を通じて変革を促進するチェンジエージェント）』としての活動ができれば，企業組織が活性化する可能性が俄然高まる」(p.54-55)と指摘した。

研修の実施だけを担当していた人や部門にとっては，自らの専門性や責任範囲の拡大が求められることになるが，それは同時に，組織への貢献度を高めるチャンスでもある。さて，自分たちの存在意義を経営トップにしっかり説明し，組織に対する貢献ができる部門として認知してもらうためには何ができるだろうか。

資金調達 3 モデル：研修部門の損得勘定

　　ここでは，本書第 3 章で試みた個々の研修についての ROI の視点を，研修部門全体のコストに見合う貢献ができているかという部門レベルで再度眺めてみることにしよう。経営トップに関心がある組織への貢献（レベル 4 の評価）で自分たちの現状をとらえることは，研修部門をアピールするために不可欠である。バランス・スコアカードと戦略マップで研修部門がどのような因果関係で組織の戦略目標とつながった仕事をしているのかが描けていれば，例えば，研修の成果としての「従業員態度の 5 ポイントの改善は，顧客満足度を 1.3 ポイント向上させ，次にそれが 0.5％の収益成長をもたらす」（シアーズ社の事例，ベッカーら，2002, p.44）のような説明も可能になろう。

　表 10-1 に研修部門の資金調達 3 モデルとその長所・短所をまとめた。これまでのように一定額の配分を受けて従前からの研修を運営してきた**経費配分モデル**のままでとどまるのか，あるいは，組織全体への貢献度を高めるために**コスト回収モデル**への移行を提案し，将来的には**利益部門モデル**をめざすのか。ベッカーら（2002）は，「人事は本来的にコストセンターであり，そこでの費用最小化が主目標であり成功の尺度であるとする会計的思考様式を，先ず捨て去ることが第一のステップである」（p.25）と**コストセンター脱却**を主張した。「現在の会計手法が人事専門家に必要な測定の道具を与えることができないとすれば，人事専門家は，企業業績に貢献したことを証明する独自の方法を自ら開発しなければならない」（p.25）という。研修部門を組織内でアピールするためには，コスト回収あるいは利益部門（プロフィットセンター）モデルへの移行を視野に入れる必要がある。固定予算を定常的に得られる安定性を失う代償として，プロフィットとして組織に何をもたらしているのかに着目する必要性が生

表 10-1　研修部門の資金調達 3 モデルとその長所・短所（Wheeler, 2005）

	経費配分モデル	コスト回収モデル	利益部門モデル
概要	最も多い伝統的モデルで、経費は組織の管理費として一定額を計上した年間予算で運用する。研修ニーズ調査に基づかずに予算が決定される場合が多く、前年度踏襲プラスαの予算内での活動に制限される。人員等の経費も固定とみなされ状況変動に対応した増減は困難。	受講者や派遣部門から受講料を徴収するモデルで、研修部門が一つの経営体とみなされ、経費に見合う（あるいはそれ以上の）回収が求められる。最近大企業で採用されることが多くなった方式で、研修を従業員に売ることによる経費補てん以外は受益者・部門からの収入で賄う。	組織内外の受講者に研修を販売することで利益を確保するモデルで、多くの企業内大学が採用しているモデル。組織からの経費配分はなく、他組織の従業員や一般の受講者も迎えて研修を行う。研修価格は他の研修ベンダーとの競争となる。
長所	運営の基盤が安定的で予測可能。営業する必要はない一方で、組織内のニーズに対応することはできる。研修プログラムの継続性が担保できる。	経費の権限をマネージャにある程度与え、部下が利用するサービスのみに支払える。マネージャのニーズを満たす研修開発に集中できる。経費配分をある程度得ることで定常的な研修を維持できる。受講料で賄える範囲でのスタッフ増員が可能。マネージャの求めに応じて開発する研修内容や開講の時期や頻度が選べる。	従業員教育と利益追求の両面に関心を寄せる経営トップにとって魅力的。受講者のニーズに合致する研修であることをほぼ保証する（合致していなければ応募者が集まらない）。研修部門が高い柔軟性を持ち、集客・収益が得られるメニューを揃えられる。
短所	柔軟性がない。ニーズが発生しても他の研修を犠牲にするか特別予算を要求する必要がある。マネージャは役に立たないことに管理費を充てることに消極的になっている。現状の研修にニーズやベネフィットがあるかどうかを再検討する必要がない。年間予算獲得の理由づけが求められるため新しい革新的な取り組みに消極的になる。ラインマネージャのニーズに応えようとする研修部門スタッフが報われない。	研修を組織内に PR する必要が生じる。経費配分モデルのような安定性がない。組織内の誰がどの研修を受けたのかの管理が煩雑になり、受講履歴管理システムが必要となる。PR からベネフィットを出すまでに要する時間が長いため、途中で変更があった場合に財務的問題が生じやすい。	ニーズや有用性よりも人気に目が向きやすい。必須の開発課題（リーダーシップや管理力研修など）に取り組む強制力を持たない。悪用されやすい（研修部門が経営トップの点数稼ぎに走り特定の内容にフォーカスしすぎる危険がある）。費用を抑える努力に対する報償がない。

注：Wheeler, 2005, p.79-80, 82-83 の本文をまとめて訳出した。
原文では「企業内大学」であったが「研修部門」に変更した。

じ，それによって組織に貢献できる素地が養われる契機となることが期待できると思うが，どうだろうか？

　成功例は存在する。例えば，社内向けの教育機関として固定予算による運営から受注開発・受講料徴収による運営へ転換して成功を収めたサンマイクロシステムズ社の企業内大学（SunU）では，ROI を意識することで研修部門をコストセンターから脱却させ，固定予算を上回る自前の利益を上げるまでに成長させた（Moore, 2002）。1994 年の SunU は年間 1,200 万ドルの固定予算があり，500 万ドルはほぼ 100％アウトソーシングしている集合教育運営費であった。残りの 700 万ドルは SunU の運営費（社員 100 人弱の人件費や施設維持費など）であり，SunU が属する HR 部門から一定額を獲得していた。1995 年に，固定予算がゼロになるまで毎年削減することを決めた。社内受講者には，SunU に限らずどこで研修を受けてもよい自由を与え，「もし SunU よりも安くて速くてよりよい学習ソリューションを提供する競合他社を見つければ，SunU に頼る必要はない」（p.35）と明言した。2000 年に固定予算ゼロを達成し，同時に，1,200 万ドルであった総支出額は，4,200 万ドルにまで上昇した（つまり，それだけの売り上げがあった）。

　モトローラ社の企業内大学（モトローラ U）の前身「モトローラ研修教育センター（MTEC）」は 1980 年に設立された。当時の CEO カルビンが 1979 年に人材育成部に立案を指示した従業員研修 5 か年計画を実行するための研修専門組織であった。「従業員参加型の経営体制を確立することと，品質を 5 年間で 10 倍向上させること」という二つの大きな目標が課せられた MTEC の使命は，「社員研修というよりもむしろ変革の主導的立場を担うことであり，従業員を再教育し，彼らの仕事観を改めることにも重点が置かれた」（ウィッゲンホーン，2007, p.229）という。

　1989 年にはモトローラ U が創立した。モトローラ大学の初代学長で研修教育担当副社長だったウィッゲンホーン（2007）は，1990 年当初，5 年間で 3,500 万ドルという多額の予算が組まれていたのに，さらに「10 年後には年間 6,000 万ドル，さらに研修によって失われる労働時間が別途 6,000 万ドル規模に上るが，誰もがたいせつな投資であると考えるようになった」（p.227）と述懐している。**研修参加者の機会損失費用もしっかり計算されているコスト回収モデ**

の考え方である。その後，既存の短大・大学と連携し，社員に2～3年教育活動への専念を業務命令する利益部門モデル型のグローバル研修機関となり，社員以外も受講者として受け入れ，出版会を有して毎月100万ページ以上の出版物を発行する正規職員20人，非常勤職員300人を抱える組織に成長した。機能別に講座を企画するチームが存在し，そのメンバーである「インストラクショナル・システム・デザイナー」（教育システム企画者）たちは「その肩書き，報酬，地位，身分の保証等において，設計エンジニアと同等に扱われている」（同書，p.261）という。彼らは個々の仕事を分析し，それぞれに必要なスキルを抽出し，成人向けの研修講座としてパッケージすることを専門にする設計エンジニアなのである。

　組織内の管理部門で用いている内部プロセス手法が効果的で独創的なものであれば，それを商品化して他組織に売り込むことをめざす。これに当てはまるのは何も教育研修だけではないが，大企業の教育研修部門が分社化して，親企業だけからの受注に頼らずにライバル会社を含む他企業へも教育研修を販売するようになるという事例は，わが国にも存在する。教育研修部門が分社化・独立採算をめざすかどうかはともかくとしても，積極的に自部門の強みを磨き，**外でも勝負ができるレベルを達成することは自組織にとっても有益**な成果をもたらすことにつながる。「予算をいただくからには，それに見合ったベネフィットをお返しします」というROIの考え方は，経費配分モデル型の組織においても有用である。自部門に磨きをかけ，その強みを経営トップにも知ってもらうために何ができるか，アイディアを考えてみてはどうだろうか？

人材開発バリューチェーンの出発点としての研修部門の仕事

　人材開発をバリューチェーンで考えるという枠組みを紹介する（図10-1）。第3章で紹介したバランス・スコアカード（BSC）を右上の4つの四角形に据えて，それを実現するためのHRスコアカードを左下の4つの四角形とし，その両者を結び付ける中間の4つの四角形に研修担当者が直接めざすアウトプット（社員のスコアカード：原語ではWorkforce Scorecard）を据えたものであ

● column

米国流と日本流の PDCA サイクルの回し方の違い

　IBM で戦略や企画に長い経験を持つ永井（2013）は，想定外を前提に大ざっぱな企画を実行・検証する米国流と完璧な戦略企画のためにかえって修正がきかなくなる日本流の PDCA サイクルの回し方について，その違いを以下のように説明している。

● **米国流**（永井の若い頃の米国人との企画会議）

　「じゃあ，ポイントはコレとコレだね。OK。他に意見はあるかな？」あまりにあっさり結論を出して進めようとするので，私が手を挙げる。

　「率直に言うけど，検討が不十分だと思う。アレとソレも考えておくべきだと思う」

　「オー，グッドポイント。さすがにナガイさんは綿密に考えているね。ありがとう。それは次回の検討項目に入れよう。ちゃんとメモしておいたから大丈夫だ。じゃあ，これで実行するよ。次のチェックポイントは1か月後だ。その時に進捗状況をまた議論しよう」。(p.144)

● **対する日本流**

　まず徹底的に企画（Plan）に時間をかける。できる限りのデータを集め，あらゆる状況を想定し，徹底的に関係者に根回しを行う。想定外をすべてつぶす。ここに時間の7割をかける。そして実行（Do）に入る。そして当初の企画段階で想定していなかったことが起こる。しかし柔軟性がないので，うまく対応できない。そこで検証（Check）と対策（Action）の段階。ここにはあまり手をかけない。既に根回しが終わっているので，「結果の検証と修正」という発想がない。修正しようとすると，当初根回しした関係者から「話が違うじゃないか」というクレームをつけられることすらある。そして学んだことを，なかなか次の計画に反映できない。(p.146-147)

　永井は，企画に数か月かけることができた古きよき時代は終わったとし，「むしろ半日で仮説としてのたたき台の企画を作り，関係者を巻き込んで実行してみる。そして数週間から数か月で成果を着実に出し，結果を検証する。仮説と検証を繰り返しながら企画を育てていくことが必要なのだ」(p.148-149) と主張する。

　永井は，自分自身が人材育成マネージャになった時に半日で立てた仮説は次の3点で，これをもとに，経営トップに投資を迫ったという。このノリであなたも何かやってみることができるのではないだろうか？

① 事業部が成長するためには，どのような人材が必要なのか？
② その人材を育てるためには，どこに焦点を絞るべきなのか？
③ 焦点を絞った人材育成のためには，どのような研修が必要で，いくらお金がかかるのか？

　「この戦略は完璧ではありません。現時点で関係者と話し合い，ベストを尽くして作った『仮説』です。今後，3か月ごとの予算承認の際に，実施結果を報告します。得られた結果は次の戦略に反映させ，戦略を進化させます。今回持ってきたのは，最初の3か月間の案です。ですから，この案に投資してください」。(p.101)

注：PDCA とは Plan-Do-Check-Action の略。

課題 4 「貢献構想メモをつくる」

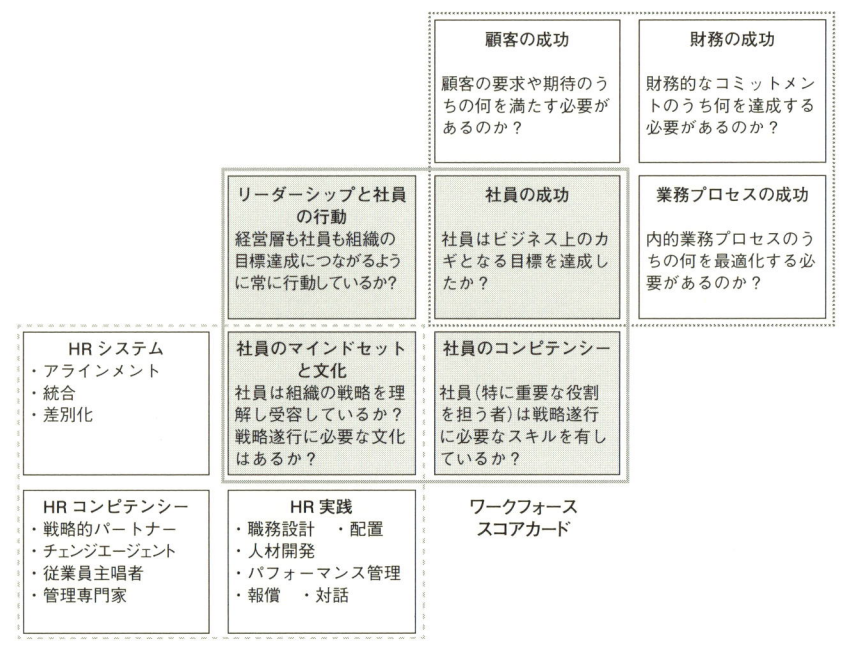

```
                                    バランススコアカード
                        ┌─────────────────────────────────┐
                        │  顧客の成功        財務の成功      │
                        │  顧客の要求や期待   財務的なコミット │
                        │  のうち何を満たす   メントのうち何を │
                        │  必要があるのか？   達成する必要が  │
                        │                   あるのか？      │
                        │                                  │
            ┌───────────┤  リーダーシップと   社員の成功      業務プロセスの成功│
            │           │  社員の行動        社員はビジネス上  内的業務プロセス │
            │           │  経営層も社員も組織  のカギとなる目標  のうち何を最適化│
            │           │  の目標達成につな   を達成したか？    する必要がある │
            │           │  がるように常に行                    のか？         │
            │           │  動しているか？                                    │
┌───────────┤           │                                                   │
│ HRシステム │           │  社員のマインド    社員のコンピテンシー              │
│ ・アライメント│          │  セットと文化      社員（特に重要な役             │
│ ・統合     │           │  社員は組織の戦略   割を担う者）は戦略              │
│ ・差別化   │           │  を理解し受容して   遂行に必要なスキル              │
│           │           │  いるか？戦略遂行   を有しているか？                │
│           │           │  に必要な文化は                                   │
│           │           │  あるか？                                         │
├───────────┼───────────┴─────────────────────────┘
│ HRコンピテンシー│ HR実践                   ワークフォース
│ ・戦略的パートナー│ ・職務設計  ・配置        スコアカード
│ ・チェンジエージェント│ ・人材開発
│ ・従業員主唱者│ ・パフォーマンス管理
│ ・管理専門家│ ・報償    ・対話
└───────────┴───────────┘
    HRスコアカード
```

図 10-1 人材開発バリューチェーン（Huselid et al., 2005）
注：Huselid et al., 2005, p.4 の図 1.1 を鈴木が訳出。楠田・大島，2011, p.123 に大島の訳による簡略形の紹介あり。

る。BSC が広く用いられるようになった一方で，最も戦略化が遅れていたのが「学習と成長の視点」であった。それを，社員の成功の視点としてとらえた。一人ひとりの社員が成功するためにはコンピテンシーの向上と実際の行動の変化が求められる。それを促すのが社員のマインドセットと組織の文化であり，**社員の成功を支える全要素に働きかけるのが HR の役割であるという価値の連鎖（バリューチェーン）を描き出した**ものである。人材開発担当者の役割は，総支出の 1% 程度にしかあたらない人材開発に投入する経費の節約をめざすのではなく，総支出の 60 〜 70% にも及ぶ全社員に支払っている給与全体の ROI を確保することにあると発想を変える。そのためには各部門のマネジメントと連携を取りつつ，社員の成功を実現すること全体に視野を広げなければならないと主張した（Huselid et al., 2005, p.10-11 を鈴木が訳出して要約）。

人材開発バリューチェーンの価値連鎖の出発点が研修部門にあり，そこから組織の構成員一人ひとりの成功が生み出される。そして，組織の構成員それぞれの成功が，組織全体の成功につながっていく。そう考えれば，香本（2003）が指摘した「人材開発担当者は現在の日本企業再生のカギを握る存在」だという激励も，絵空事ではないと思えるのではないだろうか。構成員一人ひとりが成功するためには，図10-1の中段に描かれているように，職務をしっかり遂行するための力量（コンピテンシー）を身につけていることと，その力量を日々の行動の中で出し切ることを支援するマネジメントの存在が不可欠である。それに加えて，力量向上をめざそうとする本人の意欲とそれを支える組織文化がなければ，構成員個々の成長は止まってしまう。これら全体を下支えするのが研修部門の仕事であり，そのためには，受講者が所属する部門のマネジメントと協働して受講者一人ひとりのやる気を高め，スキルを育て，行動変容を支えていくことが求められているのである。

　研修部門がやるべきことは，HRスコアカード（図10-1下段）に記されている。目標とすべきターゲットは，組織の構成員一人ひとりのマインドセットと組織文化である。受講者各自がやる気になりそのやる気を支える文化が職場にあれば，自ずとスキルは向上し，それが職務行動に反映する。マインドセットと組織文化に働きかけるための制度や手順を整備し，研修を含んだ（しかしそれにとどまらない）さまざまな施策を創造し，実践するのが具体的な仕事になる。そして，これらのバリューチェーン全体の起点として図10-1左下隅に位置づけられているのが研修部門が有する専門性（HRコンピテンシー）ということになる（HRコンピテンシーについては第11章で詳述する）。

　表10-2に，フセリドら（Huselid et al., 2005）が経験した製薬会社の実例をもとにして仮想会社Big Pharmaの事例としてまとめたワークフォーススコアカードの達成指標を示す。M＆Aで激化する一方のグローバル競争と各国の医薬品承認までに必要な長期間の認証手続き，あるいはその一方で特許期間を過ぎた医薬品販売特権の消滅など，医薬品業界には特有の激烈な競争が存在する。この会社は，社員の成功に直結するキー職種として，創薬に関わる科学者と製品の品質を左右する製薬部門の監督者，ならびに医者の処方箋数に強い影響力を持つ営業担当者（MR）を抽出し，それぞれに達成指標を表10-2の

表 10-2　ワークフォーススコアカードの事例（仮想製薬会社）(Huselid et al., 2005)

カード		達成指標（KPI）
社員の成功	研究開発部門の科学者	認証試験の初期段階に進んだ新薬用化合物の数；治療領域知識の幅と深さ；最新テクノロジの導入数（科学者を引き留めるために必要）；化合物発見から初期段階へ進むまでの速度
	製薬部門の監督者	総合的品質指標；受注品出荷完了率；標準製造費用達成率；流動資産利用率；従業員事故による欠勤のアクシデント数と期間；製造ライン停止件数と期間；総合的生産性指標
	営業部門の担当者（MR）	治療領域と医薬品分類での市場占有率；担当者ごとの割当数に対する新規処方箋数 vs 合計処方箋数；自社・競合製品知識の深さ；医者一人当たり5分以上の訪問数（処方箋獲得につながる確率が高い）；設置サンプル当たりの処方率（サンプルが高額のためむだを防ぐ）
リーダーシップと社員の行動 ※		リーダーシップ360度調査の加重平均値；知識共有尺度の加重平均値（常設チーム用と全従業員用）；職務遂行査定360度調査の加重平均値（常設チームのみ）；A評価社員 vs C評価社員の離職率（それぞれ低 vs 高を期待）；
社員のコンピテンシー ※		全キー職種のA評価社員率（最低一人以上）；A評価になる可能性を持つB評価社員率（特別研修プログラムの対象者）；A評価社員への加配昇給・ストックオプション・ボーナスの支給率；スキル習熟度尺度の合格・高得点合格者率；医者訪問ロールプレイ演習・製品テスト得点（営業担当者のみ）；360度調査における全キー職種の有資格予備候補者数
社員のマインドセットと文化 ※		電子的アンケート調査における組織戦略高理解者率，戦略への高コミット者率；戦略遂行力保持者率；戦略遂行を支える文化が組織に存在していると認識している者の割合
社員に関する財務指標（併用）		社員数；報酬の総額；研修開発費の総額；ボーナス支給総額；給付オプション総数（いずれも全キー職種のA評価社員とその他を分けて算出）

注：Huselid et al., 2005, p.92-93 の図 3-2 の一部に本文からの説明を追記して鈴木が訳出した。
「社員の成功」を示す KPI は部門ごとに異なるが，それ以外（※印）は，全部門共通の指標を使い，部門ごとに算出することにしたもの。

ように決定した。社員の成功のところに登場する達成指標（KPI）は製薬業界独特のものも含まれているが，他業種にも等しくあてはまるものも発見できるだろう。

いずれにせよ，学習と成長の視点でのBSC戦略達成には，社員の成功が欠かせない。社員の成功には，上司のリーダーシップに支えられた社員の行動と，行動を支える社員個々のコンピテンシー，さらには組織戦略を受け入れ積極的に貢献しようとする社員個々のマインドとそれを後押しする職場の文化が必要である。これらの互いに連鎖している4つの要因に関するKPIを達成するためには何ができるかを俯瞰し，人材開発についての戦略を考案して，各部門のマネジメントと歩調を合わせながら実行していく。その中核を担う推進役として研修担当部門を位置づけて経営トップや部門長にアピールすることができれば，組織におけるプレゼンスを確保できることは間違いないだろう。

能力開発の自己責任原則とその支援

人材（Talent）は「すべての価値創造を促すエンジン（動力）であり，将来において希少資源となる」（クリステンセン，2008, p.48）と考えれば，研修部門の主たる業務は，人を育てることになる。研修がその一つの方法論にすぎないとすれば，他の方法も駆使しつつ，職能を高めるのみならず，仕事観を改めることまでを視野に入れた役割の再定義が求められていると考えられよう。また，「すべてのビジネス上の課題（問題と機会）はより深いところに内在する人材と組織上の課題から外部に現れた兆候（Symptom）である」（同書，p.48）という前提に立てば，研修部門は組織課題のあらゆる場面において貢献できる可能性を持っているし，またそうしていかなければ十分な役割を果たしていると言えなくなる。人を育てることを通じて，組織全体を育てることにも貢献できるし，それが求められているのである。

香本（2003）は，社外に通用する専門スキルを持つことが個人の自立につながり，**自立した個人を多く抱えることが結果的には会社のレベルアップになる**との立場から，**能力開発の自己責任原則**を提唱している。すなわち，個々のキャリアを考える主体は，組織ではなく自分自身であり，人材開発の基本は個人

支援だとする。必要としている人に必要なことを提供することで資源配分を効率的に行うためには、**研修への不参加すらも認めるべき**であり、「この研修に参加するかどうか」をネタにして上司・部下間のコミュニケーションを促進するのがよいという。その背景に「能力開発における会社としての責任は、結局、各部門の長がもつ」(p.38) と考え、それを支える人材開発担当者の在り方を表10-3のように主張している。

クリステンセン（2008）が手がけたホールマーク社では、学習と開発のキーとなる原理として、以下の4つをあげていた（表10-4）。

① 人材開発とは、成功するパフォーマンスに帰結する行動を形成するための「投資」である。
② 人材開発の多くは、教室ではなく職場で起きる。
③ 従業員と管理職は人材開発プロセスにおけるパートナーである。**従業員は自己の開発に責任がある**。管理職は開発に必要な情報と機会を従業員に与え、支援的な環境づくりをする。
④ 成功するパフォーマンスを示す個人の行動は、コンピテンシーとして記述される。

「従業員に満足度を高めてもらうように導くことと、従業員に有能な人材に

表10-3 ビジネス環境の変化と人材開発担当者の在り方（香本，2003）

(1)「市場価値の高い人材の育成」という視点で関わり、社外に通用する人材を育成する。そのためには、専門性に加えて対人感受性が必要
(2)「自分のキャリアは自分で創る」ことを社員にPRし、本人の選択に応じた自己啓発を支援する
(3) 職場内の人材育成は部門長が責任を持つ。当面、部門業績の結果責任を持つ部門長が要員の育成責任を負うべきで、将来的には採用から退職に至る人事権を全般的に持つべきである
(4) 実施した諸施策の職場内フォローを行う。フォローシートを使って職場のヒアリングをすることが部門長支援活動にもなる
(5) 人材開発部門は、各部門長の専権事項である所属要員の育成を支援することに徹する。誰に対して何を支援できるか社内ニーズを探り、社外に発注するより安価でかつ価値の高い育成サービスが提供できることをPRする。そのためには、プロセスデザイナーの素養が求められる

注：香本，2003，p.57-64の本文を鈴木が要約して作表した。

表 10-4 従業員との契約（ホールマーク社の事例）（Christensen, 2006）

価値観	従業員が期待できること	従業員に期待されていること
個人の尊厳	誰もが正直さと敬意と感受性をもって扱われる職場でそれぞれの個人が十全に参画する方法が求められ，それが推奨されていること。	互いに協力して生産的に働き，お互いが違うことを前提に正直さと敬意と感受性をもって接すること。
パフォーマンス	卓越性が標準である会社で働くこと。顧客の満足度を支援するための目標が明示され，仕事が有意義であること。個々の，及び経営上の成功を反映した報酬が用意されていること。職務上の機会は高いパフォーマンスの継続と変化するニーズに対応する意思に基づいて与えられること。	会社が定めた基準を達成するあるいはそれを超えるために同僚と協調的に働くこと。手にした成功を維持するために必要となる挑戦的な目標を確立することに参画すること。ビジネスを高めるためにアイディアを貢献すること。
コミュニケーション	個々の，あるいは経営上のパフォーマンスについての直接的で建設的でタイムリーなフィードバックを得ること。業務を上手に遂行するために必要な情報にいつでもアクセスできること。意見を聞いてもらい反応を得る機会を持つこと。	入手したフィードバックを受け入れ，それに対処すること。他者と正直で建設的な双方向コミュニケーションをとること。従業員や自組織，あるいは顧客の情報についての守秘義務を守ること。
人材開発	ビジネス上の目標を達成するために必要な知識・スキル・能力についての情報を受け取ること。自己の潜在能力をフルに開発する機会を持つこと。学びを促進する環境を持つこと。	自己のキャリアについて自分でオーナーシップを持つこと。個人の生産性を高めるための継続的な学びに取り組むこと。会社のビジネスゴールを達成するために求められるスキルを継続的に発揮すること。
公平さ	個人のニーズや環境に配慮して規則や慣例が適用され続けること。	会社の規則や慣例を理解し適用すること。ビジネスニーズが発生した時には適切な従業員と一緒にそれらの規則などを変更すること。

注：Christensen, 2006, Figure13-2, p.182 を鈴木が訳出した（訳書のクリステンセン，2008，p.192 の図 13-2 と若干訳が違うが，訳書を見る前に訳したものであり，他意はない）。

なってもらうこととの間に生じるギャップ」(p.193) を意識し,「厳しい世の中と職場の現実から従業員を保護するという間違った方向に歩みはじめること」(p.193) を避けるために,表10-4に掲げるような従業員との契約を生み出し,価値観の共有を図った。ホールマーク社は独特な従業員関係を構築しているので他社にはそのままあてはまらないと注記しているが,社員の保護ではなく社員の自立支援を前提にした場合に,どんな点で仕事観や責任分担についてのすり合わせをすべきかの参考にはなると思う。わが国においても「そのぐらいは言わなくてもわかるはずだ」という伝統が失われつつあるとすれば,この手の契約を結ぶことや話し合いの材料にすることも有効な手段なのかもしれない。

タレントマネジメントと組織開発

　タレントマネジメントとは,「人材の採用,選抜,適材適所,リーダーの育成・開発,評価,報酬,後継者養成等の人材マネジメントのプロセス改善を通して,職場の生産性を改善し,必要なスキルを持つ人材の意欲を増進させ,現在と将来のビジネスニーズの違いを見きわめ,優秀人材の維持,能力開発を統合的・戦略的に進める取り組みやシステムデザインを導入すること」であると人材マネジメント協会（SHRM）は定義している。伝統的な HRM の時代から「人財」(Human Capital) と呼ばれた時代を経て,これからはタレントマネジメントの時代であると盛んに宣伝され,ICT を活用したタレントマネジメントシステムの販売合戦が繰り広げられてきた。日本語でタレントといえば芸能人をイメージするが,組織にいる人の資産価値に焦点をあてて,持ち味を最大限に生かして貢献してもらえるような仕組みづくりを志向している。タレントマネジメントという新しい名前が与えられ,軽視できない動向になっている。

　一方の,**組織開発**（OD = Organizational Development）とは,「人と組織が最善の仕事をできるように支援すること」（ヘインバーグ,2012, p.ix）である。個人の能力（タレント）をいかに引き出すか,ということよりも,個人が集まっている集団（チームあるいは組織全体）の力をどのように高めていくかに関心を寄せている研究分野である。OD では,組織のゴール達成に向けてあらゆる

側面が**アラインメント（整合性が取れている状態）**できるように，支援・コンサルテーション・コーチング・分析・研修・設計を行う。ODの専門性は，バリュー・システム思考・行動科学を柱とし，**触媒（カタリスト）**として働くことを重視するという。

　組織開発の価値観を示すキーワードとしては，エンゲージメント，人間関係，真正性（うそ偽りがなく信頼できること），インクルージョン（全員を受容すること），学習を促す環境，リスペクト（尊重・尊敬），エンパワーメント（部下への権限委譲），柔軟性，プロアクティビティ（事後処理的でなく予測に基づく働きかけ）などがある。分析・設計の対象となるシステムの要素としては，構造・文化・プロセス・実践・ゴール・組織の測定尺度・コミュニケーションと意思決定プロセス・テクノロジー・ワークフロー・スキル・マネジメントの実践があげられている。

　研修部門が，組織の人的資源を最大限に生かし，個々のタレントの能力や行動様式，あるいは価値観を変えていき，ひいては個人に留まらずに組織そのものを開発することまでを担う戦略的HR部門となる。このことは，これまでの業務に比べたら飛躍的に業務範囲が大きくなることを意味するのかもしれない。しかし，戦略的HRはHR部門にしかできない仕事だと指摘する声も大きい。例えば，クリステンセン（2008）は，「戦略的HRという視点を人材が絡むキーとなるシステムすべてに導入することを効果的に為し遂げることは，組織内の他の部門のリーダーたちにはできにくい」（p.134）と指摘し，その役割をHR部門が担うためには，監視官からパートナーへの脱却（表10-5を参照）が必要だと述べた。これまでのルールを遵守することに重きを置く監視官的な役割（原語のcopは巡査・警察官の意味）を脱却し，組織の明日を創造していく戦略を支える黒子的な役割（パートナー）への脱皮が求められている。

　HR部門全体に変革をもたらすことができるのは教育研修に精通している研修担当のあなたにほかならない。それは，これまでの監視官的な役割を担ってきた人ではなく，受講者のパートナーとして彼らの成長を願い，そのことを通じて組織全体に貢献することを喜んできた黒子的な役割を演じられる人だからである。HR部門全体に対する期待感が高まり，HR部門に変革が求められているとすれば，HR部門の中のこれまでの役割分担を超えて，新しい役割を担う

表 10-5　人材部門の役割：監視官かパートナーか（クリステンセン，2008）

	監視官（Cop）	パートナー
パワーの源泉	●制度やコンプライアンスの基準を設定 ●コントロールを堅持	●専門能力とコンピテンシーを提供 ●ビジネスで業績を達成する能力
目標	●一貫性を保つ	●ビジネスの成長と成功を促す
アプローチ	●経営陣にセーフティネットを提供 ●人材マネジメントを後押しし、維持する	●ラインマネジメントに提案を自分のものとして受けとめてもらい、結果責任を負ってもらう ●ラインマネジメントに人材マネジメントを牽引してもらう ●コンサルテーションに基づく説得を行う
結果	●人材部門が批判のターゲットになりやすい	●人材部門と経営陣が重要な人材マネジメントの仕事に対してパートナーや共同オーナーになる

注：クリステンセン，2008，p.80 の表 6-1 を再掲。

体制を準備する必要がある。これまでとは異なる役割が期待されており、まだそれが実感できない組織であったとしても、これからは期待されることになるだろう。「脱皮しない蛇は滅びる」とニーチェは言ったそうだが、あなたの属するHR部門は脱皮できるだろうか？　研修を担当してきた部署がHR部門全体の脱皮を促進する役割を担えるだろうか？　そして、あなた自身はどうだろうか？

組織文化に応じた人事管理施策

　　キャメロンとクイン（2009）は、表10-6に示すように組織文化を**競合する価値観**に基づいて4つに分類し、どの価値観をどの程度強めて（あるいは弱めて）いくかを見きわめてから人事管理施策を検討することを勧めている。小さい組織はその誕生から、イノベーション文化→家族文化→官僚文化→マーケット文化へとその組織文化をシフトして大規模になっていくとし、**組織がどの文化の傾向を強く持つかを診断して組織変革に役立てることができる**

表 10-6　組織文化の競合価値観フレームワークと人事管理（キャメロン・クイン，2009）

		イノベーション文化	家族文化	官僚文化	マーケット文化
組織の例		コンサルティング会社，NASA	日本企業，ピープル・エキスプレス航空（創業初期の5年間）	マクドナルド，フォード，司法省，大きな州政府	フィリップス，GE（休みなく進歩し続けて敵を負かす）
価値・傾向		柔軟性と裁量権・独立性		安定性と統制	
		外部・差別化	組織内部に注目・調和重視		外部・差別化
価値の源泉		変革，俊敏性・機敏性	コミットメント・コミュニケーション開発	効率性・適時性・一貫性と画一性	市場シェア・目的の達成・収益性
リーダーのタイプ		革新者・起業家・ビジョナリー・革新的なアウトプット	社員の自発的活動の促進者・メンター的温かい支援者・チームワークの開発者	活動のコーディネート役・監視者・まとめ役	厳しい要求で社員を鼓舞する・生産的で競争を好む
求められるTQMの指標		驚きと喜び，新しい基準の確立，顧客の要求の予想，継続的な改善，クリエイティブな解決策の発見	社員の組織に対する影響力の強化，チームワークの育成，社員の積極的参加，人材能力開発，オープンのコミュニケーション	エラーの発見，実態の測定，プロセスコントロール，システム的問題解決，品質向上ツール（特性要因図，パレートチャート，KJ法，分散描画法等）	顧客の好みの測定，生産性の改善，外部との友好的協力関係，競争力の向上，顧客とサプライヤーを巻き込む
人事マネジメント	役割	チェンジエージェント	社員全員の擁護者	管理の専門家	戦略的ビジネスパートナー
	手段	変革を促進すること	社員の要求に応じること	業務プロセスのリエンジニアリング	人事とビジネス戦略を整合させる
	目的	組織の刷新・変革	団結・コミットメント・人的能力の促進	効率的なインフラ	財務的効果
	必要な能力	システム分析，組織変革のスキル，相談に乗ったりアドバイスし活動を促進	やる気の評価，マネジメント能力開発，システム改善	プロセス改善，顧客関係管理，サービスに対するニーズの評価	事業活動全般のスキル，戦略的分析，戦略的リーダーシップ

注：キャメロン・クイン，2009，p.67，72，74 の図等を要約して作成した。

と主張した。

　人事管理施策は，組織の現在のあるいは望ましい組織文化の傾向を強めるものでなければならず，このフレームワークでは，人事マネージャがどのようにすれば組織の変革と改善を促進できるかも示されている。例えば，組織がその黎明期にあり制度が整っていない状況（イノベーション文化が高い）であれば，官僚文化的な要素を導入していくことが望ましいのかもしれない。反対に，歴史が長くマンネリ化・硬直化が進みつつある組織であれば，もう少し組織の柔軟性を回復するチェンジエージェントの役割が期待されているかもしれない。組織の戦略が強いマーケット志向であれば，その対極にある家族文化のよさを失わないように注意を払う必要があるかもしれない。人事管理や研修制度についても，現在の組織文化の強みを生かして，弱点を補強する方向で考えるのがよい。

　さて，あなたの組織は現在，どの文化の傾向を強く有しているだろうか？　その長所を伸ばし，不足を補うために，どのような研修の体制を整えていったらよいだろうか？　表10－6では研修部門を含む人事マネジメントには，チェンジエージェント・社員全員の擁護者・管理の専門家・戦略的ビジネスパートナーの4つの顔が求められるとされているが，現状はどれがどの程度強くて，進むべき方向性はどうだろうか？　4つの文化の特徴を見比べて，意見交換をしてみよう。

　組織に貢献できるような研修部門になるためには，今から何をなすべきか？　部門の将来像について話し合い，それぞれがめざしたい方向を共有し，すり合せて，それを現実のものにするために何をしたらよいのかを考えてみよう。表4－2で紹介した「典型的なパフォーマンス分析の質問」（85ページ）は，自部門のパフォーマンスを分析して今後を考えるアイディアを出すためにも参考になるだろう。言われてから慌てるのではなく，今後起こりそうな変化を予測して，プロアクティブな発想で考えてみよう。

事例

　　研修担当2年目の佐藤さんは，自分の将来進むべき方向性を考え始めていた。いったいこの研修部門はこの先どうなるんだろうか？　私はどのような役割を果たせるのだろうか？　佐藤さんは，この章で書かれていたことをどう受け止めたのだろうか，彼女のつぶやきに耳を傾けてみよう。

＊＊＊＊＊

　私の組織はどう考えても経費配分モデルだ。毎年決まった研修を疑いもなくやり続けているのだから。その安心感は心地よかったけれど，経費削減の波が押し寄せていることは感じていたし，それはどうにもならないことだと思っていた。でも，コストセンターを脱却して，投資に見合うだけの成果を上げる部署になれれば，将来が明るくなるのかもしれない。そういえば知り合いが勤めている会社には，グループ内に教育研修を担当している会社がいくつもあって，親会社から100％受注でやっているところもあれば，だんだん親会社依存度を低くしていってライバル会社にも研修を提供するようになったところもある。同じ分社化でも，経費配分モデルのところと，利益部門のところでかなりの差が出てくるということね。

　バランス・スコアカードの左下にさらに続きがあったのは驚き。しかも，研修に関係している私たちがすべての価値連鎖の源流に位置づけられている。この人材開発バリューチェーンの図には少し勇気をもらったと思う。私たちの仕事が組織全体の成功の下支えなのね。そう考えると，確かに研修を回しているだけじゃぁ役割を十分に果たせていないような気もしてくる。やるべきことが山のようにありそうで，それを考えただけでも潰されちゃいそうになる。だけど，それだけ専門性を高めることができるという風に考えれば，お先真っ暗というよりは，希望の光が見えてくる。これも気のせいかもしれないけど……。

　自己責任論がまた登場した。よっぽど大事なコンセプトなんでしょうね。社員のマインドセットと組織文化がHRのターゲットだとすれば，まずはやる気になってもらわなければ始まらない。「馬を水辺に連れて行くことはできるが，馬に水を飲ませることはできない」という格言と同じね。やる気になってくれればサポートしがいがあるけど，やらされ感だらけの受講者は確かに困りもの。そこは突き放せばいいのね。本人の努力次第で出世も昇進も，あるいは希望部署への配置転換もあるわ

けだし、それを最大限にサポートするのが自分の役割だと考えれば、自己責任ですよ、というのも何もやらない言い訳じゃないんだと思える。突き放すためには、こちら側も最大限の努力をしているというのがその前提になるということね。

　組織文化には4種類あるっていうけど、私のところはやっぱり官僚的文化かなぁ。外資系ほど慌ただしくないのは好きだけど、何も変わらなすぎるのはやっぱり心配。出る杭は打たれるという不信感もあるのであまり目立ちたくないと思ってしまう。それは官僚的だからと思えば、その通りだけど、このままじゃまずいとしたら何をどう変えていけばいいんだろうか？　みんなが和気あいあいとやっていられるのは家族文化的要素があるからか。そう言えば内向きの人が多いし、安定指向だし、それって、官僚文化と家族文化の共通点なのね。やっぱり少しずつ、目立たないように、調和を乱さないように、そして新しいことと思われないように工夫してやっていくしかないみたい。でもそんなこと私にできるのかしら……。

　表10－6の人事マネジメントの役割の行を見ると、官僚文化では「管理の専門家」、家族文化では「社員全員の擁護者」という役割を果たしていると書いてある。なるほど、うちの人材育成担当部門も、そういう役割を果たしてきたと言えそう。社員の味方という強みは継続しつつ、これからは「戦略的ビジネスパートナー」や「チェンジエージェント（変革者）」の役割を担えるように期待されていくかもしれない。そうなっても大丈夫なように、密かに準備を始めるのがよい、ということなのかな。守りの部門としてだけでなく、攻めにも役立つようになるって大変そうだけど、やりがいは大きくなりそうでワクワクしちゃう。あくまでも、目立たず準備、ですね、まずは。

練習

1. 次の研修部門の現状は資金調達3モデルのどれにあたるかを指摘し，考えられる長所と短所を下記の選択肢から選び，考えられる施策を提案しなさい．

   事例1：A社では，経費削減の要求から外注している研修を内製化するように研修部門へのプレッシャーはあるものの，新入社員研修や階層別研修が充実しており，長年にわたって安定したカリキュラムで運用されている．

   事例2：B市では，部局ごとに算出された人材育成経費を年間計画に従って申請ベースで配分し，外部団体が運営する講座の受講料などに支出している．その他に研修部門が全部局を対象に毎年外部講師を招聘して実施している講座もある．

   事例3：C大学では，関連企業と共同開発した職員向け研修をパッケージ化し，関連企業を通じて他大学の職員向け有料講座として実施している．

   事例4：D病院では，多くの研修は勤務時間外に行われており，研修担当者は外部資格を有するインストラクタであるが，研修担当による本来業務の軽減もなく，ボランティア扱いである．病院外の有資格インストラクタ相互のネットワークによって研修の質は担保されており，受講者の反応もよく継続的に行われている．

   事例5：あなたが現在所属する組織，あるいはこれまでに所属していた組織（自組織）についても上記の4つの事例にならって分析してみよう．

   選択肢：
   長所（あ）安定的・継続的な研修サービスが提供でき，組織内にPRする努力をする必要がない
   長所（い）コストセンターを脱却して，他組織への販売・普及もできるようになり利益を生み出す可能性がある
   長所（う）一定の安定性を担保した上で，研修内容や開講時期・頻度を現場ニーズに合わせて柔軟に決められる
   短所（え）受講者が集まるかどうかが最優先指標になりやすく，真のニーズを見失い利益追求に偏る危険性がある
   短所（お）定型的な内容を繰り返すだけになりやすく，新しいニーズに応えようとする研修部門の努力が報われない
   短所（か）組織内で研修を売り込む必要が生じ，安定性を失うばかりか財務的な問題を抱えやすい

244 ──課題 4 「貢献構想メモをつくる」

組織	資金調達 3 モデル	長所	短所	施策案
A 社	配分・回収・利益			
B 市	配分・回収・利益			
C 大学	配分・回収・利益			
D 病院	配分・回収・利益			
自組織	配分・回収・利益			

2. 次の指標は，人材開発バリューチェーンに含まれる 10 要素のうちどれに関することか。最も適切なものを以下の語群から選択しなさい。

指標 1：営業担当者が個々の売り上げ目標を達成すること
指標 2：職務関連スキル習熟度試験の合格者率・高得点合格者率が高いこと
指標 3：組織の経営戦略についての理解度が高く，コミットメントも高いこと
指標 4：受講者が研修で学んだ成果を職務で活用することを上司が奨励していること
指標 5：人材育成施策が組織の経営戦略と合致していて，メリハリがあること

語群： （あ）財務の成功　　　　　　　　（い）顧客の成功
　　　　（う）業務プロセスの成功　　　　（え）社員の成功
　　　　（お）リーダーシップと社員の行動　（か）社員のコンピテンシー
　　　　（き）社員のマインドセットと文化　（く）HR システム
　　　　（け）HR 実践　　　　　　　　　（こ）HR コンピテンシー

3. 次の組織では，能力開発の自己責任原則の観点からみて，組織と構成員との関係の現状はどう評価されるか？　自己責任原則の実現度を高・中・低の3段階で評価し，また現状よりも実現度を高めたり本来の目的に沿う状況を実現するために有効だと思われる研修部門の施策を選択肢から選びなさい。また，他のアイディアがあればメモしなさい。

事例1：E社は，表10-4にあるホールマーク社の事例を参考に社員と会社の関係について話し合いを持ち，社員が会社に期待できることと会社が社員に期待することについて相互理解を深めた。その後に，会社が用意した手厚い導入研修を全員に受講してもらい，入社後2年間にわたってメンターとなる直属上司以外の先輩社員との定期的な面談を実施している。

事例2：F病院では，新任看護師の離職率が高いという問題を受けて，プリセプターと呼ばれる先輩看護師を相談役としてそれぞれ配置し，一人前になるまでは担当患者数を減らすことにした。それではしわ寄せが来る中堅看護師が疲弊して別の問題が生じかねないとの批判もあったが，初年次の離職率を減らすというKPIを重視して，いわば「手取り足取り」で手厚く育てていくことにした。新任者研修は全員を集めて頻繁に行い，すべて必修とし，プリセプターへの報告を義務づけた。

事例3：G大学では，グーグル社で成功を収めたITO（イノベーションタイムアウト）制度にヒントを得て，業務時間のうちの20%（週5日のうちの1日）は通常業務を離れて自分の興味が持てることに時間を使ってよいというポリシーを全職員に適用した。もともとこの制度はグーグル社で働く技術者やデザイナーなどイノベーティブな仕事を好む人たちが新しいことに挑戦する時間を確保することによって，離職率を抑え，常に挑戦し学び続けることで満足感を高めるために考案された制度であり，それを大学職員に適用することには疑問の声もあった。実際，制度導入によって業務量が減るわけでもなく，互いに負担感が増加したことに不満もあり，何をやってもよいとされた20%の時間を持て余している職員も少なくなかった。

事例4：H町では，さまざまな企業や団体で有効活用されていると聞いた「自己啓発支援制度」を採用し，通信教育講座などの受講や資格試験の受験に対してその受講・受験料を町が負担する制度を開始した。ただし，納税者

——課題4 「貢献構想メモをつくる」

からの批判の的になることを恐れ，自己啓発する内容は何らかの形で自治体の業務に関連していることに限定し，単なる趣味を補助することにならないようにした。また，途中で止めることを防ぐために，講座の受講についてはその完了を，資格試験の受験については合格することを，支給の条件とした。

事例5：あなたが現在所属する組織，あるいはこれまでに所属していた組織（自組織）についても上記の4つの事例にならって分析してみよう。

施策群：
（あ）「自分のキャリアは自分で創る」ことを構成員にPRし，キャリアデザイン講座を開講する
（い）研修への不参加を認め「この研修に参加するかどうか」を上司と相談して決めてもらう
（う）パフォーマンスの成功を示す個人行動をコンピテンシーとして記述し，職務行動上のニーズに合致した研修を内製する
（え）現在行っている研修をゼロベースで見直し，構成員の自立を支援する要素を組み込んで再設計する
（お）現状の施策を維持することを前提に，状況の変化をモニタリングする

事例	実現度	研修部門の施策候補・アイディア
E社	高・中・低	
F病院	高・中・低	
G大学	高・中・低	
H町	高・中・低	
自組織	高・中・低	

4. 次の記述は，組織文化の競合価値観フレームワークのうちどの文化に最もよくあてはまるか。①イノベーション文化，②家族文化，③官僚文化，④マーケット文化のうちから番号で選びなさい。

	（あ）小さい組織はその誕生時にはこの文化の価値観が強く支配し，ビジョナリーで革新的なアウトプットが出せるリーダーシップが必要とされる
	（い）休みなく進歩し続けて敵を負かすことに価値を見いだし，市場シェアを重視する傾向が強い
	（う）組織内の制度を整えるために，官僚文化的な要素を導入していくことが望ましい可能性が高い
	（え）組織の戦略が強いマーケット志向に振り回されがちなので，対極にある家族文化のよさを失わないように注意を払う必要がある
	（お）組織が硬直化する傾向にあるので，組織の柔軟性を回復するチェンジエージェントの役割が期待される
	（か）柔軟性と裁量権・独立性を重視する一方で，組織外部ではなく内部に注目し調和を重視する

5. あなたの組織の組織文化について，表10-6のフレームワークを用いて分析しなさい。
   (a) どの組織文化に属するのか，またどうしてそう思うのかについての理由。
   (b) 研修部門に期待されていること。
   (c) 担うべき役割についての意見。

フィードバック

1. 解答例は以下の通り

組織	資金調達3モデル	長所	短所	施策案
A社	経費配分	(あ)	(お)	継続するかゼロベースで見直す
B市	コスト回収	(う)	(か)	内部実施の研修も有料化する
C大学	利益部門	(い)	(え)	大学内でも有料化する
D病院	経費配分（なし）	(う)	(え)	勤務の一部に組み入れる交渉
自組織	?	?	?	?

解説：A社は、よくある経費配分モデルの典型例。経営が安定していればこのまま継続してもよいし、内製化へのプレッシャーが強まればゼロベースで見直す契機になるかもしれない。

B市は、部局に裁量権が与えられている点はコスト回収モデルに近いが、研修部門がコスト回収型で運営されているかどうかは不透明。一定額の予算がありそれをベースに外部講師による講座を実施していると考えられるが、外部講座に対抗した内容の研修を自主開発して受講料ベースで選択肢に加える方向に動けば、コスト回収モデル的な色彩が強まるだろう。

C大学は、企業が研修部門を分社化する動きと同じ要素を持つ利益部門モデルにあたり、関連企業がその役割を果たしている。外部向けの有料講座と同じ仕組みを大学内の研修にも取り入れれば、ますます独立採算性が強まるだろう。

D病院は、配分モデルに最も近いが、病院の施設を使っているという点以外は配分されているリソースがまったくない事例。研修を勤務時間の一部に組み入れるか時間外手当を支払うように交渉し、さらに研修担当者の労に報いるシステムを構築することが求められよう。

あなたの組織はどの事例に最も近いだろうか？ 何をすることが今、喫緊の課題だろうか？

2. 指標1 ＝ （え）社員の成功，指標2 ＝ （か）社員のコンピテンシー，指標3 ＝ （き）社員のマインドセットと文化，指標4 ＝ （お）リーダーシップと社員の行動，指標5 ＝ （く）HRシステム

　解説：指標1の個々の売り上げ目標達成は社員の成功の指標。これが営業部全体となれば，（あ）財務の成功の指標になる。
　指標2の職務関連スキル習熟度は社員のコンピテンシーである。
　指標3の組織の経営戦略についての理解度は同じ個々の社員の知識・スキルだが，業務上の知識ではなく組織の経営戦略についての知識なので（き）社員のマインドセットと文化と考えるのが自然。とくに後半のコミットメントが高いことはマインドセット（ID用語では「態度」）にあたるが，上司の支援がなければ（お）社員の行動に結びつくかどうかは不確か。
　指標4は上司の支援にあたるので，（か）社員のコンピテンシーそのものというよりは，（お）リーダーシップと社員の行動にあたる（上司のリーダーシップがあってこそ社員が能力を発揮でき，行動変容につながる）。
　指標5は，HR実践の全体が組織の経営戦略と合致していて，戦略的に取捨選択してあるかを問うものなので，（け）HR実践（個々の活動）というよりは，（く）HRシステムと考えられ，合致度（アラインメント）と取捨選択（差別化）が重要なキーワードとなる。

3. 解答例は以下の通り

事例	実現度	研修部門の施策候補・アイディア
E社	高・中・(低)	（い）（あ）メンター制度は続ける
F病院	高・中・(低)	（え）　　研修の形態とタイミングを見直す
G大学	高・(中)・低	（お）（あ）期間を決めて続行する了解を取る
H町	高・(中)・低	（う）（あ）業務直結研修と併用する
自組織	？	？

　解説：E社とF病院は，手厚い研修が特徴で，自己責任原則からはほど遠い状態であると考えられる。一方の，G大学とH市は，いずれも自己選択の

要素を組み込んだ施策を採用している点で自己責任原則をある程度取り入れていると考えられる。

E社が参考にしたホールマーク社の事例は、自己責任原則を前提としたものであるが、その後の研修メニューには会社が社員を保護する方向が色濃く、(い)現在必須となっている研修を受講するかどうかを選択させることから自己選択の要素を取り入れ始めるのがよさそうである。

F病院では、初年次の離職率を減らすというKPIを重視するあまりに新任者の成長を妨げている可能性があるほどに過保護な状態であり、(え)研修全体を見直すことが急務であろう。国家試験を受験するまでの卒前基礎教育との連動の問題もあり、そう簡単に解決できない状況らしいが、徐々に自己責任原則を取り入れる努力が求められていることだけは確かである。

G大学の事例は、単なる事務屋から高度で多彩な専門性を有する職員への成長が求められているなかで、有効なカンフル剤になりそうであり、周囲の反対を押し切って(お)状況の変化をモニタリングして欲しい。制度導入によって業務量が減るわけでないのは確かだが、効率化は実現できるかもしれない(そうでないと新たな専門性を身につける余裕は生まれない)。何をやってもよいとされた20％の時間を持て余した経験をきっかけに自分のキャリアを見直すための(あ)キャリアデザイン講座を実施することが効果的ではないかと思われる。

H町で採用した「自己啓発支援制度」は、内容不問の組織が多いなかで、「何らかの形で自治体の業務に関連していること」に限定したことは業務関連の自己啓発という大義名分が立ってよい工夫だと思う（ただし、拡大解釈が横行しないように留意する必要がある）。業務直結の職能をより組織的に培っていく(う)コンピテンシー策定と職務行動上のニーズに合致した研修の内製を併用していくのがよいだろう。

あなたの組織ではどうだろうか？　上の例にならって分析し、自己責任原則を浸透させるような対策を考えて欲しい。

第10章　研修部門をアピールする　251

4. （あ）＝①イノベーション文化，　（い）＝④マーケット文化，
　　（う）＝②家族文化，　　　　　　（え）＝④マーケット文化，
　　（お）＝③官僚文化，　　　　　　（か）＝②家族文化

5. 佐藤さんの事例で最後につぶやいた内容を以下の表に整理した。これと自分の整理とを比べてみよう。また，同じ組織の同僚や他の組織の友人などと話し合う機会をつくって互いの意見を交換しよう。

(a) どの組織文化に属するのか，またどうしてそう思うのかについての理由	● 私のところはやっぱり官僚的文化かなぁ ● みんなが和気あいあいとやっていられるのは家族文化的要素があるからか。そういえば内向きの人が多いし，安定指向だ
(b) 研修部門に期待されていること	● 官僚文化の「管理の専門家」という役割と家族文化の「社員全員の擁護者」という役割が期待されてきた
(c) 担うべき役割についての意見	● 社員の味方という強みは継続しつつ，これからは「戦略的ビジネスパートナー」や「チェンジエージェント（変革者）」の役割を担えるように期待されていくかもしれない。そうなっても大丈夫なように，密かに準備を始める ● 少しずつ，目立たないように，調和を乱さないように，そして新しいことと思われないように工夫してやっていく ● 守りの部門としてだけでなく攻めにも役立つようになる

第11章 研修設計の専門家として成長する

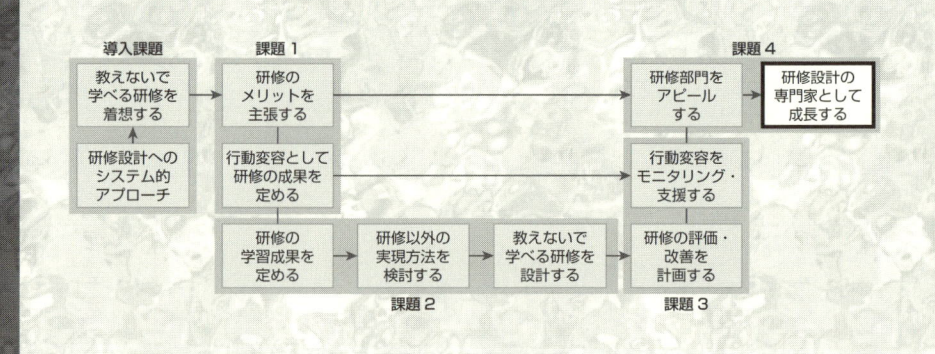

```
導入課題              課題1                                      課題4
┌─────────┐      ┌─────────┐                          ┌─────────┐  ┌─────────┐
│教えないで│      │研修の   │                          │研修部門を│  │研修設計の│
│学べる研修を│    │メリットを│                         │アピール │  │専門家として│
│着想する │      │主張する │                          │する     │  │成長する │
└─────────┘      └─────────┘                          └─────────┘  └─────────┘
┌─────────┐      ┌─────────┐                          ┌─────────┐
│研修設計へ│      │行動変容と│                         │行動変容を│
│のシステム│      │して研修の│                         │モニタリン│
│的アプローチ│    │成果を定める│                       │グ・支援する│
└─────────┘      └─────────┘                          └─────────┘
                  ┌─────────┐  ┌─────────┐  ┌─────────┐  ┌─────────┐
                  │研修の   │  │研修以外の│  │教えないで│  │研修の評価│
                  │学習成果を│→│実現方法を│→│学べる研修を│ │・改善を │
                  │定める   │  │検討する │  │設計する │  │計画する │
                  └─────────┘  └─────────┘  └─────────┘  └─────────┘
                                課題2          課題3
```

学習目標

1. 研修担当者が組織で担うべき役割がどのように変化してきたかが説明できる。
2. 研修担当者の職能世界標準に照らして,自分の実力を自己評価できる。
3. 自分が研修担当のプロとして成長するための行動計画を立案することができる。

背景

　　ベテランとプロフェッショナル(専門家)の違いは何だろうか。ベテランが自らの経験とその省察によって常に期待通りの効果を上げて顧客に信頼され,リピートオーダーが取れる人だとすれば,プロはそれ以上でなければならないだろう。ベテランが経験知を基盤としているのであれば,プロは経験知に加えて理論を学び他社事例をベンチマークした結果,形式知も備えているので,「なぜこのやり方がいいのか」「なぜ成果が上がったか」が説明できるだろう。ベテランは自ら培ってきた経験知を他人に盗まれると相対的優位性が下がるので舞台裏を話すことを嫌うかもしれないが,プロは他者から学ぶとともに他者にも与えるギブアンドテイクの関係を維持し,専門学会や関連団体にお

ける活動を積極的に行い業界全体の底上げにも貢献しているだろう。ベテランは長年の蓄積によってある特定分野には優位性を発揮するが拡張性には乏しいという弱点を併せ持つが、プロであれば、成長を続ける基盤を持っているので、日々の役割変化にも対応し、学び続けた成果を応用できる分野をどんどん広げていけるだろう。筆者が持つプロのイメージは、こんなものである。ちょっと敷居が高すぎるだろうか？

この章では、ベテランではなくプロフェッショナル（専門家）としての研修担当者になる（あるいはそういう存在であり続ける）ことについて考えてみよう。「気の利いたバイトにもできること」を超えた研修担当者の専門性とは何だろうか。シェアード・サービスやアウトソーシングの対象とならない組織内になくてはならない役割とは何だろうか。まだまだ実力が不足しているとすれば、自分は人材育成のプロだ、あるいはこの部門は人材育成のプロ集団だと自信をもって宣言できるようになるためには何をすればよいだろうか。

研修担当者の役割：どんな人になるか？

前章で見たように、研修担当部門の存在をアピールするためには組織への貢献ができることを示す必要がある。そのためには、研修担当者はどのような役割を担えるようになればよいのだろうか。これまでに、いろいろな人がいろいろな言葉を使ってその役割を整理してきた（八木・金井，2012）。例えば、GE（ゼネラル・エレクトリック社）のジョン・リンチは、以下が必要だとした。

① ビジネス目標を達成する**ビジネスパートナー**
② 変革を率先して引っ張っていく**チェンジリーダー**
③ 組織の状態を見抜き、適切なコーチングができる**オーガニゼーションコーチ**
④ 優秀な人材を採用し、社員の悩みを解決し代弁者になれる**タレントチャンピオン**
⑤ 給与や労務などの人事の専門家である **HRエキスパート**

P&Gジャパン（プロクターアンドギャンブル・ジャパン社）は，ウルリッチが整理した，①戦略やビジネスのパートナー，②変革のエージェント，③管理のエキスパート，④従業員のチャンピオンに加えて，⑤理念や組織文化の擁護者としての**文化の守り手（ガーディアン）**になることがたいせつだとした。金井は，このうち①と②は「ウルリッチが新たに打ち出したものであり，日本の人事はここが弱い」（八木・金井，2012，p.222）と指摘している。

　八木は，人や組織を最大限に活用し，その会社の「勝ち」を実現するのが人事の役割だとし，次の4つにその役割を整理した（八木・金井，2012，p.209）。

①　会社が進むべき方向性を示す**アンバサダー（大使）**
②　トップが言うことを社員にわかるように伝え，社員が抱いている思いをトップに正しく伝える**トランスレーター（通訳）**
③　社員のやる気を引き出して集団のパワーを最大化するために会社の戦略をストーリーとして語る**ストーリーテラー（語り手）**
④　社員の悩みやフラストレーションを言葉によって前向きの考えに変えていく**エンライター（啓蒙者）**

　ウルリッチら（2014）は，1987年から5年おきに人事担当部門のコンピテンシーについての世界調査を実施してきた結果の変遷を，以下のように報告している。1987年には，人事部コンピテンシーは**ビジネス知識・人事の職務の遂行・変革マネジメント**の3つにまとめられると報告した。1992年の調査結果には，その3つに人事のプロがビジネスの現場に出るために必要になった**個人に対する信頼**が加わり，1997年にはさらにグローバル化を含めて社外の動きに目を向けることが重要になった結果として組織文化マネジメントが追加された。2002年の調査では，迅速な変革と戦略的な意思決定とマーケット主導のつながりを含む**戦略への貢献**が浮かび上がり，2007年の調査では，戦略の構築家と組織文化と変革の後見人と人材の管理者・組織の設計者とで構成される**組織能力の構築**が決め手になったと報告した。2012年に（人事部とそれ以外を含む）回答者2万人以上の協力を得て実施した最新の調査では，表11-1に掲げる6つを人事が活躍する領域として整理した。あなたの組織の人事部門，なかでも研修担当者の役割は世界調査のどの段階にあるだろうか？　どの役割の獲得・拡

表 11-1 成功している組織で人事が活躍している 6 領域（ウルリッチら，2014）

領域	特徴
①信頼される行動家	有言実行で結果に裏打ちされた誠実さから個人的な信頼を築き，それを職業的な信頼へと発展させる。すぐれた対人スキルでステークホルダとよい関係をつくり，それを影響力に変えて業績に貢献する。信頼できるデータと思慮に富んだ意見を持ち，ビジネスの問題にも確固たるスタンスをとる。
②戦略的ポジショナー	世界のビジネスの現状（社会・政治・経済・環境・技術・人口動態のトレンド）を把握し，自社のビジネスに結びつける。業界の構造とロジック，その根底にある市場の競争力学の理解をもとに自社の未来についてのビジョンをつくっている。顧客中心のビジネス戦略の立案や年間事業計画・ビジネス目標の作成にも参加する。
③組織能力の構築者	組織の「強み」と「売り」の定義・確立への協力を惜しまず，効果的で強い組織をつくり，監査しながら巧みに機能させる。有能な人事のプロがいれば，現場のマネージャが意義を創造し，従業員の価値観が組織能力に反映する。
④チェンジ・チャンピオン	組織の変革力を育て，それを効果的な変革プロセスと構造に転換して持続的な競争優位を確立する。変革を説得して抵抗を克服するために重要な決定にステークホルダを巻き込み，必要な資源を確保し，成功と失敗から学んで変革を定着させる。
⑤人事のイノベーター／インテグレーター	業務を統合し，部門全体が各業務の集合体以上の力を発揮できるようにする。組織が求めている成果に明確かつ正確な順位をつけ，インパクトの強い概念で明文化し，実践に反映させる。そのために人事全体の業務やプロセス，構造，手順を連携させ，すべてを規則正しく一貫性を持って見届けることで，人事部門の仕事が業績に影響を及ぼすようになる。
⑥テクノロジーの提案者	早くから導入されてきた人事管理システムに加えて，①社内外の人々をつなげるソーシャル・ネットワークや，②重要な意思決定・伝達・実行に貢献する情報管理システムをも活用することで，組織に実質的な付加価値をもたらす。

注：ウルリッチら，2014，p.43-47 の本文を要約して表形式にまとめた。

張をめざしていくのがよいだろうか？

　ウルリッチら（2014）は，人事の最も重要な役割は価値の創造であり，人事部門は企業（ビジネス）の中にあるもう一つの企業（ビジネス）だと見なす。自部門の戦略と目標を持ち，それらを「企業文化，人材，リーダーシップに転換することに焦点を絞った企業（ビジネス）」（p.50）だとする。常に相容れない要求（パラドックス）を意識し，外部のトレンドとステークホルダの期待に注

意を払いながらも企業の要求や優先事項，社内の行動に落とし込む作業（**アウトサイド・イン**）に取り組むなかで，人事の専門性が大きく変わってきたことを以下のように指摘している。

　　外部のトレンドを観察して理解し，それに対応する――以前なら，人事部門がビジネス活動の一端を担うなど考えられないことだった。採用や研修，給与の支払い，リテンションが関わっていれば話は別だが，そのような役割はほかの部署が果たすものと決まっていた。しかし，時代は大きく変わった。（ウルリッチら，2014, p.50）

確かに研修担当部門が置かれている状況は矛盾だらけである。研修の外注と内製，人材開発プロセス全体の持続性と個々の研修イベントの実施，長期的な戦略業務と日常の管理プロセス，組織の能力開発と個人の能力開発，業績の維持・向上と人材の育成，組織の伝統維持と将来性の開拓のための変革など，バランスを取りながら何が最善策かを常に確かめながら進むしか道はないのかもしれない。ウルリッチら（2014）は，さらにこう続ける。

　　いまや CHRO（最高人事責任者）は引く手あまたの職務であり，さまざまな部署のビジネスリーダーたちがそのポジションを狙っている。すぐれた実績をあげる人事部門は戦略的な貢献ができる，という事実を彼らが理解しているからにほかならない。一流ビジネススクールの卒業生たちは，積極的に人事業界でのキャリアを選択し，一流大学でも人事管理の大学院課程を設置するところが増えている。（ウルリッチら，2014, p.53）

この世界規模のトレンドに大きく立ち遅れているのが，CLO（Chief Learning Officer：最高学習責任者）や CHRO が取締役会にいない，あるいはいたとしてもその執行役を支える人材育成の高度な専門性を有するプロ集団が存在しないのが当たり前であるわが国の現状ということであろうか。2万人規模の調査で詳細に取り上げられた世界の9地域に入っていたのは，アジアでは中国とインドのみだった。調査への回答者率ではインドが8％，中国が7％に対して，日本が含まれていると思われる「アジア（その他）」全体で7％にすぎなかった（ウ

ルリッチら，2014, p.37）。研修担当者が，戦略的な貢献ができる人になると同時に，常に人の視点から組織の戦略にモノを申すことができる人になる。そういう目標を掲げてみてはどうだろうか？

研修担当者の職能世界標準：何ができる人になるか？

　　　　　　126か国に4万1千人の会員を有する世界最大の研修開発専門家組織ASTD（American Society for Training & Development）は，2014年5月6日の第71回年次大会で，学会名称を **ASTDからatd**（Association for Talent Development）**に変更する**というアナウンスを大々的に行った。研修という手段を示す用語（Training）を組織名称から初めて外し，同じアルファベットを使って人材（Talent：タレント）の開発に着目していこうという決意を表したものだが，その骨格は継続していくとの方針も表明された。

　その前の年，組織結成70年目を迎えた2013年に，ASTDは**研修開発専門家コンピテンシー**を改訂した。研修開発専門家全員に重要な基盤的コンピテンシー6つ（表11-2参照）と職務に応じて必要となる専門知識と行為をまとめた研修開発の10専門領域（表11-3）で構成されている。これが，研修担当者のめざす職能世界標準の代表例である。どんな感想を持たれるであろうか？

　研修担当者の専門資格認定制度としては，ASTDが2006年に開始したCPLP（Certified Professional in Learning and Performance）がある。ASTDジャパンのWebサイト（http://www.astdjapan.com/）によれば，CPLPは，学習開発のプロフェッショナルとして求められるASTDのコンピテンシーモデルに基づいた全9領域の知識試験（150問で2時間）に合格した後に，インストラクター，インストラクショナルデザイナー，パフォーマンスコンサルタント，研修評価・測定，学習開発運営マネジメントの5分野から，自分の専門とする分野に関しての実務プロダクトと定型フォーマットの書面（レポート）を提出し，審査の結果合格すれば，CPLPとしての認定を受けることができる資格制度である。

　資格認定の期間は3年間で，3年後に再度実務プロダクトとレポートを提出することによって再認定される。2013年現在，世界に1,600人を超えるCPLP

認定者がいる。現時点では英語で受験しなければならないという言葉の壁が存在するが、もし日本語での受験ができるようになったとしたら、あなたはどの領域での認定をめざすだろうか？　そんなことを想像してみるのも、自分の将来の方向性を見きわめる上で有意義なことだろう。

表11-2　研修開発の基盤的コンピテンシー（ASTD、2013年版）

領域	できること
ビジネススキル	ニーズを分析し解決策を提案、ビジネススキルを応用、課題を計画・実施、戦略的に思考、変革する
グローバルな視点	文化の差異に順応、異なる視点に敬意を伝える、自身の気づきを拡張、他者に配慮するために行動を適応、多様性を擁護、多様な貢献を活用
業界知識	専門知識を維持、業界の変化や動向に遅れをとらない、産業分野の知識を構築
対人スキル	信頼を構築、効果的にコミュニケーションする、ステークホルダに影響力を行使、パートナーとネットワークする、感情的知性を示す
パーソナルスキル	適応力を示す、個人的な成長を見習う
テクノロジリテラシー	テクノロジに対する自覚を示す、テクノロジを効果的に活用

注：ASTDのWebサイト（http://www.astd.org/Certification/Competency-Model）における説明を鈴木が訳出した（atdから許可を得て掲載：鈴木、2014）。

表11-3　研修開発の10専門領域（ASTD、2013年版）

領域	やること	できる必要があること
パフォーマンス改善	ヒューマンパフォーマンスのギャップを分析しそれを埋めるためにシステム的プロセスを応用する	顧客を特定、パフォーマンス分析を実施、原因分析を実施、システムを分析、データを収集、顧客とステークホルダのニーズを組み入れ、解決策を選択、プロジェクトを管理・実施、関係を構築・維持、組織のゴールに照らして結果を評価、変化をモニタ
インストラクショナルデザイン	多様な方法を用いてインフォーマル・フォーマルな学習ソリューションを設計・開発する	ニーズアセスメントを実施、適切な学習アプローチを特定、学習理論を応用、他者と協働、カリキュラム・プログラム・学習ソリューションを設計、教材を設計、テクノロジを分析・選択、テクノロジを選択・統合、教材を開発、学習デザインを評価

研修実施	魅力的で効果的なやり方でインフォーマル・フォーマルな学習ソリューションを実施する	学習環境を管理，研修実施を準備，目標を伝達，コースの目標と学習者のニーズに学習ソリューションを合致，インストラクタとしての信用を確立，肯定的な学習の雰囲気を創出，多様な学習方法を実施，学習を支援，参加を呼びかけ学習意欲を構築，建設的なフィードバックを付与，学習成果を確保，ソリューションを評価
学習テクノロジ	特定の学習ニーズに応えるために多様な学習テクノロジを適用する	多様な専門領域にまたがってテクノロジを効果的に利用，研修開発ソリューションとしてテクノロジをいつどのように使うかを特定
学習インパクトの評価	学習ソリューションのインパクトを測定するために学習測定法や分析法を用いる	顧客の期待を特定，適切な戦略・研究デザイン・尺度を選択，評価計画を伝達して支持を獲得，データ収集を管理，データを分析・解釈，学習分析法を応用，意思決定を助ける提案を作成
学習プログラムのマネジメント	組織の人事戦略を実行する上でのリーダーシップを提供し，研修プロジェクトや活動を実施する	ビジョンを確立，戦略を確立，アクションプランを実施，予算を立案・監視，スタッフを管理，プロジェクトを管理・実施，外からのリソースを管理，法的・倫理的・規制の要求事項へのコンプライアンスを確保
統合的タレントマネジメント	人材開発戦略を通して，組織の文化・能力・可能性・エンゲージメントを確立する	組織目標にタレントマネジメントを合致，タレントマネジメントシステムを活用，マネージャが部下を開発できるように備えさせ，開発リソースの配信を準備，パフォーマンスの高い職場を推進，労働力と次世代計画を調整，キャリア開発計画プロセスを支援，キャリアの移行を支援，エンゲージメントとリテンションを援助，組織と個人のアセスメントを実施，結果とインパクトを示すためにタレントマネジメント分析法を活用
コーチング	ゴールを設定し，行動を起こし，強みを最大化する他者の能力を向上させるためにシステム的なプロセスを適用する	コーチングへの同意を確立，クライアントと信頼関係や親密性を確立，コーチとしての存在感を示す，積極的な傾聴を実演，強力な質問で尋ねる，直接的コミュニケーションを使用，アウェアネスを創出，学習機会をデザイン，ゴールや計画をつくる，進歩とアカウンタビリティを管理，倫理ガイドラインと専門家標準に合致
ナレッジマネジメント	知識の共有と協働を勧めるために知的資産をとらえ，流通させ，保存する	ナレッジマネジメントを主唱，ナレッジマネジメントのベストプラクティスと教訓をベンチマーク，協働を奨励，ソーシャルラーニングを支援，知識文化を確立，ナレッジマネジメントのインフラ開発を支援，テクノロジを活用，情報のライフサイクルを管理，ナレッジマネジメントソリューションを設計・実施，知識を学習に変形，ナレッジマネジメントの成功を評価
チェンジマネジメント	個人・チーム・組織を現状から望ましい状態に移行させるためにシステム的なプロセスを適用する	変化の後援者と主体者を確立，関与を構築，変化への契約を創出，フィードバックを付与，変化の戦略的計画を支援，変化の介入策を支持，変化の組織文化への統合を奨励，結果を管理，変化の成果を評価

注：ASTDのWebサイト（http://www.astd.org/Certification/Competency-Model）における説明を鈴木が訳出した（atdから許可を得て掲載：鈴木，2014）。

● column

ASTD 以外の専門家組織

ASTD 以外にも研修開発に関連した専門家組織がある。規模が大きいところとしては ISPI や SHRM がある。日本でもそれぞれ活動をしている。また，筆者が 2007 年から 9 年間理事を務めた職務遂行能力基準策定団体に ibstpi® がある。わが国独自の関連団体としては，日本イーラーニングコンソシアムがある。

- International Society for Performance Improvement（ISPI）
  http://www.ispi.org/　1962 年創立。Certified Performance Technologist（CPT）などの資格を出している。
- Society for Human Resource Management（SHRM）
  https://www.shrm.org/Pages/default.aspx 1948 年創立。会員 27 万 5 千人を誇る。HR 専門性・関係管理・コンサルテーション・リーダーシップとナビゲーション・コミュニケーション・国際文化効果・倫理的実践・批判的評価・ビジネス的洞察力の 9 項目 4 レベルから構成されている SHRM 版 HR コンピテンシーリスト（2012 年版）を公開している（http://www.shrm.org/HRCompetencies/Documents/Competency%20Model%2011%201.pdf）。日本支部「日本人材マネジメント協会（JSHRM）」http://www.jshrm.org/　2000 年に設立。
- The International Board of Standards for Training, Performance and Instruction（ibstpi®:http://www.ibstpi.org）は，1977 年に AECT と ISPI が設置したワーキンググループをもとに 1984 年に独立した職能標準策定団体。これまでに，インストラクショナルデザイン（ID），インストラクタ，研修管理者，評価者，オンライン学習者の各コンピテンシーリストを世界規模の調査により策定し，公開している。筆者は 2007 年に理事に就任し（任期 2015 年 12 月まで），オンライン学習者コンピテンシーの策定作業と ID コンピテンシー並びに研修管理者コンピテンシー改訂に向けた日本での調査に携わってきた。
- 日本イーラーニングコンソシアム（http://www.elc.org）は，e ラーニングの普及促進を目的に，2001 年に発足した NPO。「マネジャー」「エキスパート」「チューター」「コンサルタント」「ラーニングデザイナー」「コンテンツクリエーター」「SCORM 技術者」の 7 種からなる e ラーニングプロフェッショナル資格を認定している（http://www.elc.or.jp/qualification/）。

column

eラーニングの専門家を育てる熊本大学大学院

熊本大学大学院にある教授システム学専攻は，eラーニング専門家の養成をその目的にして2006年に開設されたいわゆるインターネット大学院である。筆者がその設立専攻長として招かれて運営にあたって，もう10年目を迎えようとしている。仕事をしながら日本のどこに住んでいても学べ，2年間30単位以上の専門教育を修了すると修士（教授システム学）の学位が授与される。表11-4に示す修了生コンピテンシーの達成をめざして，多様な組織の教育研修担当者が学び，学位取得者も100名に近づいている（宣伝ですのでこのあたりにしておきます。詳細は専攻Webサイト，http://www.gsis.kumamoto-u.ac.jp/ をご覧ください）。

表11-4　熊本大学大学院教授システム学専攻修了生コンピテンシー

必修科目で身につくコア・コンピテンシー	1. 教育・研修の現状を分析し，教授システム学の基礎的知見に照らし合わせて課題を抽出できる。 2. さまざまな分野・領域におけるさまざまな形のeラーニング成功事例や失敗事例を紹介・解説できる。 3. コース開発計画書を作成し，ステークホルダごとの着眼点に即した説得力ある提案を行うことができる。 4. LMSなどの機能を活かして効果・効率・魅力を兼ね備えた学習コンテンツが設計できる。 5. Webブラウザ上で実行可能なプログラミング言語による動的な教材のプロトタイプが開発できる。 6. 開発チームのリーダーとして，コース開発プロジェクトを遂行できる。 7. 実施したプロジェクトや開発したコースを評価し，改善のための知見をまとめることができる。 8. 人事戦略やマーケットニーズに基づいて教育サービス・教育ビジネスの戦略を提案できる。 9. ネットワーク利用に関わる法律的・倫理的な問題を認識し，解決できる。 10. 教授システム学の最新動向を把握し，専門家としての業務に応用できる。 11. 実践から得られた成果を学会や業界団体等を通じて普及し，社会に貢献できる。 12. 教授システム学専攻の同窓生として，専門性を生かして専攻の発展・向上に寄与できる。
オプション選択科目で身につくコンピテンシー	1. eラーニングサーバの導入，構築，管理，運営が行え，サーバサイドアプリケーションを用いた動的な教材のプロトタイプが開発できる。 2. コンテンツの標準化や相互運用性の要件を満たしたeラーニングコース開発やシステム運用ができる。 3. ネットワークセキュリティ上，安全なeラーニング環境を構築できる。 4. 知識・情報・学習の視点から経営課題について提言ができる。 5. eラーニングの特定応用分野について，その領域独自の特徴を踏まえて内容の専門家と協議できる。 6. コンサルティングの視点から，教育サービス・教育ビジネスのプロジェクト内容を提案でき，その実施をサポートできる。 7. 所属機関・顧客機関等のeラーニングポリシーの確立・改善・変革を提案できる。

注：http://www.gsis.kumamoto-u.ac.jp/concept/concept_2/ を再掲した。

研修担当者としての熟達化：どうやってそうなるか？

さて，研修担当者としてプロフェッショナルになるためには，どのような点に注意して自らを，あるいは部下を，成長させたらよいのだろうか。この問いに対して参考になるのは**熟達化**の研究である。松尾（2011）は，エリクソンが提唱したよく考えられた実践（deliberate practice）の3原則，つまり，「①難しいけれど，懸命に手を伸ばせば届きそうな目標を持ち，②実施した結果，どこがよくて，どこが悪かったかについての情報を得ることができ，③それを次の機会に生かすことができるような練習や仕事のやり方をしている人は，成長することができる」（p.59）を紹介した。しかし，それに対して，よく聞くのは次のような状況だとし，これでは成長できないし，経験から学ぶこともなかなかできないと指摘する。

① 確実にできる課題，漠然とした課題に取り組んでいる
② 仕事の成果があいまいである
③ 過去の失敗を今の仕事に生かしていない（松尾，2011，p.60）

松尾（2011）は，経営学や心理学の理論を下敷きにしつつ，マネージャ34名に対するインタビュー調査のデータを分析して浮かび上がってきたことを**経験から学ぶ力のモデル**にまとめ，「適切な『思い』と『つながり』をたいせつにし，『挑戦し，振り返り，楽しみながら』仕事をするとき，経験から多くのことを学ぶことができる」（p.20）とした。キーワードは表11-5に掲げる**ストレッチ・リフレクション・エンジョイメント**である。

研修担当者は組織の全員が熟達化するように支援する役割を担っている。そのためにはまず，**自分自身が熟達化の道を着実に歩んでいなければならない**。「先ず隗より始めよ」である。研修担当者自身が熟達化の道を歩んでいないのに，他者に向かって「熟達化せよ」といっても説得力は持てない。自分がルーチンワークを形式通りに行っているだけでは，研修受講者の熟達化を支援するという発想も持ちにくい。自分自身がプロをめざして，経験から学ぶ力を発揮しているかどうか，自分の日常を振り返ってみることで熟達化の道への第一歩としたいものである。例えば，革新的マネージャーA氏の誕生について紹介した次

表 11-5　経験から学ぶ力のモデルのキーワード（松尾，2011）

原動力	思い（自分のため，他者のため）	自分が仕事においてたいせつにし，重視している考え方。自分のために働くことが，結果的に他者のためになり，他者のためになることが，自分の喜びにつながるような「思い」を持つことで成長できる
	つながり（多様で深い関係）	他者との関係性。自分とは違う領域の人から，本質的なフィードバックがもらえるような，多様で深い関係に基づく発達的なつながりを築くことがたいせつ
経験から学ぶ力の三要素	ストレッチ挑戦する（足場づくり）	挑戦的な課題に取り組む：職場で仕事を選ぶことはなかなかできないから，目標を高めることよりもむしろ，高い目標に挑戦するための足場づくり（準備作業）を重視。足場ができていればめぐってきた挑戦をとらえることができ，挑戦的仕事を引き寄せることができる
		→挑戦のための土台をつくる →周囲の信頼を得てストレッチ経験を呼び込む →できることをテコにして挑戦を広げる
	リフレクション振り返る（進行形の内省）	自分の行動や経験を内省し，振り返ること：過去にこだわらずに進行形の内省をする。
		→行為の中で内省する →他者からフィードバックを求める →批判にオープンになり未来につなげる
	エンジョイメント	やりがいや関心を持って仕事に臨み，達成感や成長感を味わう力：自分の興味や関心を追求するというよりも，仕事をするなかで意味を発見することがたいせつになる
		→集中し，面白さの兆候を見逃さない →仕事の背景を考え，意味を見出す →達観して，後から来る喜びを待つ

注：松尾，2011，p.157の図表4-5とp.156-158の本文をまとめて表形式にした。原著の図は，三重円の中心から外側に向けて原動力とキーワードを示している。

のような事例に接した時，これとの対比において，自分はどうかを振り返ってみる。この人はすごいなぁ，と思う人に出会うたびに，**自分はどうか**と考える。そういう姿勢が求められていると言えよう。

（A氏の）仕事の特徴は「営業を科学する」発想で事実・数字を根拠にしつつ，自分自身が肌で感じたものと結び付けながら仮説をつくり，先手先手で仕事をしていく。白紙にプランを描いていくことに優れている。営業部門における事実上の若手

リーダーでもある。また，部門発想ではなく経営全体をみての営業の役割を常に考えており，自分が経営者ならどうするかという発想である。その結果，過去の延長線上での対処療法ではなく，より本質的な問題の解決に取り組んでいる。やれることをやり尽そうという信念と行動が評価される反面，急ぎすぎるという点での批判もある。しかしながら，その信念に基づき軋轢（あつれき）を恐れない姿勢に，つぎの営業リーダーとしての期待も大きい。(小池, 2006, p.110)

金井・楠見（2012）は，熟達化において個人差が生じる理由を表11-6のようにまとめている。同じ経験を重ねていても，**熟達化しやすい人とそうでない人はどこが違うかを知ることで，熟達化のスピードを速める**ヒントにしよう。この項目をチェックリストとして活用して，現在の自分はどうかを確認し，どの点に気をつけて次の1週間を過ごしてみようかを考えてみてはどうだろうか。もちろん，研修受講者にも省察の一つのツールとして紹介することができるものだが，まずは自分自身から始めてみるとよいだろう。

IDは倫理規定に基づく専門職：CPTを例に

最後に，インストラクショナルデザイナーは倫理規定に基づいて行動する専門家であることを述べておきたい。表11-7は，認定パフォーマンステクノロジスト（CPT：Certified Performance Technologist）資格を2002年から累積33か国で1,300人以上輩出しているISPI（国際パフォーマンス向上学会）の倫理規定を示す。プロの仕事なのだからクライアントに付加価値をもたらすものであること，という第1項を皮切りにして，自分の腕を常に磨いてベストプラクティスに精通し，裏づけのある解決策を提供することや，プロとして振る舞うことによって，業界全体の信頼感を獲得をするのが専門家としての倫理であることを高らかに謳っている。自分の経験則のみに基づくのでなく，幅広く科学的な裏づけを探すことが専門家の証であり，不確かな提案をしなければならない時にはしっかりと説明をしてクライアントの意思決定に誤りがないようにする努力も怠ってはならないとしている（近年，医師に求められている患者への説明義務とInformed Concentと類似した概念である）。

表 11-6　熟達化において個人差が生じる理由（金井・楠見，2012）

1. 経験から学習する態度	①挑戦性	新しい経験に対して開かれた心，成長しようとする能力や達成動機，ポジティブな学習に向かう冒険心。ストレッチ課題への挑戦という行動に現れる
	②柔軟性	環境への適応能力。他の人の意見や批判に耳を傾けて新しい考え方や視点を取り入れたり，相手に応じた柔軟な対応をすること。誤りから学習すること。省察や批判的思考態度に結びつく
	③モニタリング活動	状況への注意とフィードバックの活用。初心者は注意が不完全でエラーを起こしたり重要な情報が検出できずに経験から適切に学べない
	④類推	新しい問題解決において過去の類似経験を探索し利用すること。部下や同僚に類似した情報の過去経験を伝達する
2. 省察	①振り返り的省察	過去の体験に意義や意味を解釈して深い洞察を得ること。仕事が終わった時や1週間ごとに行い，教訓を得る
	②行為の中での省察	状況をモニターして注意を向けて行動を適切に調整すること
	③見通し的省察	未来に向けて，実践の可能性についての考えを深めること。失敗から学ぶためにプランを修正し行動を改善したり，経験によって成長した自分の姿を思い描くことを含む
3. 批判的思考	①信念バイアス	論理的な正しさよりも自分の信念に当てはまるかどうかで判断してしまうこと（マイナス要因）
	②ベテランバイアス	過去と現在の状況が大きく異なるにもかかわらず経験にとらわれて判断を誤ること（マイナス要因）。熟達者であっても新しい状況では直感だけでなく形式知に基づく論理的思考が必要
	③批判的思考の態度	明確な主張や理由を求める「論理的思考態度」，状況全体を考慮し，開かれた心を持ち，複数の選択肢を探す「探究心」，信頼できる情報を活用する「客観性」，証拠や理由に立脚する「証拠の重視」

注：金井・楠見，2012，p.45-51 の本文を鈴木がまとめて表にした。

　本章冒頭で，ベテランとプロフェッショナルの差異について述べた。研修担当者として，プロになることをめざして自らの腕を磨き続け，効果的・効率的・魅力的な研修実践を積み重ねていくとともに，業界全体の地位向上にも貢献していく。そんな研修設計のプロへの道の第一歩を踏み出してくれる仲間が増えてくれることを強く期待している。

表11-7 認定パフォーマンステクノロジスト倫理規定7原則（ISPI）

1. **価値を付加せよ（Add Value）**
   プロジェクトの成果が自分のクライアントとその顧客，クライアントが仕事をしているコミュニティ，ならびに地球環境に付加価値をもたらすように，自己を律し，またプロジェクトを管理すること．

2. **実証された実践を促進せよ（Promote Validated Practice）**
   認定パフォーマンステクノロジスト標準を実行し，裏づけのある効果的方略の最善事例を用いること．

3. **協働せよ（Collaborate）**
   多様なクライアントや利用者と協働し，信頼がおける戦略的パートナーになること．受容的で多様な職務環境を実現するために，尊厳と尊敬と思いやりをもって人間と接すること．

4. **継続的向上に従事せよ（Engage in Continuous Improvement）**
   パフォーマンステクノロジーの実践力を高め，職能の最高水準に到達するために熟達レベルを向上させる専門性向上を追求すること．

5. **誠実さを示せ（Exibit Integrity）**
   クライアント・同僚・その他パフォーマンステクノロジーを準備する間に遭遇する可能性があるすべての人に対して自分に正直でうそがないこと．

6. **機密を保持せよ（Preserve Confidentiality）**
   クライアントの機密を保持し，特に情報の収集と利用に際しては個人の権利を守ること．誠実なコミュニケーションを維持し，意思決定の際には十分な情報を提供すること．

7. **信頼を醸成せよ（Cultivate Trust）**
   利益相反を実際に招く，招くことが明らかな，あるいは招く恐れがある行動を避けることで，クライアント・同僚・その他接触する可能性があるすべての人に高いレベルの信頼を維持すること．

注：ISPIの倫理規定（http://www.ispi.org/content.aspx?id=1658&terms=ethics+code）の一部を鈴木が訳出した．

事例

研修担当2年目の佐藤さんは，前の章で自分の行く末を考え始めたが，この章ではその答えがより明確な形で示されていると思った．佐藤さんは，この章で書かれていたことをどう受け止めたのだろうか，彼女のつぶやきに耳を傾けてみよう．

＊＊＊＊＊

私は，研修担当者として，タレントチャンピオンになりたい．社員一人ひとりの成功をめざしてできることを積み重ねていくことが研修担当の仕事だとすれば，めざすは社員の代弁者．いろんな悩みを聞いて，どうしたら解決できるかの糸口を一

緒に探して，やがてその人が組織に貢献して自分の居場所を見つけるようになることを願う。そういう人になりたいと思う。そのためには組織の向いている方向を正しく理解して，何をすることが組織のためになるか，そしてそれができるようになるためにはどんな職能を身につけたらよいかも抑える必要がありそう。そういうことができる人をビジネスパートナーと呼ぶのかしら。変革・変革と騒ぐと受け入れてもらえそうもないけど，変革は必要だと思うから，静かでしたたかなチェンジリーダーにもならなければいけない。

　この章を読んで最も収穫だったのは，研修開発専門家コンピテンシーというものが世の中に存在していることを知ったこと。しかも長い間検討されて，つい最近改訂版が出たというんだから，これを参考にしない手はない。そうは言っても書いてあることが何を意味するかがわからないものも多いので，まずは「めざすべきスキルは何か」をしっかりつかむことから始める必要がありそう。私にとってはどの課題も「難しいけれど，懸命に手を伸ばせば届きそうな目標」以上だから，私の熟達化もどんどん進むでしょう，きっと（楽天的すぎる？）。何事もストレッチ・リフレクション・エンジョイメントの3拍子だそうだから，まずは背伸びして，何がどういったかを時々立ち止まって振り返って，そしてそのプロセスを楽しんでいくぐらいの楽観主義じゃないとだめみたい。できれば一緒に苦楽を共にできる仲間がつくれるといいなぁ。一人でやるリフレクションは限りがあるようだし，互いに励まし合えばそれだけでもエンジョイできると思うし。

　ベテランと呼ばれるまでにはまだ時間がかかるとは思うけど，その前にプロフェッショナルに近づく努力をすることはできそう。組織の中で閉じこもっていてはだめだというから，外にどんな世界があるかも覗いてみたい。組織の自己啓発支援を活用して，まずは頼まれてもいないことから着手してみることにしよう。

＊＊＊＊＊

　佐藤さんは，自分が研修担当のプロとして成長するための行動計画を次のように考えてみた。

●佐藤さんの行動計画表

佐藤の行動計画	立案日：2014年12月1日（月）	
行動項目	アクションの詳細計画	
	誰が	誰と何を目標にして
1週間以内にやること（期日 = 2014年12月8日（月））		
全部の章の練習問題をやる	自分	本書をもう一度読み返して内容を学びたい。練習問題に答えられるかどうかでそれを確認したい
1か月以内にやること（期日 = 2014年12月26日（金））		
研修の現状を分析する	自分	本書で学んだことの応用として今の研修の現状を分析し、何が問題点かを洗い出してみたい。できれば仲間を誘いたいがもう少し一人でやる方がよいかもしれない
3か月以内にやること（期日 = 2015年2月1日）		
研修の改善案を立案する 研修設計関連セミナーに参加する	自分	研修を一つ取り上げて、どう直せるかを夢想してみる。誰かにその結果を聞いてもらう。夢想するために受講者の現場を1回以上訪問して、非公式にヒアリングする このトピックで学べる機会を何か探して参加することを上司に了解を取り、何かやっていることを示唆する
6か月以内にやること（期日 = 2015年5月1日）		
研修の改善案を提案する 研修設計関連セミナーに参加する	自分 自分と仲間	上司にこんなことを学んで考えてみたがやってみてはどうかと提案する。仲間を巻き込んで味方を増やす。 研修セミナーに仲間を誘って参加し、その結果を上司に報告して様子を見る

練習

1. ウルリッチの最新の調査では，成功している組織で人事が活躍している領域として，表11-1に掲げる6つが浮かび上がってきた。これらは，過去の調査ではいつ頃初めて注目された領域か，また他の人が整理した役割のどれを含むと考えられるか，本章の記述をもとにそれぞれ下の表を埋めて答えなさい。

2012年調査の注目領域	過去の調査で最初に注目された年	ジョン・リンチの言葉では？	P&Gジャパン（ウルリッチ）の言葉では？	八木の言葉では？
①信頼される行動家				
②戦略的ポジショナー				
③組織能力の構築者				
④チェンジ・チャンピオン				
⑤人事のイノベーター／インテグレーター				
⑥テクノロジーの提案者				

2．表11-2と表11-3にある2013年版ASTD研修開発専門家コンピテンシーに照らして，自分の実力を自己評価しなさい。

研修開発専門家コンピテンシー自己評価

基礎領域	職能レベル	判断理由のメモ
ビジネススキル	高度・中程度・最低限・未達成	
グローバルな視点	高度・中程度・最低限・未達成	
業界知識	高度・中程度・最低限・未達成	
対人スキル	高度・中程度・最低限・未達成	
パーソナルスキル	高度・中程度・最低限・未達成	
テクノロジリテラシ	高度・中程度・最低限・未達成	

注：表11-2にある「できること」のうち半数程度ができそうであれば「中程度」，それ以上の場合は「高度」と評価すること。

専門領域	職能レベル	判断理由のメモ
パフォーマンス改善	高度・中程度・最低限・未達成	
インストラクショナルデザイン	高度・中程度・最低限・未達成	
研修実施	高度・中程度・最低限・未達成	
学習テクノロジ	高度・中程度・最低限・未達成	
学習インパクトの評価	高度・中程度・最低限・未達成	
学習プログラムのマネジメント	高度・中程度・最低限・未達成	
統合的タレントマネジメント	高度・中程度・最低限・未達成	
コーチング	高度・中程度・最低限・未達成	
ナレッジマネジメント	高度・中程度・最低限・未達成	
チェンジマネジメント	高度・中程度・最低限・未達成	

注：表11-3にある「できる必要があること」のうち半数程度ができそうであれば「中程度」，それ以上の場合は「高度」と評価すること。

3．自分が研修担当のプロとして成長するための行動計画を立案しなさい。以下のフォーマットを用いてもよいし，自分独自の計画表を作成してもよい。

行動計画	立案日：	年　月　日	
行動項目	アクションの詳細計画		
	誰が	誰と何を目標にして	
	1週間以内にやること（期日＝　　年　　月　　日）		
	1か月以内にやること（期日＝　　年　　月　　日）		
	3か月以内にやること（期日＝　　年　　月　　日）		
	6か月以内にやること（期日＝　　年　　月　　日）		

フィードバック

1．表への記入例は以下の通り。

2012年調査の注目領域	過去の調査で最初に注目された年	ジョン・リンチの言葉では？	P&Gジャパン（ウルリッチ）の言葉では？	八木の言葉では？
①信頼される行動家	1992年			
②戦略的ポジショナー	2002年	ビジネスパートナー	戦略やビジネスのパートナー	アンバサダー（大使）
③組織能力の構築者	（1997年）2007年	オーガニゼーションコーチ	文化の守り手（ガーディアン）	ストーリーテラー（語り手）
④チェンジ・チャンピオン	1987年	チェンジリーダー	変革のエージェント	エンライター（啓蒙者）
⑤人事のイノベーター／インテグレーター	1987年	タレントチャンピオン	従業員のチャンピオン	トランスレーター（通訳）
⑥テクノロジーの提案者	1987年	HRエキスパート	管理のエキスパート	

解説：③組織能力の構築者については，1997年にグローバル化を含めて社外の動きに目を向けることが重要になった結果として，組織文化マネジメントが追加され2007年の調査では，戦略の構築家と組織文化と変革の後見人と人材の管理者・組織の設計者とで構成される組織能力の構築が再び注目された。

⑥テクノロジーの提案者としての役割は，1987年に最初に注目されたのはその部分集合にあたる人事の職務の遂行についてであり，後に業務範囲が拡張されている。その他の対応については，筆者の独断による分類であり，複数にまたがる解釈ももちろん等しく妥当かもしれないことをお断りしておく。

2．佐藤さんは，研修担当者としての自己評価を以下のように表現した。自分の評価結果と見比べてみよう。

基礎領域	職能レベル	判断理由のメモ
ビジネススキル	高度・中程度・⦅最低限⦆・未達成	指示を受けながらならできることもあるし一回やればあとは大丈夫
グローバルな視点	⦅高度⦆・中程度・最低限・未達成	帰国子女だし得意分野だと思っている
業界知識	高度・⦅中程度⦆・最低限・未達成	よく本は読む方で遅れはとりたくないと思っている
対人スキル	⦅高度⦆・中程度・最低限・未達成	馴染んでいくのは得意技
パーソナルスキル	高度・中程度・⦅最低限⦆・未達成	まだまだかなぁ…
テクノロジリテラシ	高度・⦅中程度⦆・最低限・未達成	IT系は得意分野だが慣れていないものもある

専門領域	職能レベル	判断理由のメモ
パフォーマンス改善	高度・中程度・最低限・未達成	これらは全滅状態です。まだまだ経験が浅いので。強いて言えば「研修実施」にだけ最低限が付けられるかもしれないが，外部講師の見よう見まねでやるレベルなのでまだまだ実力不足。あとの専門領域については，本書で初めて知ったこと（読んでも判断できないこともある）も多いので，これから伸ばしていく分野を選択していきたい。
インストラクショナルデザイン	高度・中程度・最低限・未達成	
研修実施	高度・中程度・最低限・未達成	
学習テクノロジ	高度・中程度・最低限・未達成	
学習インパクトの評価	高度・中程度・最低限・未達成	
学習プログラムのマネジメント	高度・中程度・最低限・未達成	
統合的タレントマネジメント	高度・中程度・最低限・未達成	
コーチング	高度・中程度・最低限・未達成	
ナレッジマネジメント	高度・中程度・最低限・未達成	
チェンジマネジメント	高度・中程度・最低限・未達成	

3．佐藤さんが考えた行動計画（268ページ）と比べて，自分の行動計画にはもっと具体的に書き込むべきことがないか，また，実現性は高い計画になっているかどうかチェックしてみよう。

文献

Anderson, J. H. (2010). Collecting analysis data (Chapter 4). In K. H. Silber, & R. F. Wellesley (Eds.), *Handbook of improving performance in the workplace* (Vol. 1). ISPI/Pfeiffer, pp.95-143.

ベッカー・フセリド・ウルリヒ（2002）．菊田良治（訳）『HR スコアカード』日経 BP 社

キャメロン・クイン（2009）．中島　豊（監訳）『組織文化を変える：競合価値観フレームワーク技法』ファーストプレス

クリステンセン・C（2008）．櫻井祐子（訳）『教育×破壊的イノベーション：教育現場を抜本的に変革する』翔泳社

Christensen, R. (2006). *Roadmap to strategic HR*. AMACOM, American Management Association. 梅津祐良（訳）（2008）．『戦略人事マネジャー』生産性出版

ディック・ケアリー・ケアリー（2004）．角　行之（訳）『はじめてのインストラクショナルデザイン：米国流標準指導法 Dick & Carey モデル』ピアソン・エデュケーション

ガニェ・ウェイジャー・ゴラス・ケラー（2007）．鈴木克明・岩崎　信（監訳）『インストラクショナルデザインの原理（第 5 版）』北大路書房

Gery, G. (1991). *Electronic performance support systems*. Weingarten Publications, Boston, MA.

ヘインバーグ（2012）．川口大輔（訳）『組織開発の基本』ヒューマンバリュー社

早川勝夫（2012）．「企業の人材育成の実践プロセスと教育効果測定（第 5 章）」堤　宇一（編著）『教育効果測定の実践—企業の実例をひも解く』日科技連　pp.123-154.

Huselid, M. A., Becker, B. E., & Beatty, R. W. (2005). *The workforce scorecard: Managing human capital to execute strategy*. Harvard Business Press.

井上昭正（2003）．『人材力強化の研修戦略』税務経理協会

ジョンソン・スミス・ジョンソン（2001）．関田一彦（訳）『学生参加型の大学授業：協働学習への実践ガイド』玉川大学出版会

梶原　豊（2001）．『人材開発論［増補版］』白桃書房

金井壽宏・楠見　孝（編著）（2012）．『実践知：エキスパートの知性』有斐閣

キャプラン・ノートン（1996）．吉田武男（訳）（2010）．『戦略バランス・スコアカード：戦略経営への変革（新訳版）』生産性出版

キャプラン・ノートン（2004）．櫻井通晴・伊藤和憲・長谷川惠一（訳）（2014）．『戦略マップバランスト・スコアカードの新・戦略実行フレームワーク（復刻版）』東洋経済新報社

香取一昭（2001）．『e ラーニング経営』エルコ

Kirkpatrick, D. L. (1998). *Evaluating training programs: The four levels* (2nd Ed.). Berrett-Koeheler Publishers.

小池和男（監修）（2006）．『プロフェッショナルの人材開発』ナカニシヤ出版

小杉俊哉（2013）．『起業家のように企業で働く』クロスメディアパブリッシング
香本裕世（著），柴田昌治（監修）(2003)．『「会社を変える」人材開発：プロのノウハウと実践』 光文社新書 088.
楠田 祐・大島由紀子（2011）．『破壊と創造の人事』ディスカヴァー・トゥエンティワン
リー・オーエンズ（2003）．清水康敬（監修），日本イーラーニングコンソシアム（訳）『インストラクショナルデザイン入門—マルチメディアにおける教育設計』東京電機大学出版局
マルザーノ・ケンドール（2013）．黒上晴夫・泰山　裕（訳）『教育目標をデザインする：授業設計のための新しい分類体系』北大路書房
松尾　睦（2011）．『職場が生きる人が育つ「経験学習」入門』ダイヤモンド社
Moore, J. (2002). Running a corporate university like a business: A financial model (Chapter 2) In M. Allen (Ed.), *The corporate university handbook*. New York: AMACOM, pp.33-42.
森　和夫（2008）．『人材育成の「見える化」（上巻：企画・運営編）』JIPM ソリューション
森　隆夫・耳塚寛明・藤井佐和子（編著）(1997)．『生涯学習の扉』ぎょうせい
根本淳子・鈴木克明（編著）(2014)．『ストーリー中心型カリキュラムの理論と実践：オンライン大学院の挑戦とその舞台裏』東信堂
グエン（2013）．「パフォーマンス支援（第15章）」リーサー・デンプシー（編著），鈴木克明・合田美子（監訳）『インストラクショナルデザインとテクノロジ：教える技術の動向と課題（第3版）』北大路書房　pp.247-265.
日本生涯教育学会編（1990）．『生涯学習事典』東京書籍　p.29.
Piskurich, G. M. (2006). *Rapid instructional design: Learning ID fast and right* (2nd Ed.). Pfeiffer.
Rosenberg, M. J. (2006). *Beyond e-learning: Approaches and technologies to enhance organizational knowledge, learning, and performance*. Pfeiffer.
ローゼンバーグ（2002）．中野広道（訳）『E ラーニング戦略』ソフトバンク
ローゼンバーグ（2013）．「ナレッジマネジメントと学習：両方で完璧（第16章）」リーサー・デンプシー（編著）鈴木克明・合田美子（監訳）『インストラクショナルデザインとテクノロジ：教える技術の動向と課題（第3版）』北大路書房　pp.266-287.
ロセット・ホフマン（2013）．「インフォーマル学習（第17章）」リーサー・デンプシー（編著）鈴木克明・合田美子（監訳）『インストラクショナルデザインとテクノロジ：教える技術の動向と課題（第3版）』北大路書房　pp.288-306.
Rothwell, W. J., & Kazanas, H. C. (2004). *Mastering the instructional design process: A systematic approach* (3rd Ed.). Pfeiffer.
佐藤信也・秋山　進（2012）．『社長の思いが伝わる「ビジョン検定」のすすめ』日本能率協会マネジメントセンター
センゲ（2011）．『学習する組織—システム思考で未来を創造する』英知出版
ストルビッチ・ベレスフォード(2013)．「ヒューマンパフォーマンス向上(第14章)」リーサー・デンプシー（編著）鈴木克明・合田美子（監訳）『インストラクショナルデザインとテク

ノロジ：教える技術の動向と課題（第3版）』北大路書房　pp.228-246.
鈴木克明（1995）．『放送利用からの授業デザイナー入門』日本放送教育協会
鈴木克明（2002）．『教材設計マニュアル：独学を支援するために』北大路書房
鈴木克明（2006）．「システム的アプローチと学習心理学に基づくID（第6章）」野嶋栄一郎・鈴木克明・吉田　文（編著）『人間情報科学とeラーニング』放送大学教育振興会　pp.91-103.
鈴木克明（2013）．「eラーニング活用による教授法の再構築に向けて（論説）」『工学教育』61(3)，14-18.
鈴木克明（2014）．「人材開発担当者に期待されていること：ASTDコンピテンシー改訂と世界調査の検討」第39回教育システム情報学会全国大会発表論文集，413-414.
鈴木克明・根本淳子（2011）．「教育設計についての三つの第一原理の誕生をめぐって［解説］」教育システム情報学会誌，28(2)，168-176.
Tobin, D. R. (2000). *All learning is self-directed: How organizations can support & encourage independent learning*. ASTD.
鳥原隆志（2011）．『究極の判断力を身につけるインバスケット思考』WAVE出版
ウルリッチ・ブロックバンク・ヤンガー・ウルリッチ（2014）．加藤万里子（訳）『グローバル時代の人事コンピテンシー：世界の人事状況と「アウトサイド・イン」の人材戦略』マグロウヒル・エジュケーション
Van Tiem, D. M., Moseley, J. L., Dessinger, J. C., & Gilmore, E. R. (2004). *Fundamentals of performance technology: A guide to improving people, process, and performance*. Pfeiffer.
Wager, W. W., & McKay, J. (2002). EPSS: Visions and viewpoints (Chapter10). In R. A. Reiser, & J. V. Dempsey, (2002). *Trends and issues in instructional design and technology* (1st Ed.). Pearson Education. pp.133-144.
Wheeler, K. (2005). *The corporate university workbook: Launching the 21st century learning organization*. Pfeiffer.
ウィッゲンホーン・W（2007）．「モトローラ大学物語（第8章）」DIAMONDハーバード・ビジネス・レビュー編集部（編）『人材育成の戦略：評価，教育，動機づけのサイクルを回す』ダイヤモンド社　pp.223-267.
八木洋介・金井壽宏（2012）．『戦略人事のビジョン：制度で縛るな，ストーリーを語れ』光文社新書580.
吉田新一郎（2006）．『「学び」で組織は成長する』光文社新書239.
ジマーマン・シャンク（2006）．塚野州一（編訳）『自己調整学習の理論』北大路書房

column

● 第1章

Aldrich, C. (2002). Measuring success: In a post-Maslow/Kirkpatrick world, which metrics matter? *Online Learning*, 6(2), 30, 32.

Carroll, J. B. (1963). A model of school learning. *Teachers College Record*, 64, 723-733.

Hamblin, A. C. (1974). *Evaluation and control of training*. Maidenhead: McGraw-Hill.

Kaufman, R., & Keller, J. M. (1994). Levels of evaluation: Beyond Kirkpatrick. *HRD Quarterly*, 5(4), 371-380.

Kirkpatrick, D. L. (1998). *Evaluationg training programs*（2nd Ed.）. Berrett-Koeheler Publishers.

フィリップス, J・J（1999）．渡辺直登・外山　裕（監訳）『教育研修効果測定ハンドブック（第3版）』日本能率協会マネジメントセンター

Phillips, J. J., & Pulliam, P. F. (1998). Evaluating a training program on stress management for intact work teams (Chapter 21). In, D. L. Kirkpatrick, *Evaluationg training programs* (2nd Ed.). Berrett-Koeheler Publishers, pp.239-264.

Rylatt, A. (2004). Beyond ROI: Seven levels of training. *Training and Development in Australia*, 30(4), 13-15.

鈴木克明（1995）．「個人差への対応を整理する枠組み（第1章）」『放送利用からの授業デザイナー入門：若い先生へのメッセージ』（財）日本放送教育協会

鈴木克明（2006）．「システム的アプローチと学習心理学に基づくID（第6章）」野嶋栄一郎・鈴木克明・吉田　文（編著）『人間情報科学とeラーニング』放送大学教育振興会　pp.91-103.

堤　宇一（編著）（2007）．『はじめての教育効果測定：教育研修の質を高めるために』日科技連　pp.58-59.

● 第2章

鈴木克明（2006）「システム的アプローチと学習心理学に基づくID（第6章）」野嶋栄一郎・鈴木克明・吉田　文（編著）『人間情報科学とeラーニング』放送大学教育振興会 pp.91-103.

● 第3章

小塩隆士（2003）『教育を経済学で考える』日本評論社

小杉俊哉（2013）『起業家のように企業で働く』クロスメディアパブリッシング

楠田　祐・大島由紀子（2011）『破壊と創造の人事』ディスカヴァー・トゥエンティーワン

酒井　穣（2010）『「日本で最も人材を育成する会社」のテキスト』光文社新書439

● 第4章

Rossett, A., & Sheldon, K. (2001). *Beyond the podium: Delivering training and performance to a digital world*. Jossey-Bass/Pfeiffer, ASTD, p.47.

Rothwell, W. J., & Kazanas, H. C. (2004). *Mastering the instructional design process: A systematic approach* (3rd Ed.). Pfeiffer.

鈴木克明（2006）「システム的アプローチと学習心理学に基づくID（第6章）」野嶋栄一郎・鈴木克明・吉田　文（編著）『人間情報科学とeラーニング』放送大学教育振興会，pp.91-103.

● 第5章

Jonassen, D. H. (2011). *Learning to solve problems: A handbook for designing problem-solving learning environment.* Routledge.

● 第6章

2013's Very Best Learning Organization, *T+D*, Oct2013, ASTD, 32-33.

● 第7章

梶原　豊（2001）．『人材開発論［増補版］』白桃書房　p.224

日本生涯教育学会編（1990）．『生涯学習事典』東京書籍　p.29

鈴木克明（編著）（2004）．『詳説インストラクショナルデザイン：eラーニングファンダメンタル』NPO法人日本イーラーニングコンソーシアム（パッケージ版テキスト）

鈴木克明（2006.）「システム的アプローチと学習心理学に基づくID（第6章）」野嶋栄一郎・鈴木克明・吉田　文（編著）『人間情報科学とeラーニング』放送大学教育振興会　pp.91-103.

● 第9章

鈴木克明・根本淳子・市川　尚・三石　大・波多野和彦・小松秀圀（2006）．「ID専門家養成のためのブレンド型eラーニングの実践」『教育システム情報学会誌』23(2)，59-70.

Tobin, D. R. (2000). *All learning is self-directed.* American Society for Training and Development (ASTD). pp.26-27.

● 第10章

永井孝尚（2013）．『「戦略力」が身につく方法』PHPビジネス新書294.

索引

あ行

ARCSモデル　23
IDの第一原理　33, 37
ID美学の第一原理　205
アウトサイド・イン　256
アクションプラン（行動計画）　86
ADDIEモデル　6
アラインメント　236
アンドラゴジー（成人学習学）　152, 153

eラーニング　127, 129, 261
イノベーション文化　239
インストラクショナルデザイン　vi
インタンジブル　62
インフォーマル学習　137
インフォーマルグループを併用した講義法　40

運動技能　106, 107, 113

HRスコアカード　228, 231
ASTD（アメリカ研修開発協会）　14, 257, 258
atd　14, 257

応用　35, 37
「教えない」研修　23, 38

か行

カークパトリック, D. L.　11, 206
カークパトリックの4段階評価モデル　11
概念　108
学習　11
学習意欲を高める作戦（学習者編）　31
学習意欲を高める作戦（研修編）　26
学習者中心設計　35
学習スキル　111
学習と成長　66
学習とパフォーマンスのアーキテクチャ　139
確認クイズ　129
家族文化　239
価値の連鎖（バリューチェーン）　68
活性化　34, 37
ガニェ, R. M.　106
ガニェの5分類　106
間接経費　60
官僚文化　239
関連性　26, 28, 31

逆三角形研修設計法　x
キャロル, J. B.　10
キャロルの学校学習の時間モデル　10
QCD　58
業績評価指標（KPI）　67
業務プロセス　66

熊本大学大学院教授システム学専攻　261

経験して学ぶ　130
掲示板　129
形成的評価　187
経費配分モデル　225, 226
KPI　69, 231, 233
結果　13
ケラー，J. M.　24
言語情報　106, 107
研修委託先　56
研修開発専門家コンピテンシー　257
研修企画提案書　101, 102, 168, 171, 181
研修担当者の役割　253
研修で学ぶ　130
研修発注書　56, 98
研修評価計画書　184
研修不要者　9

効果　59
合格基準　104, 105
効果の分離問題　62
講義が適切な場面　39
貢献構想メモ　221
肯定的学習環境　210, 211
行動　12, 65
合目的的アプローチ　6
効率　59
顧客　66
コスト回収モデル　225, 226
コストから投資へ　59
コストセンター　225, 227

さ行

財務　66

CHRO（最高人事責任者）　256

CLO（最高学習責任者）　256
CPLP　257
資金調達3モデル　225, 226
自己調整学習　112
事後テスト　8
自信　27, 28, 32
システム的アプローチ　vi
事前テスト　8
ジャスト・イン・タイム　134
シャンク，R.　42, 82, 86
習熟度　162
熟達化　161, 262, 265
受講者アンケート　195, 197
状況設定問題　191
情報で学ぶ　130
ジョブエイド　133
所与の要件と可変要素　44
人材開発バリューチェーン　230

成果　65
整合性　106
専門家レビュー　187
戦略マップ　67

総括的評価　187
組織開発　236
組織文化の競合価値観フレームワーク　239

た行

態度　106, 107, 114
タレントマネジメント　236

知的技能　106, 107, 108
注意　25, 26, 31

直接経費　60

電子的業務遂行支援システム（EPSS）
　　133

統合　36, 37
TOTE モデル　7, 213
TOTE モデル型研修　9

な行

仲間から学ぶ　130
ナレッジマネジメントシステム（KMS）
　　131

ニーズ分析　81, 82, 83
認知的方略　106, 107, 111

ネタ探し　129

は行

パフォーマンス分析　84, 85
バランス・スコアカード（BSC）　66, 228
反応　11

美学的経験　205
ビジョン検定　192
ヒューマンパフォーマンステクノロジ
　　（HPT）　84
評価条件　104, 105
評価方法の経済性　193

フィリップ, J. J.　13
フォローアップ　208
プロフィットセンター　225

弁別　108

ポートフォリオ　130

ま行

マーケット文化　239
満足感　27, 29, 32

メーガー, R. F.　103
メタ認知　112
メリル, M. D.　33, 38

目標行動　104, 105
目標明確化の3要素　104
問題　34, 37
問題解決　109, 110

ら行

利益部門モデル　225, 226
リフレクション（省察）　112
リンク集　129
倫理規定　264, 266

ルール　109

例示　35, 37

ローゼンバーグ, M. J.　139
ROI　13, 62, 64

わ行

ワークフォーススコアカード　231, 232

あとがき

　本書の執筆を通じて，改めてIDのパワーを知った。それは2つある。一つは学習目標と教育内容と評価方法の整合性を保てという教え。各章における学習目標の記述とキーワードとコラムと事例で説明する内容，さらには練習問題とフィードバックという3つの要素を繰り返し練り上げながら互いに矛盾がないように整えているプロセスの連続体であった。3つの要素を行き来しながら調整を続けた結果が本書となった。練習問題を考えながら「この章では読者に何ができるようになって欲しいと思っているのか」を自問自答し続けた。それができるようになるためには，この章で紹介するキーワードや事例は十分なものか？　コラムは理解を深め，違った見方をするために有益なものになっているか？　学習目標は内容と評価にマッチしているか？　これらのIDの基礎を問い続けていた。もし本書が読みやすい本になっているとしたら，それは，IDのガイドラインに従って執筆活動ができたことの証左だろう。

　もう一つは形成的評価。他者の目を通して自分では気づかないことを指摘してもらうプロセスがこんなにもありがたいものだということを再認識した。かつてIDの巨匠メリル教授が著書を出版する際に，筆者に事前レビューを依頼されたことがある[1]。この時は，とびとびの章の原稿が送られてきたため，他の章ではどういうことになっているのかを想像するのが至難の業であった。その経験を踏まえて，本書の原稿のすべてを送ってさまざまな立場から閲読してもらい，有益なコメントをもらうことができた。練習問題や課題にていねいに取り組んでチェックしてくれたこともありがたかった。巨匠メリルが述べたように，「どうして自分が書いている時にそのことに気づかなかったんだろう」と何度も思った。限られた時間で目を通すだけでも大変な作業量だっただろうと申し訳ない気持で一杯だが，感謝の言葉を述べて，せめてもの恩返しとしたい。荒井直美さん，天野　慧さん，小野達也さん，佐藤久恵さん，柴田喜幸さん，鈴木伸子さん，根本淳子さん，平岡斉士さん，横山裕美さん，どうもありがとう！

★1：Merrill, M. D. (2012). *First Principles of Instruction*. Pfeiffer.

本書の構想ができてからすでに3年が経過してしまったが，その間，静かなプレッシャーを与え続けてくださった北大路書房の奥野浩之氏に感謝の意を表したい。

　本書のはじめにで述べたように，「これだけは押さえて欲しい」と思うIDの基礎を紹介するつもりで執筆しはじめたが，結局は「あれもこれも紹介したい」という欲望に勝てずに読みごたえがある（逆に見れば精選されていない）ものになってしまった感が否めない。選択肢が増えれば選ぶ作業が複雑になってしまうが，読者が置かれている状況に応じて，「これは使える」と思えることを，取捨選択の上で活用してもらえれば幸いである。

　本書を執筆している間に，本書をテキストとした大学院の新科目も開設すべきだというアイディアも生まれた。本書の関連情報は，姉妹編と合わせて「IDポータルサイト」(http://www2.gsis.kumamoto-u.ac.jp/~idportal/)で順次公開していく。また，これも長年構想を温めていた『インストラクショナルデザインの道具箱』も，これからIDの伝統を担って踏襲・発展していく若手研究者のイニシアチブによって，具体的な出版準備に着手することができた（北大路書房から近刊予定）。シリーズ第4弾『学習設計マニュアル』の共編者からも内諾を得た。これらの構想もできるだけ早く具体化し（有言実行をねらっております），ID関連書籍の拡充をめざしていく所存である。

　どうぞ今後とも，ごひいきいただければと願っております。

2015年3月吉日

鈴木 克明

● 著者略歴 ●

鈴木 克明（すずき　かつあき）

1959年　千葉県に生まれる。
国際基督教大学教養学部（教育学科），同大学院を経て，
米国フロリダ州立大学大学院教育学研究科博士課程を修了，Ph.D（教授システム学）。
東北学院大学教養学部助教授，岩手県立大学ソフトウェア情報学部教授などを経て，
現在：熊本大学教授システム学研究センター長・教授，熊本大学大学院社会文化科学
　　　研究科教授システム学専攻長・教授
専門：教育工学・教育メディア学・情報教育
主著：『教材設計マニュアル』　北大路書房
　　　『授業設計マニュアル Ver. 2』（共編著）　北大路書房
　　　『教育工学を始めよう』（共訳・解説）　北大路書房
　　　『インストラクショナルデザインの原理』（監訳）　北大路書房
　　　『学習意欲をデザインする』（監訳）　北大路書房
　　　『e ラーニングファンダメンタル』（編著）　日本イーラーニングコンソシアム
　　　『放送利用からの授業デザイナー入門』　日本放送教育協会
　　　『最適モデルによるインストラクショナルデザイン』（共編著）　東京電機大学
　　　出版局
　　　『ストーリー中心型カリキュラムの理論と実践』（編著）　東信堂

研修設計マニュアル
―人材育成のためのインストラクショナルデザイン―

2015年4月20日　初版第1刷発行
2021年3月20日　初版第7刷発行

定価はカバーに表示
してあります。

著　者　鈴　木　克　明
発行所　㈱北大路書房
〒603-8303　京都市北区紫野十二坊町12-8
電　話　(075) 431-0361㈹
ＦＡＸ　(075) 431-9393
振　替　01050-4-2083

©2015　　　　　　制作／T.M.H.　　印刷・製本／亜細亜印刷㈱
検印省略　落丁・乱丁本はお取り替えいたします。
ISBN 978-4-7628-2894-2　　　　Printed in Japan

・JCOPY〈㈳出版者著作権管理機構　委託出版物〉
本書の無断複写は著作権法上での例外を除き禁じられています。
複写される場合は，そのつど事前に，㈳出版者著作権管理機構
（電話 03-5244-5088, FAX 03-5244-5089, e-mail: info@jcopy.or.jp）
の許諾を得てください。

インストラクショナルデザインの原理

R.M.ガニェ, W.W.ウェイジャー,
K.C.ゴラス, J.M.ケラー　著
鈴木克明, 岩崎　信　監訳

A5判　464頁　本体3800円＋税
ISBN978-4-7628-2573-6

　eラーニングの普及によりインストラクショナルデザイン (ID) が注目を浴びるようになった。ID は，分析→設計→開発→実施→評価（改善）という基本プロセスで新しい学習コンテンツや教材などを作成していく際の有力な方法論。誰がやっても一定の質が保証できるように「教えること」を科学的にデザインする。

教材設計マニュアル
独学を支援するために

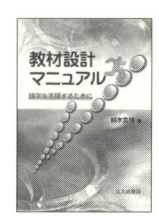

鈴木克明　著

A5判　208頁　本体2200円＋税
ISBN978-4-7628-2244-5

　学校や大学・企業などで教えることに携わっている人，これから携わろうとしている人に向けての教材作成入門。ID の入門書でもある。教材のイメージ作りから改善までを一歩ずつ進めることができるように（各章はそれぞれ，学習目標・背景・キーワード・事例・まとめ・練習問題・フィードバックの7つで）構成。

授業設計マニュアル Ver.2
教師のためのインストラクショナルデザイン

稲垣　忠, 鈴木克明　編著

A5判　212頁　本体2200円＋税
ISBN978-4-7628-2883-6

　目標の設定，教材分析，指導案の書き方から評価の仕方まで，一連のプロセスを「授業パッケージ」とし，「よい授業」をするための必須を解説。巻末の2種類のワークシートで実践的に授業の質を高められるように編集。21世紀型スキル，自ら学ぶ意欲，協同学習，反転授業など，近年の動向にも対応させた改訂新版。

学習意欲をデザインする
ARCSモデルによるインストラクショナルデザイン

J.M.ケラー　著
鈴木克明　監訳

A5判　372頁　本体3800円＋税
ISBN978-4-7628-2721-1

　学習者の意欲を刺激し維持する学習プロセスをどう設計すればよいか。本書は，ID における3つの目的（効果・効率・魅力を高める）のうち，「魅力」に焦点を当てる。動機づけ概念や理論をふまえ，注意・関連性・自信・満足感という4側面から，システム的なプロセスとツール（解決策）を提供。

インストラクショナルデザインとテクノロジ
教える技術の動向と課題

R.A. リーサー,
J.V. デンプシー 編
鈴木克明, 合田美子 監訳

A5判 704頁 本体4800円＋税
ISBN978-4-7628-2818-8

米国教育工学コミュニケーション学会（AECT）の設計・開発部会で2012年度年間優秀書籍賞を受賞したテキストの邦訳。IDT（インストラクショナルデザインとテクノロジ）領域の定義と歴史，基盤となる理論やモデル，扱う研究範囲と実践領域，そして新しい方向性と課題等，豪華な顔ぶれの執筆陣が広い話題をカバー。

教育目標をデザインする
授業設計のための新しい分類体系

R.J. マルザーノ,
J.S. ケンドール 著
黒上晴夫, 泰山裕 訳

A5判 200頁 本体2500円＋税
ISBN978-4-7628-2816-4

1956年に発表されて以来，教育現場に浸透していったブルームの分類体系を改訂し，人間の思考や知識の構造についての最新知見を取り入れた，教育目標に関する新しい分類体系の提案。情報を受け取ってから実際の行動に至るまでの認知活動（情報処理）の流れにそって教育目標を体系化し，明確な適用方法をも示す。

デジタル社会の学びのかたち
教育とテクノロジの再考

A. コリンズ,
R. ハルバーソン 著
稲垣 忠 編訳

A5判 256頁 本体2200円＋税
ISBN978-4-7628-2790-7

テクノロジを活用した学習がもたらす「新たな力」と，学校教育が担ってきた「欠かすことの出来ない貢献」とを，どううまく統合していけばよいのか。この避けられない課題に正面から切り込む。認知科学系の学習論を背景にした上で，教育を学校外に持ち出そうとするテクノロジという視座から，未来の学びのかたちを考える。

21世紀型スキル
学びと評価の新たなかたち

P. グリフィン, B. マクゴー,
E. ケア 編
三宅なほみ 監訳
益川弘如, 望月俊男 編

A5判 288頁 本体2700円＋税
ISBN978-4-7628-2857-7

生涯に渡る学習や自らの賢さを育て続ける力の育成が希求され，その教育と評価を考える国際プロジェクトが進行している。本書は，創造性，批判的思考，メタ認知，コミュニケーション，コラボレーション，ICTリテラシー等の4カテゴリー，10スキルについて詳説。日本でどう取り組んでいくべきかの書き下ろし2章を付加。